Das Postwesen: Monopolrechte und Infrastrukturgewährleistungsauftrag

Europäische Hochschulschriften
Publications Universitaires Européennes
European University Studies

Reihe II
Rechtswissenschaft

Série II Series II
Droit
Law

Bd./Vol. 4035

PETER LANG
Frankfurt am Main · Berlin · Bern · Bruxelles · New York · Oxford · Wien

Stella Wipperfürth

Das Postwesen: Monopolrechte und Infrastrukturgewährleistungsauftrag

PETER LANG
Europäischer Verlag der Wissenschaften

Bibliografische Information Der Deutschen Bibliothek
Die Deutsche Bibliothek verzeichnet diese Publikation in der Deutschen Nationalbibliografie; detaillierte bibliografische Daten sind im Internet über <http://dnb.ddb.de> abrufbar.

Zugl.: Köln, Univ., Diss., 2004

D 38
ISSN 0531-7312
ISBN 3-631-53143-5

www.peterlang.de

Inhaltsverzeichnis

Literaturverzeichnis

Allgeier, Edwin: Das Postmonopol im Wandel der Zeiten, in: DVW 2/1990, 1.

Allgemeines Landrecht für die Preußischen Staaten von 1794, Textausgabe, mit einer Einführung von Dr. Hans Hattenhauer, Frankfurt am Main/Berlin 1970.

Altmannsperger, Hans-Joachim: Ursprung und Entwicklung der staatlichen Alleinbetriebsrechte auf dem Gebiet des Postwesens, in: JbdP 1969, S. 236.

Altmannsperger, Hans-Joachim: Die rechtlichen Gesichtspunkte des Streites um das Postregal in den Schriften des 17. und 18. Jahrhunderts, Frankfurt 1954.

Anschütz, Gerhard: Die Verfassung des Deutschen Reichs vom 11. August 1919 Ein Kommentar für Wissenschaft und Praxis 14. Auflage, Berlin 1932.

Arnauld, Andreas von: Grundrechtsfragen im Bereich von Postwesen und Telekommunikation, in: DÖV 1998, 437.

Arndt, Adolf: Das Staatsrecht des Deutschen Reiches, Berlin 1900.

Arndt, Adolf: Die verfassungsrechtlichen Möglichkeiten der Spitzenorganisation des Post- und Fernmeldewesens - unter besonderer Berücksichtigung der in dem Gutachten der Sachverständigen-Kommission für die Deutsche Bundespost vom 6. November 1965 enthaltenen Vorschläge -, in: ArchPF 1970, 3.

Arnold, Franz: Telekommunikation im Umbruch: Die zu erwartende Neuregulierung des Fernmeldewesens in der Bundesrepublik Deutschland in: Scherer, Joachim (Hrsg.): Telekommunikation und Wirtschaftsrecht, Köln 1988, S. 41.

Aschenborn, Max: Das Gesetz über das Postwesen des Deutschen Reichs vom 28. Oktober 1871 und die Vorschriften der Reichsverfassung über das Post- und Telegraphenwesen. Art. 48 bis 52, Berlin 1908.

ASU Arbeitsgemeinschaft Selbständiger Unternehmer e.V. (Hrsg.): Mehr Marktwirtschaft im Postwesen. Ein Plädoyer für Liberalisierung und mehr Wettbewerb, Bonn 1989.

Aubert, Joachim: Fernmelderecht, Systematische Darstellung, I. Teil, 3. Auflage, Hamburg 1974.

Aukes, Hans Albert/**Berndt**, Wolfgang/**Tenzer**, Gerd: Die neue Telekommunikationspolitik in der Bundesrepublik Deutschland - Grundsätze und Perspektiven, in: JbdDBP 1990, 9.

Badura, Peter: Das Verwaltungsmonopol, Berlin 1963.

Badura, Peter: Die Wirtschaftstätigkeit der öffentlichen Hand und die neue Sicht des Gesetzesvorbehalts, in: Baur, Jürgen F./Hopt, Klaus/Mailänder, K. Peter (Hrsg.): Festschrift für Ernst Steindorff zum 70. Geburtstag am 13. März 1990, Berlin/NewYork 1990, S. 835.

Badura, Peter: Die Regulierungsbefugnisse des Bundesministers für Post und Telekommunikation bei einem Ausgleich zwischen Dienstleistungen der Deutschen Post AG (§ 7 PTRegG), in: ArchPT 1996, 138.

Badura, Peter: Unternehmenswirtschaftlichkeit und Grundgesetz, in: ArchPT 1997, 277.

Badura, Peter: ECLR Das öffentliche Unternehmen im Europäischen Binnenmarkt, in: ZGR 1997, 291.

Badura, Peter/**Danwitz**, Thomas von/**Herdegen**, Matthias/**Sedemund**, Jochim/ **Stern**, Klaus (Hrsg.): Beck'scher PostG-Kommentar, München 2000.

Barden, Stefan: Die Reichweite der Ausnahmeregelungen von der gesetzlichen Exklusivlizenz der Deutschen Post AG, in: WRP 2000, 152.

Barudio, Günter: Zu treuen Händen. Schwedens Postwesen im Teutschen Krieg, in: Lotz, Wolfgang (Hrsg.): Deutsche POSTgeschichte Essays und Bilder, Berlin 1989, S. 67.

Basedow, Jürgen: Ansätze zur europäischen Regulierung der Postdienste, in: EuZW 1996, 143.

Bauer, Hartmut: Privatisierung von Verwaltungsaufgaben, in: VVDStRL 54 (1995), 243.

Baum, Gerhart Rudolf: Probleme der Privatisierung öffentlicher Aufgaben, in: Baum, Gerhart Rudolf/Erhard, Benno/Hauptmann, Jerzy/Krause, Alfred/Siedentopf, Heinrich (Hrsg.): Privatisierung - Gewinn für wen? Zum Realitätsgehalt der Entstaatlichungsdiskussion, Bonn/Stuttgart/Düsseldorf 1980 S. 13.

Behringer, Wolfgang: Thurn und Taxis Die Geschichte ihrer Post und ihrer Unternehmen, München, Zürich 1990.

Bender, Wolfhard: Einführung, in: Postrecht, München, Stand 15. Mai 2000, S. 2.

Benz, Hans-Peter: Die verfassungsrechtliche Zulässigkeit der Beleihung einer Aktiengesellschaft mit Dienstherrenbefugnissen, Dissertation, Tübingen 1994, Frankfurt a. M. 1995.

Benz, Hans-Peter: Postreform II und Bahnreform - ein Elastizitätstest für die Verfassung - Zu den Folgen der Neuregelungen in Art. 143 a und Art. 143 b GG -, in: DÖV 95, 679.

Berger, Heinz/**Knauth**, Peter: Zur Notwendigkeit einer Änderung des Ordnungsrahmens im Postsektor, in: Berger, Heinz/ Knauth, Peter (Hrsg.): Liberalisierung und Regulierung der Postmärkte, München, Wien 1996, S. 11.

Berger, Heinz: Funktion und Struktur der staatlichen Postpolitik, in: Berger, Heinz/Knauth, Peter (Hrsg.): Liberalisierung und Regulierung der Postmärkte, München, Wien 1996, S. 315.

Berger, Heinz/**Schöttner**, Hubert: Auswirkungen der Poststruktur-Reform auf Telekommunikation und Information - Teil I, in: ZögU 1991, 223.

Bizer, Kilian: Privatisierung kommunaler Leistungen, Institut für Forschung und Begabtenförderung der Friedrich-Naumann-Stiftung (Hrsg.), Königswinter, Juli 1993.

Blankart, Charles Beat: Privatisierung im Postwesen: Möglichkeiten und Grenzen, in: Windisch, Rupert (Hrsg.): Privatisierung natürlicher Monopole im Bereich von Bahn, Post und Telekommunikation, Tübingen 1987.

Blankart, Charles Beat: Chancen und Möglichkeiten der Deregulierung in einer politischen Umwelt, in: Schneider, Friedrich/Hofreither, Markus F. (Hrsg.): Privatisierung und Deregulierung öffentlicher Unternehmen in westeuropäischen Ländern Erste Erfahrungen und Analysen, Wien 1990, S. 133.

Blankart, Charles Beat/**Knieps**, Günter: Effiziente Instrumente der Infrastrukturfinanzierung: Die Infrastrukturfondslösung im Postbereich, in: Berger, Heinz/Knauth, Peter (Hrsg.): Liberalisierung und Regulierung der Postmärkte, München, Wien 1996, S. 201.

Blanke, Thomas/**Sterzel**, Dieter: Ab die Post? Die Auseinandersetzung um die Privatisierung der Deutschen Bundespost, in: KJ 1993, 278.

Bock, Emil: Telekommunikationspolitik nach dem Poststrukturgesetz, in: CR 1991, 299.

Bock, Emil: Erfahrungen mit dem "ordnungspolitischen Modell der Telekommunikation in der Bundesrepublik Deutschland: Vorschläge der Deutschen Postgewerkschaft für eine "Reform der Reform", in: online '92 15. Europäische Congressmesse für Technische Kommunikation Hamburg 10./11-14.02.1992 Congress II Telekommunikation in Deutschland: Umbruch und Fortentwicklung, Velbert 1992, Symposium I-05/01 Liberalisierung der Telekommunikation in Deutschland und Europa.

Bock, Emil: Eine kritische Bilanz der Regulierungspolitik aus Sicht der Deutschen Postgewerkschaft, in: online '93, 16. Europäische Congressmesse für Technische Kommunikation Hamburg 08./09.-12.02.1993 Congress I Telekommunikation in Deutschland: Umbruch und Fortentwicklung, Velbert 1993, Symposium II-1 C 213, 01 Liberalisierung der Telekommunikation in Deutschland und Europa.

Börnsen, A.: Erfahrungen mit dem ordnungspolitischen Modell der Telekommunikation in der Bundesrepublik Deutschland: Handlungszwang für die Politik?, in: online '92, 15. Europäische Congressmesse für Technische Kommunikation, Hamburg 10./11-14.02.1992 Congress II Telekommunikation in Deutschland: Umbruch und Fortentwicklung, Velbert 1992, Symposium I-03/01 Liberalisierung der Telekommunikation in Deutschland und Europa.

Braubach, Ursula: Deregulierung der Postdienste, Dissertation, Köln 1992.

Braubach, Ursula: Marktversagen im unregulierten Postmarkt?, in: Berger, Heinz/Knauth, Peter (Hrsg.): Liberalisierung und Regulierung der Postmärkte, München, Wien 1996, S. 93.

Braun, Uli: Die Post - erstmals in Memmingen erwähnt, in: ArchfdPG 2/1990, 6.

Bruchhäuser, Dieter/**Rommerskirchen**, Susanne: Internationaler Fernsprechverkehr - gestern und heute, in: ArchfdPG 2/1985, 7.

Büchner, Lutz Michael: Die Neuordnung der Telekommunikation in Europa, in: DVW 2/1992, 5.

Büchner, Lutz Michael: Vom Sondervermögen zur Aktiengesellschaft - Strukturen der "Postreform II", in: DZWir 1995, 120.

Büchner, Lutz Michael: Liberalisierung und Regulierung im Post- und Telekommunikationssektor, in: CR 1996, 581.

Bullinger, Martin: Organisationsformen und Staatsaufsicht in der Telekommunikation (Staatsmonopole, delegierte Monopole, public utilities), in: Mestmäcker, Ernst-Joachim (Hrsg.): Kommunikation ohne Monopole II, Ein Symposium über Ordnungsprinzipien im Wirtschaftsrecht der Telekommunikation und der elektronischen Medien, Baden-Baden 1995, S. 349.

Bundesminister für Post und Telekommunikation: Überlegungen zur Festlegung von Pflichtleistungen für die Unternehmen der Deutschen Bundespost "Analyse und Bewertung", Informationsserie für Regulierungsfragen Nr. 5, Bonn Dezember 1991.

Bundesministerium für Post und Telekommunikation: Eckpunkte eines künftigen Regulierungsrahmens im Postsektor, Amtsbl. des Bundesministeriums für Post und Telekommunikation vom 16.06.1995, Vfg. 130/1995.

Busch, Axel: Die Deutsche Bundespost - Bremse des technischen Fortschritts?, Kiel, Dezember 1983.

Cox, Helmut: Die Unternehmen der Deutschen Bundespost als juristische Personen des öffentlichen Rechts - Alternativ-Vorschläge zur Postreform II -.

Cox, Helmut: Ja zur Postreform, aber kein Abbau öffentlicher Leistungen, in: Gesellschaft für Öffentliche Wirtschaft (Hrsg.): Postreform: Marktorientierung und öffentlicher Auftrag, Baden-Baden 1988, S. 37.

Dallmeier, Martin: Die habsburgische, kaiserliche Reichspost unter dem fürstlichen Haus Thurn und Taxis, in: ArchfdPG 2/1990, 13.

Dallmeier, Martin: Die kaiserliche Reichspost und das fürstliche Haus Thurn und Taxis in: Organisationsgemeinschaft Schloß Halbturn (Hrsg.): Zwei Jahrtausende Postwesen Vom cursus publicus zum Satelliten, S. 41, Wien 1985.

Dallmeier, Martin: Poststreit im Alten Reich. Konflikte zwischen Preußen und der Reichspost in: Lotz, Wolfgang (Hrsg.) Deutsche POSTgeschichte Essays und Bilder, Berlin 1989, S. 77.

Dambach, Otto/**Grimm**, Ernst von: Das Gesetz über das Postwesen des Deutschen Reichs vom 28. Oktober 1871, 6. Auflage, Berlin 1901.

Dambitsch, Ludwig: Die Verfassung des Deutschen Reichs mit Erläuterungen, Berlin 1910.

Danwitz, Thomas von: Der Umfang der gesetzlichen Exklusivlizenz der Deutschen Post AG, in: NJW 1999, 3025.

Danwitz, Thomas von: Die Universaldienstfinanzierungsabgaben im Telekommunikationsgesetz und im Postgesetz als verfassungswidrige Sonderabgabe, in: NVwZ 2000, 615.

Danwitz, Thomas von: Verfassungsfragen der gesetzlichen Exklusivlizenz der Deutschen Post AG, München 2002.

Deipenbrock, Gundula, Die Deutsche Bundespost auf dem Europäischen Binnenmarkt, Dissertation, Münster 1991, Baden-Baden 1991.

Detjen, Günther/**Echter**, Reinhold: Zur Produktivitätsmessung im Post- und Fernmeldewesen, in: JdDBP 1985, 264.

Doll, Roland/**Heun**, Sven-Erik/**Lohmann**, Torsten: Europäisches Telekommunikationsrecht im Vergleich: Grundlagen der Reformen und Endeinrichtungen, in: CR 1992, 363.

Doll, Roland/**Heun**, Sven-Erik/**Lohmann**, Torsten: Europäisches Telekommunikationsrecht im Vergleich: Die Infrastruktur in Deutschland, Frankreich, Großbritannien und den Niederlanden anhand EG-rechtlicher Vorgaben, in: CR 1992, 416.

Doll, Roland/**Heun**, Sven-Erik/**Lohmann**, Torsten: Europäisches Telekommunikationsrecht im Vergleich: Dienstleistungen in Deutschland, Frankreich, Großbritannien und den Niederlanden anhand EG-rechtlicher Vorgaben, in: CR 1992, 492.

Doll, Roland/**Heun**, Sven-Erik/**Lohmann**, Torsten: Europäisches Telekommunikationsrecht im Vergleich: Regulierung des Marktverhaltens in Deutschland, Frankreich, Großbritannien und den Niederlanden anhand EG-rechtlicher Vorgaben, in: CR 1992, 561.

Doll, Roland/**Heun**, Sven-Erik/**Lohmann**, Torsten: Europäisches Telekommunikationsrecht im Vergleich: Zugangs- und Benutzungsbedingungen in

Deutschland, Frankreich, Großbritannien und den Niederlanden anhand EG-rechtlicher Vorgaben, in: CR 1992, 622.
Ehlers, Dirk: Verwaltung in Privatrechtsform, Berlin 1984.
Ehrenfried, Walter: Pferde im Postdienst in: Archiv für Deutsche Postgeschichte 1/1987, 5.
Eidenmüller, Alfred: Fernmeldehoheitsrecht und Grundgesetz - Die Deutsche Bundespost und ihr Anlagemonopol -, in: DÖV 1985, 522.
Elicker, Michael: Die Abgabe nach § 16 des neuen Postgesetzes als verfassungswidrige Sonderabgabe, in: ArchPT 1998, 201.
Emmerich, Volker: Die Liberalisierung der Postmärkte, in: ordo 44 (1993), 55.
Eschenbach, Rolf/**Müller**, Christof/**Gabriel**, Thomas (Hrsg.): Privatisierung öffentlicher Leistungen, Beurteilung - Strategische Optionen - Volkswirtschaftliche Konsequenzen, Wien 1993.
Everling, Ulrich: Der Beförderungsvorbehalt der Post und das Gemeinschaftsrecht, in: EuR 1994, 386 = ArchPT 1996, 22.
Fangmann, Helmut/**Lörcher**, Klaus/**Scheurle**, Walter/ **Schwemmle**, Michael/**Wehner**, Ewald: Telekommunikati- ons- und Postrecht - Kommentar und alle neuen Rechtsvorschriften, 2. Auflage, Neuwied, Kriftel, Berlin 1996.
Fangmann, Helmut/**Scheurle**, Walter/**Schwemmle**, Michael/ **Wehner**, Ewald: Handbuch für Post und Telekommunikation Poststrukturgesetz Basiskommentar, Köln 1990.
Fangmann, Helmut: Telekommunikation und Poststrukturgesetz, in: CR 1989, 647.
Fehling, Michael: Der finanzielle Ausgleich für die Mitbenutzung fremder Infrastruktur bei Schienenwegen, Energieversorgungs- und Telekommunikationsdienstleistungen, in: VerwArch 1995, 600.
Feigenbutz, Gerhard: Die Bindungen des Post- und Fernmeldewesens an und durch das Rechtsinstitut der Gebühr, Berlin 1977.
Finger, August: Das Staatsrecht des Deutschen Reichs der Verfassung vom 11. August 1919, Stuttgart 1923.
Franke, Raimund: Neuorganisation des Fernmeldewesens, in: DVW 1/1988, 5.
Freund, Matthias: Infrastrukturgewährleistung in der Telekommunikation, Staatliche Gewährleistungsverantwortung, Universaldienst, Wegerechte, München 2002.
Fromm, Günter: Die Reorganisation der Deutschen Bahnen, in: DVBl. 1994, 187.
Fuest, Winfried/**Kroker**, Rolf: Privatisierung öffentlicher Aufgaben, Köln 1981.
Gabele, Eduard: WENIGER STAAT, MEHR PRIVAT? Betriebswirtschaftliche Argumente zu einer aktuellen Streitfrage, Bamberg 1983.

Gebhard, Ludwig: Handkommentar zur Verfassung des Deutschen Reichs vom 11. Juli 1919, München/Berlin/Leipzig 1932.

Gersdorf, Hubertus: Verlängerung des Briefmonopols: der Staat als Hüter des Gemeinwohls?, in: DÖV 2001, 661.

Glaser, Hermann/**Werner**, Thomas: Die Post in ihrer Zeit, Eine Kulturgeschichte menschlicher Kommunikation, Heidelberg 1990.

Görts, Frerich: Erfahrungen mit dem ordnungspolitischen Modell der Telekommunikation aus der Sicht des Bundesministeriums für Post und Telekommunikation, in: online '92 15. Europäische Congressmesse für Technische Kommunikation Hamburg 10./11-14.02.1992 Congress II Telekommunikation in Deutschland: Umbruch und Fortentwicklung, Velbert 1992, Symposium I-07/01 Liberalisierung der Telekommunikation in Deutschland und Europa.

Görts, Frerich: Ordnungspolitische Grundsätze für die Aufgaben der Telekom (Monopol- und Wettbewerbsbereich) aus der Sicht der Bundesregierung, in: online '93, 16. Europäische Congressmesse für Technische Kommunikation Hamburg 08./09.-12.02.1993 Congress I Telekommunikation in Deutschland: Umbruch und Fortentwicklung, Velbert 1993, Symposium II-1 C 215.01 Liberalisierung und Telekommunikation in Deutschland.

Graffe, Heinrich/**Bilgmann**, Günter: Die Deutsche Bundespost in der Sozialen Marktwirtschaft, in: Jahrbuch der Deutschen Bundespost 1980, S. 143.

Gramlich, Ludwig: Die Deutsche Bundespost im internationalen Vergleich, in: ArchfVölkerR 1990, 406.

Gramlich, Ludwig: Ein ungewisser Übergang: Anmerkungen zu Folgen der Poststrukturreform, die sich hätten vermeiden lassen, in: Verwaltungsrundschau 1990, 82.

Gramlich, Ludwig: Die Zukunft der Postdienste in der EG, in: DVW 6/1992, 8.

Gramlich, Ludwig: Ausschluß von der Postbeförderung - ein Problem für die Verwaltungsgerichte, in: NJW 1994, 985.

Gramlich, Ludwig: Rechtliche Möglichkeiten der Finanzierung von Infrastrukturleistungen im Post- und Telekommunikationsbereich durch die Einrichtung eines Infrastrukturfonds, in: ArchPT 1995, 189.

Gramlich, Ludwig: Rechtsschutzprobleme auf den Märkten für Postdienstleistungen, in: NJW 1996, 617.

Gramlich, Ludwig: Entwicklungen der staatlichen Wirtschaftsaufsicht: Das Telekommunikationsrecht als Modell?, in: VerwArch 1997, 598.

Gramlich, Ludwig: Ende gut, alles gut? - Anmerkungen zum neuen Postgesetz, in: NJW 1998, 866.

Gramlich, Ludwig: Kommunikationsgrundversorgung zwischen Markt und Staat, in: ZUM 1998, 365.

Gramlich, Ludwig: Neue Entwicklungen der Postregulierung und Postgesetzgebung, in: CR 2002, 654.
Grande, Edgar: Staatliche Steuerungsfähigkeit: Akteure und Aktivitäten in der Informationstechnik, in: Grande, Edgar/ Häusler, Jürgen: Industrieforschung und Forschungspolitik Staatliche Steuerungspotentiale in der Informationstechnik, Frankfurt/NewYork 1994, S. 115 .
Grave, Carsten: Art. 86 II: Weder Verbot noch Gebot zur Quersubventionierung von Dienstleistungen im allgemeinen wirtschaftlichen Interesse, in: EuZW 2001, 709.
Greiffenberg, Peter: Ordnungspolitische Grundsätze für die Aufgaben der Telekom (Monopol- und Wettbewerbsbereich) aus der Sicht der Opposition, in: online '93, 16. Europäische Congressmesse für Technische Kommunikation Hamburg 08./09.-12.02.1993 Congress I Telekommunikation in Deutschland: Umbruch und Fortentwicklung, Velbert 1993, Symposium II-1 C 214.01Liberalisierung der Telekommunikation in Deutschland und Europa.
Gröner, Helmut/**Knorr**, Andreas: Marktöffnung im Postwesen durch Lizensierung?, Tübingen 1995.
Großfeld, Bernhard/**Janssen**, Helmut: Zur Organisation der Deutschen Bundespost, in: DÖV 1993, 424.
Gscheidle, Kurt: Damit wir in Verbindung bleiben, Portrait der Deutschen Bundespost, Stuttgart 1982.
Gscheidle, Kurt: Die Deutsche Bundespost im Spannungsfeld der Politik - Versuch einer Kursbestimmung, in: Jahrbuch der Deutschen Bundespost 1980, 9.
Guski, Hans-Günter: Privatisierung in Großbritannien, Frankreich und USA, Köln 1988.
Haar, Brigitte: Marktöffnung in der Telekommunikation durch Normen gegen Wettbewerbsbeschränkungen, in: Mestmäcker, Ernst-Joachim (Hrsg.): Kommunikation ohne Monopole II, Ein Symposium über Ordnungsprinzipien im Wirtschaftsrecht der Telekommunikation und der elektronischen Medien, Baden-Baden 1995, S. 527.
Habersack, Mathias/**Holznagel**, Bernd/**Lübbig**: Behördliche Auskunftsrechte und besondere Missbrauchsaufsicht im Postrecht, München 2002.
Hamer, Eberhard/**Gebhardt**, Rainer: Privatisierungspraxis: Hilfe zur Umstellung von Staats- auf Privatwirtschaft, 2. Auflage, Essen 1992.
Heimann, Heinz-Dieter: Postgeschichte und Geschichtswissenschaft Ein Rückblick auf das »Postjubiläum 1490-1990« als Ausblick, in: ArchfDPG 1/1993, 91.
Heimlich, Jörn: Die Abgabepflichten des Telekommunikationsgesetzes, NVwZ 1998, 122 (123).

Hellmuth, Hans: Wurde die Deutsche Reichspost durch das Reichspostfinanzgesetz eine ertragswirtschaftliche Unternehmung?, in: AöR 56 (1929), 94.
Hempell, Wolfgang: Postablieferungen an den Bund, in: JbdDBP 1983 S. 272.
Hengstschläger, Johannes: Privatisierung von Verwaltungsaufgaben, in: VVDStRL 54 (1995), 165.
Herdegen, Mathias: Die Regulierung des Postuniversaldienstes: Abschied vom Markt?, in: ZRP 1999, 63.
Hermann, Horst: DBP TELEKOM: Ein Unternehmen des Bundes, in: ZPT 9/1991, 8.
Hermann-Fähnrich, Marion: Neuordnung der Bundespost ? Dimensionen und Interessenkonstellationen im Bereich der Telekommunikation New regulation of the Deutsche Bundespost? Dimensions and constellations of interests in telecommunications, in: online '90, 13. Europäische Congressmesse für Technische Kommunikation in Europa: Quo vadis?, Velbert 1990, Symposium I-1.04.01 Liberalisierung der Telekommunikation in Deutschland und Europa.
Hermes, Georg, Staatliche Infrastrukturverantwortung. Rechtliche Grundstrukturen netzgebundener Transport- und Übertragungssysteme zwischen Daseinsvorsorge und Wettbewerbsregulierung am Beispiel der leitungsgebundenen Energieversorgung in Europa, Tübingen 1998.
Herrmann, Götz: Der Streit der Thurn und Taxis'schen Reichspost und der reichsstädtischen "Post" um das Postregel im 16. und 17. Jahrhundert, Erlangen 1958.
Herrmann, Ernst: Die Deutsche Bundespost Kommunikationsunternehmen zwischen Staat und Wirtschaft, Baden-Baden 1986.
Hesse, Albrecht: Die Verfassungsmäßigkeit des Fernmeldemonopols der Deutschen Bundespost, Heidelberg 1984.
Heuer, Ernst: Privatwirtschaftliche Wege und Modelle zu einem modernen (anderen?) Staat, in: DÖV 1995, 85.
Heuermann, Arnulf/**Neu**, Werner: Ein Regulierungsrahmen für das Unternehmen Deutsche Bundespost Telekom, in: ArchPF 1988, 318.
Heut, Anton: Die Übernahme der Taxisschen Reichsposten in Bayern durch den Staat, München 1925.
Hoffmann-Riem, Wolfgang: Öffentliches Wirtschaftsrecht der Kommunikation und der Medien, in: Schmidt, Reiner (Hrsg.): Öffentliches Wirtschaftsrecht Besonderer Teil 1 Berlin, Heidelberg, NewYork 1995, § 6 S. 563.
Hoffmann-Riem, Wolfgang: Telekommunikationsrecht als europäisiertes Verwaltungsrecht, in DVBl. 1999, 125.
Hoffmann-Riem, Wolfgang: Verfahrensprivatisierung als Modernisierung, in: DVBl. 1996, 225.

Isensee, Josef: Gemeinwohl und Staatsaufgaben im Verfassungsstaat, in: Isensee, Josef/Kirchhof, Paul (Hrsg.): Handbuch des Staatsrechts der Bundesrepublik Deutschland, Band III, Das Handeln des Staates, 2. Auflage, Heidelberg 1996, § 57.

Justi, Johann, Heinrich Gottlob von: Staatswirthschaft, Teil II, 2. Auslage Leipzig 1758, Nachdruck Aalen 1963.

Kalmus, Ludwig: Weltgeschichte der Post Mit besonderer Berücksichtigung des deutschen Sprachgebietes, Wien 1937.

Kämmerer, Jörn Axel: Die Verlängerung der Exklusivlizenz der Deutschen Post AG - ein Privatmonopol im Zwielicht, in: DVBl. 2001, 1705.

Kämmerer, Ludwig: Die Rechtsnatur der Bundespost, in: DVBl. 1966, 396.

Kämmerer, Ludwig: Grundfragen des Postverfassungsrechts, in: ArchPF 1958, 20.

Kämmerer, Ludwig: Post und Staat, in: Postarchiv 1940 S. 685.

Kämmerer, Ludwig, in: ArchPF 1967, 20.

Kaupp, Peter: 500 Jahre Post, in: DVW 3/89, 9.

Kaus, Karl: Das römische Post- und Straßenwesen in: Organisationsgemeinschaft Schloß Halbturn (Hrsg.): Zwei Jahrtausende Postwesen Vom cursus publicus zum Satelliten, S. 17, Wien 1985.

Kießkalt, Ernst: Die Entstehung der deutschen Post und ihre Entwicklung bis zum Jahre 1932, Erlangen 1935.

Kirchhof, Ferdinand: Schuldübergang und Haftung bei der Privatisierung der Postunternehmen, in: NVwZ 1994, 1041.

Kirchhof, Ferdinand: Private Breitbandkabel und Postmonopol, in: DVBl. 1984, 657.

Klaes, Silke: Die Post im Rheinland, Recht und Verwaltung in der Franzosenzeit (1792-1815), Köln, Weimar, Wien 2001.

Klüber, Johann Ludwig: Öffentliches Recht des Teutschen Bundes und der Bundesstaaten, 4. Auflage, Frankfurt a. M. 1840 (Nachdruck 1970).

Kluth, Thomas-Sönke: Telekommunikation als Regelungsgegenstand des Europäischen Gemeinschaftsrechts, zugleich Dissertation Hamburg 1992, Frankfurt am Main, Berlin, Bern, NewYork, Paris, Wien 1993.

Knauss, Fritz: Privatisierung in der Bundesrepublik Deutschland 1983-1990, Bilanz und Perspektiven, Köln 1990.

Knauth, Peter/**Husch**, Gertrud: Ordnungspolitische Neugestaltung des Postsektors, in: ArchPT 1997, 5.

Knieps, Günter: Entstaatlichung und Wettbewerb im nationalen Telekommunikationsbereich, in: Windisch, Rupert (Hrsg.): Privatisierung natürlicher Monopole im Bereich von Bahn, Post und Telekommunikation, Tübingen 1987.

Knieps, Günter: Post- und Fernmeldewesen, in: Vogt, Otto (Hrsg.): Deregulierung und Privatisierung, Köln 1988, S. 31.

Knieps, Günter: Dienstleistungspolitik der DBP und Ordnungspolitik, in: Diederich, Helmut/Hamm, Walter/Zohlnhöfer, Werner (Hrsg.): Die Deutsche Bundespost im Spannungsfeld der Wirtschaftspolitik, Heidelberg 1987, S. 129.

Köbele, Bernd: Fernmeldewesen und Telematik in ihrer rechtlichen Wechselwirkung, zugleich Dissertation, Köln 1990, Berlin 1991.

Koch, Alfred: Die deutschen Postverwaltungen im Zeitalter Napoleons I. Der Kampf um das Postregal in Deutschland und die Politik Napoleons I. (1798-1815), in: ArchfdPG 2/1967, 1.

König, Klaus: Entwicklung der Privatisierung in der Bundesrepublik Deutschland - Problemstand, Ausblick -, in: Verwaltungsarchiv 1988, 241.

König, Klaus: Kritik öffentlicher Aufgaben, Speyrer Forschungsberichte 72, Speyer 1988.

Königshofen, Thomas: Die rechtliche Stellung der Deutschen Bundespost TELEKOM und ihre Einbindung in die öffentliche Verwaltung, in: JbDBP 1991, 499.

Königshofen, Thomas: Die Deutsche Telekom im Spannungsfeld der Ordnungspolitik, in: ArchPT 1995, 112.

Kraft, Sabine/**Obermann**, Gabriel: Privatisierungen in Österreich und in anderen westeuropäischen Ländern, in: Schneider, Friedrich/Hofreither, Markus F. (Hrsg.): Privatisierung und Deregulierung öffentlicher Unternehmen in westeuropäischen Ländern, Erste Erfahrungen und Analysen, Wien 1990, S. 57.

Krölls, Albert: Rechtliche Grenzen der Privatisierungspolitik, in: GewArch 1995, 129.

Kubicek, Herbert: Universaldienstregelungen in den USA und in Deutschland, in: CR 1997, 1.

Kunze, Hermann: Das Wegeregal, die Post und die Anfänge der Eisenbahnen in den Staaten des Deutschen Bundes, Bochum 1982.

Laband, Paul: Das Staatsrecht des Deutschen Reiches 3. Band 4. Auflage Tübingen/Leipzig 1901.

Ladeur, Karl-Heinz: Mehrwertdienste und Telekommunikationsordnung, in: CR 1989. 514.

Lassar, Gerhard: Die Zuständigkeitsverteilung auf dem Gebiete des Verkehrswesens, in: Anschütz, Gerhard/Thoma, Richard: Handbuch des Deutschen Staatsrechts, Erster Band, Tübingen 1930 § 30, S. 345-353.

Laue, Walter: Die Entwicklung des Post- und Fernmeldewesens seit der Gründung des Deutschen Reichs, in: Jahrbuch der Deutschen Bundespost 1971, 102.

Leclerc, Herbert: Dr. Ohnesorge und die Deutsche Reichspost in: Archiv für Deutsche Postgeschichte 2/1988, 120.

Lehmbruch, Gerhard: Telekommunikation: Ein Politikfeld im Wandel, in: Grande, Edgar/Kuhlen, Rainer/Lehmbruch, Gerhard/Mäding, Heinrich (Hrsg.): Perspektiven der Telekommunikationspolitk, Opladen 1991, S. 10.
Lehmbruch, Gerhard: Telekommunikation: Ein Politikfeld im Wandel, in: Grande, Edgar/Kuhlen, Rainer/Lehmbruch, Gerhard/Mäding, Heinrich (Hrsg.): Perspektiven der Telekommunikationspolitk, Opladen 1991, S. 10.
Leo, Hubertus/**Schellenberg**, Martin: Die Regulierungsbehörde für Telekommunikation und Post, ZUM 1997, 188.

Lerche, Peter: Fernmeldemonopol und gesetzgeberische Bewegungsfreiheit, in: Festschrift für Klaus Obermayer, München 1986, S. 75 f.

Lerche, Peter/**Pestalozza**, Christian Graf von: Die Deutsche Bundespost als Wettbewerber, Köln 1985.

Linde, Justinus T. B. von: Das Deutsche Postrecht nach seiner staatsrechtlichen Beschaffenheit, in: AöR DB, Bd. II, Heft 1, S. 1.

Linde, Justinus T. B. von: Das Deutsche Postrecht nach der bundesgesetzlichen Bestimmung, unter Garantie acht europäischer Mächte, in: AöR DB, Bd. II Heft 2. und 3, S. 1.

Loesch, Achim von: Privatisierung öffentlicher Unternehmen Ein Überblick über die Argumente, 2. Auflage, Baden-Baden 1987.

Löhr, Hanns Christian: König Maximilian I. und die Errichtung der ersten deutschen Poststrecke, in: ArchfdPG 1/1990, 6.

Lotz, Wolfgang: 275 Jahre allgemeine preußische Postordnung in: ArchfdPG 2/1987, 43.

Luttermann, Claus: Die Wirtschaftsführung und Rechnungslegung der Deutschen Bundespost Ein Beitrag zur Rechtslage nach dem Postverfassungsgesetz vom 8. Juni 1989, zugleich Dissertation Münster (Westfalen) 1991, Köln, Berlin, Bonn, München 1991.

Mäding, Heinrich: Probleme einer rationalen Planung der Telekommunikationsinfrastruktur, in: Grande, Edgar/Kuhlen, Rainer/Lehmbruch, Gerhard/Mäding, Heinrich (Hrsg.): Perspektiven der Telekommunikationspolitik, Opladen 1991, S. 127.

Martenczuk, Bernd/**Thomaschki**, Kathrin: Der Zugang zu Netzen zwischen allgemeinem Kartellrecht und sektorieller Regulierung, in: RTkom, 1999, 15.

Maunz, Theodor: Die Privatisierung von Verkehrsbetrieben des Bundes in der Sicht des Grundgesetzes, in: Achterberg, Norbert/Krawietz, Wener/Wyduckel, Dieter (Hrsg.): Recht und Staat im sozialen Wandel Festschrift für Ulrich Scupin zum 80. Geburtstag, Berlin 1983, S. 615.

Maunz, Theodor/**Dürig**, Günter/**Herzog**, Roman/ **Scholz**, Rupert: Grundgesetz, Kommentar Band V, Art. 92 - 146, Loseblatt, München, Stand Juni 1998 und Dezember 2000.

Maunz, Theodor/**Dürig**, Günter/**Herzog**, Roman/ **Scholz**, Rupert: Grundgesetz, Kommentar Band IV, Art. 70 - 92, Loseblatt, München, Stand Juni 1998, Februar 1999 und Dezember 2000.

Mayer, Barbara: Die Bundespost: Wirtschaftsunternehmen oder Leistungsbehörde, Dissertation, Universität Freiburg im Breisgau 1990 Berlin 1990.

Mayer, Otto: Deutsches Verwaltungsrecht, 2 Bände, 3. Auflage, Berlin 1924, Neudruck 1966.

Meckel, Heinz/**Kronthaler**, Otto: Das Bundesministerium für das Post- und Fernmeldewesen und die Deutsche Bundespost, Frankfurt a.M., Bonn, 1967.

Meier, Alfred: Versuch einer Standortbestimmung: Die Deutsche Bundespost Telekom in ihrem ordnungspolitischen Umfeld, in: online '93, 16. Europäische Congressmesse für Technische Kommunikation Hamburg 08./09.-12.02.1993 Congress I Telekommunikation in Deutschland: Umbruch und Fortentwicklung, Velbert 1993, Symposion II-1 C 215.01 Liberalisierung der Telekommunikation in Deutschland und Europa.

Meißner, Otto: Die Reichsverfassung, Berlin 1919.

Mestmäcker, Ernst-Joachim: Marktzugang und Monopolmißbrauch auf deregulierten Märkten, in: Baur, Jürgen F./Hopt, Klaus/Mailänder, K. Peter (Hrsg.): Festschrift für Ernst Steindorff zum 70. Geburtstag am 13. März 1990, Berlin, NewYork 1990, S. 1045.

Mestmäcker, Ernst-Joachim: Über den Einfluß von Ökonomie und Technik auf Recht und Organisation der Telekommunikation und der elektronischen Medien, in: Mestmäcker, Ernst-Joachim (Hrsg.): Kommunikation ohne Monopole II, Baden-Baden, 1995, S. 13.

Meyer, Georg: Lehrbuch des Deutschen Verwaltungsrechtes, Teil I. Allgemeine Lehren. Innere Verwaltung, 2. Auflage, Leipzig 1893.

Michalski, Hans-Jürgen: Die Transformation des Telekommunikationskomplexes Der Telekommunikationsmarkt der Bundesrepublik vor einer neuen Stufe der Liberalisierung und Regulierung, in: WSI-Mitteilungen 1995, 526.

Möller, Sabine: Gegen den Mißbrauch der Post, in: ZPT 10/1991, 25.

Monopolkommission: Die Telekommunikation im Wettbewerb, Sondergutachten 24, Baden-Baden 1996.

Monopolkommission: Die Rolle der Deutschen Bundespost im Fernmeldewesen, Sondergutachten 9, Baden-Baden 1981.

Monopolkommission: Sondergutachten 20 Zur Neuordnung der Telekommunikation Sondergutachten der Monopolkommission gemäß § 24 b Abs. 5 Satz 4 GWB, Baden-Baden 1991.

Moritz, Hans-Werner/**Neus**, Hermann R.: Telekommunikationsgesetz und US Telecommunications Act, in: CR 1997, 239.

Möschel, Wernhard, Monopole und Wettbewerb in der Telekommunikation, in: Mestmäcker, Ernst-Joachim (Hrsg.): Kommunikation ohne Monopole II, Ein Symposium über Ordnungsprinzipien im Wirtschaftsrecht der Telekommunikation und der elektronischen Medien, Baden-Baden 1995, S. 397.

Müller, Joachim A.: Dienstleistungsmonopole im System des EWGV, Baden-Baden 1988, zugleich Dissertation, Bayreuth 1987/88.

Müller-Using, Detlev: Nochmals: Zu den verfassungsrechtlichen Aspekten der Postreform II, in: ArchPT 1995, 46.

Münch, Ingo von/**Kunig**, Philip (Hrsg.): Grundgesetz-Kommentar, Band 3, Art. 70 bis Art. 146 und Gesamtregister, München 1996.

Nawiasky, Hans: Deutschen und österreichisches Postrecht. Der Sachverkehr, Teil 1, Die allgemeine Rechtsstellung der Post, Wien 1909.

Neumann, Karl-Heinz: Gesamtwirtschaftliche Aspekte der Reform des Post und Fernmeldewesens, in: Gesellschaft für Öffentliche Wirtschaft (Hrsg.): Postreform: Marktorientierung und öffentlicher Auftrag, Baden-Baden 1988, S. 22.

Niegel, Hans: DBP-Unternehmen: Sondervermögen, Aktiengesellschaft oder Anstalt?, in: DVW 6/1992, 5.

Nolte, Norbert: Lizensierung von Telekommunikationsunternehmen, in: CR 1996, 459.

North, Gottfried: Vom Botenwesen des Mittelalters bis zur Gründung der Post durch Kaiser Maximilian I. in: Organisationsgemeinschaft Schloß Halbturn (Hrsg.): Zwei Jahrtausende Postwesen Vom cursus publicus zum Satelliten, Wien 1985, S. 25.

North, Gottfried: Die Post Ihre Geschichte in Wort und Bild; Heidelberg 1988.

North, Michael: Nachrichtenübermittlung und Kommunikation in norddeutschen Hansestädten im Spätmittelalter und der Frühen Neuzeit, in: Archiv für deutsche Postgeschichte, 2/1991, 9.

Ohnheiser, Ferdinand: Postrecht, Handbuch wichtiger Bestimmungen für das Post- und Fernmeldewesen mit Kommentar, 4. Auflage, Heidelberg 1984.

Ortmann, Wilhelm: Deutschlands Post im Werden und Wandel des Zeitgeschehens, Düsseldorf, Frankfurt a.M. 1950.

Ossenbühl, Fritz: Bestand und Erweiterung des Wirkungskreises der Deutschen Bundespost, Berlin 1980.

Ossenbühl, Fritz: Staatliches Fernmeldemonopol als Verfassungsgebot?, in: Leßmann, Herbert/Großfeld, Bernhard/ Vollmer, Lothar (Hrsg.): Festschrift für Rudolf Lukes zum 65. Geburtstag, Köln, Berlin, Bonn, München 1989.

Ossenbühl, Fritz: Zur rechtlichen Zulässigkeit der Beförderung der sog. Infopost durch private Unternehmer, in: ArchPT 1993, 341.

Osterloh, Lerke: Privatisierung von Verwaltungsaufgaben, in: VVDStRL 54 (1995), 204.
Pabst, Heinz-Joachim/Schwartmann, Rolf: Privatisierte Staatsverwaltung und staatliche Aufsicht, in: DÖV 1998, 315.
Pausch, Rainer: Möglichkeiten einer Privatisierung öffentlicher Unternehmen, Göttingen 1976.
Pausch, Rainer: Privatisierungsmöglichkeiten bei der Deutschen Bundespost, Göttingen 1978.
Peine, Franz-Joseph: Grenzen der Privatisierung - verwaltungsrechtliche Aspekte, in: DÖV 1997, 353.
Pfeffermann, G.O.: Erfahrungen mit dem ordnungspolitischen Modell der Telekommunikation in der Bundesrepublik Deutschland aus der Sicht der Politik, in: online '92 15. Europäische Congressmesse für Technische Kommunikation Hamburg 10./11-14.02.1992 Congress II Telekommunikation in Deutschland: Umbruch und Fortentwicklung, Velbert 1992, Symposium I-04/01 Liberalisierung der Telekommunikation in Deutschland und Europa.
Piendl, Max: Thurn und Taxis 1517-1867 Zur Geschichte des fürstlichen Hauses und der Thurn und Taxisschen Post, in: ArchfdPG 1/1967, 1.
Plagemann, Jürgen: Die Dienste der Deutschen Bundespost im Wettbewerb zu privaten Unternehmen Diskussionsbeiträge zur Telekommunikationsforschung WIK Nr. 27/Juli 1987, Bad Honnef 1988.
Plagemann, Jürgen: Die erwerbswirtschaftliche Betätigung der Deutschen Bundespost durch Eigengesellschaften, Berlin, Bonn 1992.
Poetsch-Heffter, Fritz: Kommentar der Reichsverfassung vom 11. August 1919 Ein Handbuch für Verfassungsrecht und Verfassungspolitik, 3. Auflage, Berlin 1928.
Pohl, Klaus: Die Privatisierung der öffentlichen Unternehmen DBP Postdienst, Postbank und Telekom im Zuge der Postreform II, in: ZögU 1995, 239.
Postler, Frank: Die historische Entwicklung des Post- und Fernmeldewesens in Deutschland vor dem Hintergrund spezifischer Interessenkonstellationen bis 1945. Eine sozialwissenschaftliche Analyse der gesellschaftlichen Funktionen der Post. Dissertation Universität Osnabrück 1991, Frankfurt am Main, Bern, New York, Paris 1991.
Postler, Frank: Die Entstehung des Reichspostfinanzgesetzes und seine Bedeutung für die Post der Weimarer Republik, in: ArchfDPG 1/1993, 19.
Probst, Erwin: Das Zeitalter der Lehenposten im 19. Jahrhundert. Thurn und Taxis, in: Lotz, Wolfgang (Hrsg.): Deutsche POSTgeschichte Essays und Bilder, Berlin 1989, S. 123.

Puhle, Matthias: Das Gesandten- und Botenwesen der Hanse im späten Mittelalter in: Lotz, Wolfgang (Hrsg.) Deutsche POSTgeschichte Essays und Bilder, S. 43 Berlin 1989.

Püttner, Günter Die öffentlichen Unternehmen, Verfassungsfragen zur wirtschaftlichen Betätigung der öffentlichen Hand, Bad Homburg v. d. H., Berlin, Zürich 1969 S. 25, 33.

Rabe, Uwe: Wettbewerbsfähigkeit von DBP TELEKOM, in: ZPT 12/1989, 16.

Regierungskommission Fernmeldewesen: Neuordnung der Telekommunikation, Heidelberg 1987.

Reinert, Hans Jochen: Zum historischen Entwicklungsprozeß der Posthaftung in der Gesetzgebung, in: ArchPT 1992, 113.

Riehmer, Klaus: Organisation und Regulierung in der Telekommunikation in Deutschland, in: Mestmäcker, Ernst-Joachim (Hrsg.): Kommunikation ohne Monopole II, Ein Symposium über Ordnungsprinzipien im Wirtschaftsrecht der Telekommunikation und der elektronischen Medien, Baden-Baden 1995, S. 369.

Ritgen, Klaus: Die Post-Universaldienstleistungsverordnung, in: NJW 2000, 1315.

Rittershofer, Werner: Die Deutsche Bundespost als Teil der Gemeinwirtschaft, Frankfurt am Main, Köln 1978.

Rönne, Ludwig von: Das Staats-Recht der Preußischen Monarchie Zweiter Band Erste Abteilung, 3. Auflage, Leipzig 1871.

Roßnagel, Alexander/**Wedde**, Peter: Die Reform der Deutschen Bundespost im Licht des Demokratieprinzips, in: DVBl. 1988, 562.

Rotter, Ekkehart: Die Organisation des Briefverkehrs beim Deutschen Orden in: Lotz, Wolfgang (Hrsg.) Deutsche POSTgeschichte Essays und Bilder, Berlin 1989, S. 23.

Rotter, Ekkehart: Zwischen Pedell und Botschafter: Der Universitätsbote in: Lotz, Wolfgang (Hrsg.) Deutsche POSTgeschichte Essays und Bilder, Berlin 1989, S. 57.

Rottmann, Michael: Zum rechtlichen Rahmen für eine europäischen Binnenmarkt im Post- und Fernmeldewesen, in: ArchPF 1989, 1

Rottmann, Michael: Zur Postreform, in: ArchPT 1993, 220.

Rottmann, Michael: Zu den verfassungsrechtlichen Aspekten der Postreform II, in: ArchPT 1994, 193.

Rückwardt, Bernd: Wirtschaftlichkeit durch Privatisierung? - Problemaufriß und Materialauswertung -;Speyer, August 1983.

Rütter, Peter M.: Das Monopol in der Telekommunikation, in: ArchPF 1991, 57.

Sachs, Michael (Hrsg.): Grundgesetz, Kommentar, 2. Auflage, München 1999.

Sautter, Karl (Hrsg.): Geschichte der Deutschen Post. Teil 1: Geschichte der Preussischen Post (1640-1868), Berlin 1928.

Sautter, Karl: Geschichte der deutschen Post Teil 3: Geschichte der Deutschen Reichspost (1871-1945), Frankfurt (Main) 1951.

Schatzschneider, Wolfgang: Fernmeldemonopol und Verfassungsrechte, in: MDR 1988, 529.

Schatzschneider, Wolfgang: Privatisierung des Fernmeldehoheitsrechts? Berlin 1988.

Schatzschneider, Wolfgang: Die Neustrukturierung des Post- und Fernmeldewesens, in: NJW 1989, 2371.

Scheda, Walter: Das Reichspostfinanzgesetz, Berlin 1932.

Scherer, Joachim: Rechtliche Instrumente und Verfahren zur Regulierung der Deutschen Bundespost Telekom vor und nach der Privatisierung, in: ArchPT 1993, 261.

Scherer, Joachim: Postreform II: Privatisierung ohne Liberalisierung, in: CR 1994, 418.

Scherer, Joachim: Das neue Telekommunikationsgesetz, in: NJW 1996, 2953.

Schieder, Theodor: Vom Norddeutschen Bund bis zum Ende der Monarchie. Grundzüge der politischen Entwicklung und geistige Grundlagen, in: Jeserich, Kurt G. A./Pohl, Hans/v.Unruh, Georg-Christoph: Deutsche Verwaltungsgeschichte, Band 3, Das Deutsche Reich bis zum Ende der Monarchie, Stuttgart 1984.

Schilly, Ernst: Verkehrs- und Nachrichtenwesen, in: Jeserich, Kurt G. A./Pohl, Hans/v. Unruh, Georg-Christoph: Deutsche Verwaltungsgeschichte, Band 1, Vom Spätmittelalter bis zum Ende des Reichs, Stuttgart 1983, § 9, S. 448.

Schlick, Manfred (Bearbeiter)/Institut „Finanzen und Steuern„ (Hrsg.): Ziele und Möglichkeiten der Privatisierung in volkswirtschaftlicher Sicht - Die Beteiligungen des Bundes, Bonn 1985.

Schliesky, Utz: Über Notwendigkeit und Gestalt eines Öffentlichen Wettbewerbsrechts, in: DVBl. 1999, 78.

Schmelz, Karl-Joachim: Postmonopol und Ablieferungen (§ 2 I PostG und § 21 PostVerwG) Zur Verfassungsmäßigkeit des Postmonopols und der Ablieferungen der DBP an die Bundeskasse Dissertation Konstanz 1986.

Schmidt, Joachim: Postreform II, in: ArchPT 1993, 340.

Schmidt, Reiner: Rechtliche Möglichkeiten für Privatisierungen im Bereich der Deutschen Bundespost, in: Badura, Peter/Scholz, Rupert: Wege und Verfahren des Verfassungslebens, Festschrift für Peter Lerche zum 65. Geburtstag, München 1993, S. 965.

Schmidt, Reiner: Privatisierung und Gemeinschaftsrecht, in: Die Verwaltung 1995, 281.

Schmidt-Aßmann, Eberhard: Der Grundrechtsschutz gemischt-wirtschaftlicher Unternehmen nach Art 19 Abs. 3 GG, in: BB Beilage 34 zu Heft 27/1990, 1.
Schmidt-Bleibtreu, Bruno/**Klein**, Franz (Hrsg.): Kommentar zum Grundgesetz, 8. Auflage, Neuwied, Kriftel, Berlin 1995.
Schneidmüller, Bernd: Briefe und Boten im Mittelalter in: Lotz, Wolfgang (Hrsg.) Deutsche POSTgeschichte Essays und Bilder, Berlin 1989, S. 10.
Schnyder, Anton K.: Verhältnis nationaler, regionaler und globaler Regulierungen - insbesondere exterritorialer Wirkungen nationaler oder regionaler Marktgestaltungen, in: Mestmäcker, Ernst-Joachim (Hrsg.): Kommunikation ohne Monopole II, Ein Symposium über Ordnungsprinzipien im Wirtschaftsrecht der Telekommunikation und der elektronischen Medien, Baden-Baden 1995, S. 211.
Schoch, Friedrich: Rechtsfragen der Privatisierung von Abwasserbeseitigung und Abfallentsorgung, in: Ipsen, Jörn (Hrsg.): Privatisierung öffentlicher Aufgaben Private Finanzierung kommunaler Investitionen, 4. Bad Iburger Gespräche, Symposium des Instituts für Kommunalrecht der Universität Osnabrück am 15. September 1993, Köln, Berlin, Bonn, München 1993, S. 63.
Schoch, Friedrich: Privatisierung von Verwaltungsaufgaben, in: DVBl. 1994, 960.
Schoch, Friedrich: Privatisierung von Verwaltungsaufgaben, in: VVDStRL 57 (1998), S. 158.
Scholz, Rupert/**Aulehner**, Josef: Berufsbeamtentum nach der deutschen Wiedervereinigung, in: ArchPT 1993, 5.
Scholz, Rupert: Unentgeltliche Durchsetzungsrechte für Zwecke der Telekommunikation - Verfassungsmäßiges Korrelat zum Grundversorgungsauftrag, in: ArchPT 1996, 95.
Scholz, Rupert/**Aulehner**, Josef: Tochtergesellschaften und Unternehmensbeteiligungen der Deutschen Bundespost Telekom im Ausland, in: ArchPT 1993, 103.
Scholz, Rupert/**Aulehner**, Josef: "Postreform II" und Verfassung - Zu Möglichkeiten und Grenzen einer materiellen oder formellen Privatisierung der Post -, in: ArchPT 1993, 221.
Schulte-Braucks, Reinhard: Europäisches Telekommunikationsrecht für den gemeinsamen Telematikmarkt - Das Grünbuch der EG-Kommission, in: Scherer, Joachim (Hrsg.): Telekommunikation und Wirtschaftsrecht, Köln 1988, S. 1.
Schuppert, Gunnar Folke: Die Erfüllung öffentlicher Aufgaben durch die öffentliche Hand, private Anbieter und Organisationen des Dritten Sektors, Überlegungen zur sich verändernden Rollenverteilung zwischen öffentlichem

und privaten Sektor, in: Ipsen, Jörn (Hrsg.): Privatisierung öffentlicher Aufgaben Private Finanzierung kommunaler Investitionen, 4. Bad Iburger Gespräche, Symposium des Instituts für Kommunalrecht der Universität Osnabrück am 15. September 1993, Köln, Berlin, Bonn, München 1993, S. 17.

Schuster: Der Weg der Post von 1872 bis 1953. - Ein Beitrag zur Vorgeschichte des Postverwaltungsgesetzes, in: Archiv für das Post- und Fernmeldewesen 1966, 568.

Schütz, Raimund/**Cornils**, Matthias: Universaldienst und Telekommunikation, in: DVBl. 1997, 1146.

Schütz, Raimund/**Esser-Wellié**, Michael: Wettbewerb in der Telekommunikation? Anmerkungen zum Entwurf eines Telekommunikationsgesetzes, in: AfP 1995, 580.

Schwarz, Konrad: Die Entwicklung der Deutschen Post (Ein Überblick), Berlin 1931.

Schwarz-Schilling, Christian: Regulierung und Wettbewerb in der Telekommunikation, in: DVW 5/1991, 1.

Schwarz-Schilling, Christian: Die Privatisierung der Unternehmen der Deutschen Bundespost, in: DVW 5/1992, 1.

Schwemmle, Michael/**Sattler**, Hans-Jürgen: Steuerung durch Regulierung? Post- und Telekommunikationspolitik nach der Privatisierung der Deutschen Bundespost, in: WSI Mitteilungen, 1995, 189.

Sebastian, Fritz: Thurn und Taxis 350 Jahre Post, Hannover 1948.

Seydel, Max von: Commentar zur Verfassungsurkunde für das Deutsche Reich, 2. Auflage, Freiburg i.B./Leipzig 1897.

Siedentopf, Heinrich: Privatisierung öffentlicher Aufgaben - Begriff und Formen, in: Baum, Gerhart Rudolf/Erhard, Benno/Hauptmann, Jerzy/Krause, Alfred/Siedentopf, Heinrich: Privatisierung - Gewinn für wen? Zum Realitätsgehalt der Entstaatlichungsdiskussion, Bonn, Stuttgart, Düsseldorf 1980, S. 59.

Simon, Ernst-Otto: Der Postkurs von Rheinhausen bis Brüssel im Laufe der Jahrhunderte, in: AchfDPG 1/1990, 14.

Spoerr, Wolfgang / **Deutsch**, Markus: Das Wirtschaftsverwaltungsrecht der Telekommunikation - Regulierung und Lizenzen als neue Schlüsselbegriffe des Verwaltungsrechts?, in: DVBl. 1997, 300.

Sprißler, Matthias: Das Fernmeldemonopol und seine rechtshistorische Entwicklung in Deutschland, in: ArchPF 1991, 159.

Staab, Helmut Benno: Möglichkeiten und Grenzen einer aktiven Marktpolitik im Postwesen, in: JbdDBP 1980, 101.

Stark, Oliver: Die Liberalisierung höherwertiger Dienstleistungen nach dem Postgesetz, in: NJW 2000, 709.

Steiner, Udo: Verkehr und Post, in: Isensee, Josef/Kirchhof, Paul (Hrsg.): Handbuch des Staatsrechts der Bundesrepublik Deutschland Band III: Das Handeln des Staates, Heidelberg 1988, § 81, S. 1087

Steinmetz, Hans: Das Postverwaltungsgesetz in der Praxis, in: ArchPF 1958, 1.

Steinmetz, Hans: Bundespostminister oder Generalpostmeister?, in: ArchPF 1967, 1.

Stephan, Heinrich von: Geschichte der preussischen Post von ihrem Ursprunge bis zur Gegenwart, 1. Auflage, Berlin 1859.

Stephan, Heinrich von/**Sautter**, Karl: Geschichte der deutschen Post Teil 1: Geschichte der preußischen Post, Berlin 1928.

Stern, Klaus: Das Staatsrecht der Bundesrpublik Deutschland, Band I, Grundbegriffe und Grundlagen des Staatsrechts, Strukturprinzipien der Verfassung, 2. Auflage, München 1984.

Stern, Klaus: Rechtsgutachtliche Stellungnahme zur Frage, ob es der Deutschen Post AG aus Rechtsgründen verwehrt ist, Anteile am Grundkapital der Deutschen Postbank AG zu erwerben, in: ArchPT 1996, 148.

Stern, Klaus: Postreform zwischen Privatisierung und Infrastrukturgewährleistung, in: DVBl. 1997, 309.

Stern, Klaus (Hrsg.): Postrecht der Bundesrepublik Deutschland - PostR - Kommentar zum Postneuordnungsrecht, Loseblatt, Heidelberg, Stand 2000.

Stern, Klaus/**Dietlein** Johannes: Netzzugang im Telekommunikationsrecht, in: ArchPT 1998, 309.

Stern, Klaus (Hrsg.): Postrecht der Bundesrepublik Deutschland - PostR - Kommentar zum Postneuordnungsgesetz, Loseblatt, Heidelberg, Stand März 2000.

Stoffel, Pascal: Über die Staatspost, die Ochsengespanne und die requirierten Ochsengespanne Eine Darstellung des römischen Postwesens auf Grund der Gesetze des Codex Theodosianus und des Codex Iustinianus, Dissertation Universität Zürich 1993, Bern, Berlin, Frankfurt a.M., New York, Paris, Wien 1994.

Storr, Stefan: Zwischen überkommener Daseinsvorsorge und Diensten von allgemeinem wirtschaftlichen Interesse, in: DÖV 2002, 357.

Tegelen, Otto Wilhelm von: Telekommunkation als Infrastrukturaufgabe - Einschätzungen und Aktivitäten der deutschen Wirtschaft und ihrer Verbände, in: Grande, Edgar/Kuhlen, Rainer/Lehmbruch, Gerhard/Mäding, Heinrich (Hrsg.): Perspektiven der Telekommunikationspolitik, Opladen 1991, S. 115.

Tenzer, Gerd: Deutsche Bundespost TELEKOM, in: ZPT 1/1990, 4.

Tettinger, Peter J: Das aktuelle Postrecht, in: NVwZ 2000, 633.

Thiemeyer, in: Privatisierung öffentlicher Dienstleistungen, S. 85.

Thudichum, Friedrich: Verfassungsrecht des Norddeutschen Bundes und des Deutschen Zollvereins, Tübingen 1870.
Twickel, Felicitas: Die neue deutsche Telekommunikationsordnung, in: NJW-CoR 1996, 226.
Ulmen, Winfried/**Gump**, Thomas Klaus: Die neue Regulierungsbehörde für Telekommunikation und Post, in: CR 1997, 396.
Ungerer, Herbert/**Costello**, Nicholas (Hrsg.) Telekommunikation in Europa Freie Wahl für den Benutzer im europäischen Binnenmarkt des Jahres 1992, Brüssel, Luxemburg 1989.
Ungerer, Herbert: Europäische Telekommunikationspolitik, in: Witte, Eberhard (Hrsg.): Telekommunikation auf der Schwelle zum europäischen Binnenmarkt Telecommunications on the Threshold to the Single European Market Berlin, Heidelberg, New York, London, Paris, Tokyo, Hong Kong, Barcelona, Budapest 1993, S. 28.
Vogelsang, Ingo: Zur Privatisierung von Telefongesellschaften Wissenschaftliches Institut für Kommunikationsdienste Diskussionsbeitrag Nr. 101, Bad Honnef, November 1992.
Vogt, Günter B.: Die Neustrukturierung der Deutschen Bundespost, in: Taschenbuch der Post- und Fernmeldeverwaltung 1989, 9.
Vogt, Martin: Die Post im Kaiserreich. Heinrich (von) Stephan und seine Nachfolger in: Lotz, Wolfgang (Hrsg.) Deutsche POSTgeschichte Essays und Bilder, Berlin 1989, S. 203.
Vogt, Martin: Das Staatsunternehmen » Deutsche Reichspost « in den Jahren der Weimarer Republik in: Lotz, Wolfgang (Hrsg.) Deutsche POSTgeschichte Essays und Bilder, Berlin 1989, S. 241.
Vogt, Martin: Praktische Arbeit und Dienstleistungen der Post in den Jahren der Weimarer Republik (1918-1933), in: ArchDPG 1/1990, 71.
Wagener, Rainer: Die Neuordnung des Post und Fernmeldewesens - Entwicklungsperspektiven aus der Sicht der Deutschen Bundespost, in: Grande, Edgar/Kuhlen, Rainer/Lehmbruch, Gerhard/Mäding, Heinrich (Hrsg.): Perspektiven der Telekommunikationspolitik, Opladen 1991, S. 70.
Wagner, Ursula: Bürokratie und Bürokratiekritik, in: ZPT 10/1989, 42.
Weber, Rolf H.: Die Stellung deregulierter Kommunikationsmonopole im Wettbewerb, in: Mestmäcker, Ernst-Joachim (Hrsg.): Kommunikation ohne Monopole II, Ein Symposium über Ordnungsprinzipien im Wirtschaftsrecht der Telekommunikation und der elektronischen Medien, Baden-Baden 1995, S. 473.
Weinkopf, Marcus/**Neu**, Werner: Zur Regulierung des Finanz- ausgleichs zwischen Monopol- und Wettbewerbsdiensten nach § 37 Abs. 4 Postverfassungsgesetz (PostVerfG), in: ArchPF 1991, 422.

Weizsäcker, Carl Christian von: Deregulierung und Privatisierung als Ziel und Instrument der Ordnungspolitik, in: Vogel, Otto (Hrsg.): Deregulierung und Privatisierung, Köln 1988, S. 11.

Werle, Raymund: Telekommunikation in der Bundesrepublik Expansion, Differenzierung, Tansformation, Frankfurt/New- York 1990.

Wiechert, Eckart: Das Recht des Fernmeldewesens der Bundesrepublik Deutschland - Staatliche Aufgabe und private Betätigung im Fernmeldewesen nach dem geltenden Recht, in: JbdDBP 1986, 119.

Wieland, Joachim: Der Wandel von Verwaltungsaufgaben als Folge der Postprivatisierung in: Die Verwaltung 1995, 315.

Wigand, Gerd: Von der Mangelverwaltung zur aktiven Marktpolitik, in: Gesellschaft für Öffentliche Wirtschaft (Hrsg.): Postreform: Marktorientierung und öffentlicher Auftrag, Baden-Baden 1988, S. 51.

Windisch, Rupert: Privatisierung natürlicher Monopole : Theoretische Grundlagen und Kriterien, in: Windisch, Rupert (Hrsg.): Privatisierung natürlicher Monopole im Bereich von Bahn, Post und Telekommunikation, Tübingen 1987.

Windthorst, Kay: Regulierungsansätze im deutschen und US-amerikanischen Telekommunikationsrecht (I), in: CR 1998, 281.

Windthorst, Kay: Regulierungsansätze im deutschen und US-amerikanischen Telekommunikationsrecht (I), in: CR 1998, 340.

Winkler, Vinzenz: Die Entstaatlichung in demokratischen Selbstverwaltungskörperschaften, Dissertation, Basel 1984, Diessenhofen 1984.

Winterscheid, Theo: Vor 125 Jahren: Das Ende der Thurn und Taxis-Post, Gründung der Norddeutschen Bundespost, in: ArchfDPG 1/1993, 7.

Witte, Eberhard: Neuordnung der Telekommunikation, in: Gesellschaft für Öffentliche Wirtschaft (Hrsg.): Postreform: Marktorientierung und öffentlicher Auftrag Baden-Baden 1988, S. 13.

Witte, Eberhard: Die Bundespost im organisatorischen Wandel, in: DBW 1992, 7.

Wuermeling, Ulrich/**Felixberger**, Stefan: Fernmeldegeheimnis und Datenschutz im Telekommunikationsgesetz, in: CR 1997, 230.

Zerres, Michael P.: Ökonomische Aspekte der Rechtsformwahl öffentlicher Unternehmen: Ein Forschungsansatz, in: ArchPF 1986, 119.

Zohlnhöfer, Werner: Soziale Marktwirtschaft als Leitbild für die Wirtschaftsordnung der Bundesrepublik Deutschland, in: Diederich, Helmut/Hamm, Walter/Zohlnhöfer, Werner (Hrsg.): Die Deutsche Bundespost im Spannungsfeld der Wirtschaftspolitik, Heidelberg 1987, S. 3.

Zorn, Philipp: Das Reichs-Staatsrecht, Zweiter Band: Das Verwaltungs- und äußere Staatsrecht, Berlin/Leipzig.

Zumwinkel, Klaus: Zukunftsperspektiven der Deutschen Bundespost POSTDIENST im europäischen Binnenmarkt, in: ZPT 12/1990, 4.
Zurhorst, Bernhard: Die Rolle der Postbankdienste in der Marktwirtschaft, in: JbdDBP 1985, 9.
Zurhorst, Bernhard: Die Alleinrechte der Deutschen Bundespost im Lichte der Wettbewerbsordnung der Wirtschaft, in: Jahrbuch des Postwesens, 1969, S. 275.

Einleitung

In seiner jahrhundertelangen Geschichte war das Postwesen vielen Wandlungsprozessen ausgesetzt. Vom Instrument der Herrschenden, die schon früh seine Bedeutung für ihre Machterhaltung erkannt hatten, bis hin zu einem für den wirtschaftlichen Aufschwung des Handels und des Staatswesens bedeutsamen Faktor.

In der jüngeren Zeit sieht sich das Postwesen erneut einem Umschwung ausgesetzt, der richtungweisend für seine künftige wirtschaftliche Bedeutung sein wird. Im Jahre 1989 begann dieser Wandel mit der Postreform I, die die Einheitsorganisation "Deutsche Bundespost" vom Sondervermögen in drei Teilsondervermögen, die Deutsche Bundespost TELEKOM, die Deutsche Bundespost POSTDIENST und die Deutsche Bundespost POSTBANK, gliederte.[1] Eine Reform war damals nur in engen rechtlichen Grenzen möglich und eine Verfassungsänderung wurde zunächst nicht unmittelbar angestrebt, so daß es zunächst bei der Führung der drei Bereiche in bundeseigener Verwaltung blieb, Art. 87 GG a. F.

Fortgesetzt wurde die Umwandlung des Postsektors, die ihren weiteren Anstoß in den Vorgaben des Europäischen Gemeinschaftsrechts fand und nicht zuletzt aufgrund der Wiedervereinigung neue Impulse erhielt, durch die Postreform II mit dem Postneuordnungsgesetz aus dem Jahre 1994.[2] Mit diesem weiteren Reformschritt wurde das Postwesen grundlegend umgestaltet, denn es war eine endgültige Loslösung des Postwesens vom Staat in Gang gesetzt worden. Die Trennung von Aufsichts- und Betriebsfunktion, die bereits mit der Postreform I eingeleitet worden war, wurde weiter ausgebaut. Die Postdienstleistungen waren vorrangig durch eine Aktiengesellschaft und andere private Anbieter zu erbringen und damit erstmals durch selbständige juristische Personen des Privatrechts. Die Aufsichtsfunktion wurde der Regulierungsbehörde für Telekommunikation und Post überantwortet, so daß jedenfalls nach wie vor ein, wenn auch abgeschwächter, staatlicher Einfluß bestehen blieb.

1 Gesetz zur Neustrukturierung des Post- und Fernmeldewesens und der Deutschen Bundespost vom 08. Juni 1989, BGBl. I 1989, S. 1026.

2 Gesetz zur Neuordnung des Postwesens und der Telekommunikation (PTNeuOG) vom 14. September 1994, BGBl. I 1994, S. 2325.

Ihren vorläufigen Abschluß haben die Reformbestrebungen mit der sog. Postreform III, dem neuen Postgesetz von 1997[3], gefunden, die die durch die Postreform II vorgezeichnete Entwicklung zu einem freien Wettbewerb im Bereich des Postwesens aufgreift, weiter fortschreibt und richtungweisend für die Zeit nach der Abschaffung des Postmonopols sein soll. Denn auch mit dem Auslaufen der sog. Exklusivlizenz und der ausschließlichen Verpflichtung der Deutschen Post AG zur Erbringung der sog. Universaldienstleistungen bedarf es eines gesetzlichen Ordnungsrahmens, der die Erbringung eines Universaldienstes mit der Möglichkeit der Nutzung für alle zu erschwinglichen Preisen sicherstellt und den notwendigen Regulierungsrahmen absteckt. Es ist somit Ziel des neuen Postgesetzes, eine Brücke zu schlagen zwischen den Gegenpolen des freien Wettbewerbs und der Gemeinwohlverpflichtung des Postwesens.

Mit der Umwandlung des Postwesens war und ist auch das frühere Postmonopol starken Änderungen unterworfen. Im Laufe seiner Geschichte wurde es privat verwaltet oder von den Herrschenden für sich in Anspruch genommen. In der Geschichte lassen sich zahlreiche Parallelen zum heutigen Strukturwandel finden.[4] Mit der nunmehr vollzogenen Neuordnung und der grundsätzlichen Zuordnung der dem Monopol bislang unterfallenden Dienstleistungen zur privatrechtlichen Leistungserbringung ist aber nicht notwendigerweise dasselbe gemeint wie mit der Post der Familie Thurn und Taxis, die ihr Recht kraft Verleihung erhalten hatte und es in den Dienst der Mächtigen stellen mußte. Das damalige Verständnis des Postwesens unterscheidet sich von dem heutigen in einem wesentlichen Punkt: Sozialpolitische Belange sind den machtpolitischen Interessen früherer Jahrhunderte gewichen. Die Reform des Postwesens und der Monopole steht unter der Maxime der Schaffung eines Ausgleichs zwischen den widerstreitenden Interessen von Wettbewerb und Infrastruktur.

Die Neuordnung des Postwesens zeigt sich auch in der neuen Begrifflichkeit. So wurde aus dem Postmonopol der Beförderungsvorbehalt, der sich schließlich teilweise inhaltlich übereinstimmend in der sog. Exklusivlizenz des § 51 PostG wiederfand. Damit wird in Einklang mit den Vorgaben des Rechts der Europäischen Union klargestellt, daß der Anfang vom Ende des Postmonopols begonnen hat, welches erst durch die Reformbestrebungen in das allgemeine Bewußtsein gerückt ist. Es besteht nicht als Selbstzweck, sondern ist der Erbringung des Universaldienstes zu dienen bestimmt. Mit dem Begriff Lizenz wird außerdem klargestellt, daß es sich um eine Verleihung besonderer Rechte handelt. Sie ist grundsätzlich befristet und an bestimmte Voraussetzungen geknüpft. Die Auf-

---

3 Postgesetz vom 22. Dezember 1997, BGBl. I 1997, S. 3294.

4 Vgl. dazu Großfeld/Bernhard/Janßen, DÖV 1993, 424 (424); Klaes, Die Post im Rheinland, S. 1 f.

rechterhaltung des Postmonopols in der Form der sog. Exklusivlizenz bedarf nun einer besonderen Rechtfertigung, die einer steten Prüfung unterliegt.

Mit der Schaffung der Exklusivlizenz ist eine Abkehr von dem Postmonopol bzw. dem Beförderungsvorbehalt eingeläutet. Zwar bleibt augenscheinlich für den Nutzer von Postdienstleistungen zunächst alles beim alten, es darf aber nicht verkannt werden, daß sich neue Begrifflichkeit und Zielsetzung der Reform an Wettbewerbsstrukturen orientieren. Die bislang gesetzlich festgeschriebene Stellung der Deutschen Bundespost als Monopolbetrieb ist der eines privaten Anbieters und Wettbewerbers gewichen, der sich auch den Gegebenheiten des Marktes und einem Lizenzierungsverfahren wie seine Konkurrenten wird unterwerfen müssen. Die Stellung der Deutschen Post AG unterscheidet sich derzeit „nur" dadurch, daß sie als Inhaber der Exklusivlizenz und Nachfolgeunternehmen der Deutschen Bundespost POSTDIENST über Wettbewerbsvorteile verfügt, die nicht unterschätzt werden dürfen. Der Preis hierfür ist jedoch hoch. Sie ist zunächst der einzige Verpflichtete zur Erbringung von Universaldienstleistungen im Bereich des Postwesens und muß auch die damit einhergehenden Lasten ausschließlich selbst tragen. Ob sich die Deutsche Post AG angesichts der auf den Markt drängenden Konkurrenz und der ihr aufgrund der Universaldienstverpflichtung mit der gebotenen Tarifeinheit im Raum und des Verbots des internen Finanzausgleichs auferlegten Zwänge als größter Anbieter wird behaupten können, ist fraglich.

Die vorliegende Arbeit will sich mit dem Konflikt zwischen freiem Wettbewerb und Grundversorgung im Bereich des Postwesens auseinandersetzen. Hierzu ist es erforderlich, daß man das Postwesen und insbesondere das seit Jahrhunderten bestehende Monopol in seinem historischen Kontext und seinen gewachsenen Strukturen beleuchtet und begreift. Diesem Aspekt widmet sich der erste Teil der Arbeit. Fortschreitend werden sodann die im Rahmen der Postreformen aufgeworfenen Fragen einer Privatisierung auch unter dem Aspekt der europarechtlichen Impulse und Vorgaben betrachtet. Kernstück der Arbeit ist jedoch, wie sich bereits im Titel andeutet, die Verwirklichung des Fortbestandes einer als unerläßlich angesehenen Grundversorgung in Form des Universaldienstes, abgesichert durch den verfassungsrechtlich festgeschriebenen Infrastrukturgewährleistungsauftrag. Die Frage, ob dieser auch ohne Monopol erfüllt werden kann, bedarf der besonderen Betrachtung. Im letzten Teil der Arbeit sollen deshalb auch unter Berücksichtigung der Stellung der Deutschen Post AG die Probleme aufgezeigt werden, die aufgrund der erforderlichen Finanzierung von Universaldienstleistungen entstehen und ob den Wettbewerbsnachteilen, die der Verpflichtung zur Erbringung dieser Leistungen innewohnen, ein entsprechendes Äquivalent, sei es in Form eines finanziellen Ausgleichs oder von anderweitigen Wettbewerbsvorteilen gegenübersteht.

1. Kapitel: Monopolrechte im Bereich des Postwesens

Das Monopol im Bereich des Postwesens hat weit zurückliegende Wurzeln. Es war stets den verschiedensten Einflüssen ausgesetzt und wurde bestimmt durch die Interessen der Politik. Die Nachrichtenübermittlung ist bis heute ein wesentlicher Wirtschaftsfaktor, der nicht zuletzt die Politik der Europäischen Union beschäftigt hat. Mit der Schaffung eines europäischen Binnenmarktes erhält die grenzüberschreitende Kommunikation eine neue Dimension. Die Bedeutung des Postwesens als Mittel zur Schaffung des europäischen Binnenmarktes darf nicht unterschätzt werden. Wieder einmal in der langen Geschichte des Postwesens und der Monopolrechte in diesem Bereich erlangen sie Bedeutung für die politische und wirtschaftliche Entwicklung von Staaten und Bündnissen. Dementsprechend widmet sich die Europäische Union in einem nicht unwesentlichen Teil ihrer Politik dem Postwesen, auf die noch näher einzugehen sein wird.[1] In der neuesten Entwicklung des Postwesens im europäischen und nationalen Bereich spiegelt sich eine Entwicklung wieder, die erst nach der Auseinandersetzung mit den Wurzeln und der Bedeutung des Postwesens sowie der bestehenden Monopolrechte für ein funktionierendes Staatswesen ein Stück weit transparenter und verständlicher wird.

1. Teil: Historische Entwicklung des Postwesens unter besonderer Berücksichtigung von Monopolrechten und den Reformbestrebungen seit dem Jahre 1989

Erst durch die Einrichtung eines organisierten Postwesens[2] wurde es möglich, Nachrichten über große Distanzen zu übermitteln und somit ein elementares Bedürfnis der Menschen nach Kommunikation auch mit entfernt Wohnenden zu er-

---

1 Vgl. dazu 3. Teil, D.

2 Das Wort "Post" reicht zurück auf die lateinischen Begriffe "posita statio" und im Italienischen auf "posta". Man verstand darunter den festgelegten Aufenthaltsort auf einer Route, an dem Pferde und Reiter bereitgehalten wurden, die Nachrichtensendungen übernehmen und mit frischen Kräften weiterbeförderten. Aus der Bezeichnung für die Pferdewechselstation (mutatio posita) und für Raststation (mansio posita) leitet sich die Bezeichnung Post für ein System der Nachrichtenübermittlung ab. Dazu Behringer, Thurn und Taxis, S. 14; Klaes, Die Post im Rheinland, S. 11 m.w.N.

füllen. Dabei wurde die Schnelligkeit der Übermittlung zum entscheidenden Faktor, um die Aktualität der Botschaft zu wahren. Die Nachrichtenübermittlung wurde deshalb auch zu einem wichtigen Instrument für die Herrschenden. Daß die staats- und machtpolitische Bedeutung der Informationsübermittlung schon frühzeitig erkannt wurde, führte dazu, daß das Postwesen in geordneten Staatswesen als hoheitliche Aufgabe gesehen wurde. Entweder wurde die Aufgabe der Nachrichtenübermittlung dann Staatsbeamten unmittelbar übertragen oder mit besonderen Privilegien ausgestattete Privatunternehmer wurden mit der Wahrnehmung dieser Aufgabe betraut.

In diesem Abschnitt soll ein Überblick über die Wurzeln des Postwesens im allgemeinen geliefert werden. Daneben wird die gesellschaftliche und staatspolitische Bedeutung dieses Sektors herausgestellt, wie sie sich bereits bei den rudimentären Ansätzen einer Nachrichtenübermittlung zeigte. In der Geschichte der Post können Parallelen zu den Reformen des 20. Jahrhunderts gezogen werden. Dies gilt insbesondere für die Post unter der Verwaltung der Familie Thurn und Taxis. Gerade an ihrem Beispiel zeigt sich, wie frühzeitig bereits Politik und Wirtschaft zum Zwecke der Gewährleistung einer geordneten Nachrichtenübermittlung zusammengewirkt haben.

Auch wenn die rechtlichen Kategorien des Monopols erst in der Neuzeit durch die Einführung von Regalien[3] in Gesetzen ihren Niederschlag fanden, darf dies nicht darüber hinwegtäuschen, daß das Postwesen von Beginn an mit dem Monopol eng verknüpft war. Denn geordnete Nachrichtenübermittlung kann nur erfolgen, wenn ein entsprechend umfangreiches und organisiertes Netz zur Verfügung steht. Eine Tatsache, die sich mehr noch im Bereich der Telekommunikation als im Postwesen zeigt. Neben dieser Erkenntnis führte auch die Bedeutung der Post für fiskalische und machtpolitische Zwecke dazu, daß Herrschende und wichtige gesellschaftliche Gruppen seit dem Mittelalter gleichermaßen die Verwaltung des Postwesens für sich reklamierten.

A. Geschichte der Monopolrechte im Bereich des Postwesens

Die ersten Anfänge einer geordneten Nachrichtenübermittlung liegen im Altertum. Man bediente sich der Feuersprache, um Mitteilungen über bestimmte Entfernungen machen zu können.[4] Völker wie die Meder, Gallier und Griechen

3 Vgl. dazu 2. Teil, A., I.

4 Ortmann, Deutschlands Post, S. 12; Kalmus, Weltgeschichte, S. 1.

richteten Rufstationen ein.[5] Die zentralistisch organisierten Weltreiche des Altertums bedurften eines organisierten Eilnachrichtendienstes, um die Verbindung der Staatsmacht mit den entferntesten Teilen des Reichs sicherzustellen. Dies führte dazu, daß Stafettenläufer eingesetzt wurden.[6] Beispielhaft angeführt seien hier die Schnellpost aus Ägypten[7] und das Postwesen der Perser unter König Kyros II. (550-529 v. Chr.).[8]

I. Der cursus publicus des Römischen Reiches

Als erstes organisiertes, staatliches überregionales Nachrichtensystem für den europäischen Kulturkreis schuf Kaiser Augustus (27 v. Chr. - 14 n. Chr.) den cursus publicus als Staatspost,[9] der während des Prinzipats zweigeteilt war. Es gab eine Transporteinrichtung für die Beförderung von Reichsbeamten und Offizieren und einen gut funktionierenden Kurierdienst, den eigentlichen cursus publicus.[10] Dieser bestand aus Stafettenposten mit Relaisstationen. Pferdewechsel und Übernachtungen waren möglich und die Beförderung von Lasten und Personen mit Reisewagen konnte erfolgen. Leiter des cursus publicus war der Befehlshaber der Leibwache, der praefectus praetorio.[11] Eine Nutzung des cursus publicus für Privatpersonen war nicht möglich, obwohl die Landbevölkerung

---

5 Kämmerer, Postarchiv 1940, 685 (692); Ortmann, a. a. O., S. 10; Glaser/Werner, Die Post, S. 12. Später wurden die Läufer eingesetzt, um die Vertraulichkeit von Nachrichten zu sichern.

6 Schilly, Verkehrs- und Nachrichtenwesen, S. 449; Ortmann, a. a. O., S. 20; Glaser/Werner, a. a. O., S. 14; Ossenbühl, Bestand und Erweiterung, S. 36; Mayer, Die Bundespost, S. 36, 37.

7 Kaus, Das römische Post- und Straßenwesen, S. 17. Aus dieser Zeit stammt auch das älteste bekannte Postdokument von 225 v. Chr.. Hier werden alle Einzelheiten der Briefbeförderung festgehalten.

8 Meyer, Lehrbuch des Deutschen Verwaltungsrechts, S. 564; Schilly, a. a. O., S. 449; North, Die Post, S. 16, 17; Kaus, a. a. O., S. 17; Kalmus, a. a. O., S. 8; Kämmerer, a. a. O., 685 (691).

9 Möller, G., ZPT 10/89, 12 (12); Kämmerer, a. a. O., 685 (692); Meckel/Kronthaler, Das Bundesministerium, S. 9; Postler, Die historische Entwicklung, S. 18; Ehrenfried, ArchfdPG 1/87, 5 (7); Stoffel, Über die Staatspost, S. 5, der sich insbesondere mit den rechtlichen Grundlagen der Staatspost im Codex Theodosianus und im Codex Iustinianus befaßt.

10 Stoffel, a. a. O., S. 4.

11 Ehrenfried, a. a. O., 5 (7, 8); Stoffel, a. a. O., S. 5, 16, 17; North, Die Post, S. 20; Kaus, a. a. O., S. 17, 18; Ortmann, a. a. O., S. 21; Meckel/Kronthaler, a. a. O., S. 9; Postler, a. a. O., S. 18.

durch Frondienste für dessen Unterhalt sorgen mußte.[12] Der cursus publicus diente allein staatspolitischen Zwecken. Mit den Wirren der Völkerwanderung zerfiel er.[13]

II. Das Botenwesen des Mittelalters

Wegen der gesellschaftlichen Unterschiede im Vergleich zu den Staaten der Antike stand das Botenwesen des Mittelalters in keinem Vergleich zu den organisierten Formen der Nachrichtenübermittlung jener Epoche.[14] Die Nachrichtenorganisationen des Mittelalters blieben auf wenige gesellschaftliche Gruppen beschränkt. Das Postwesen war nicht vom Staat zentral gesteuert, sondern wurde nach Bedarf eingerichtet. Erst mit Entwicklung der Städte- und Kanzleiboten verfügten sowohl die Verwaltung als auch der Privatmann über eine Möglichkeit zur Beförderung eigener Briefe.

1. Das Frühmittelalter

Die staatspolitische Zielsetzung früherer Posteinrichtungen, nämlich die der Verwaltung eines großen Reiches, war im frühen Mittelalter nicht mehr gegeben. In den frühmittelalterlichen Großreichen reisten die Herrscher und ihre Boten durch das Land, um die königlichen Gesetze zu verbreiten. Dementsprechend spielte das Postwesen bei den Merowingern und am Anfang der Karolingerzeit zunächst nur eine untergeordnete Rolle. Auch das fränkische Großreich bewältigte seine Kommunikationsprobleme durch das Reisekönigtum.[15]

Erst Karl der Große (768-814 n. Chr.) begann dann mit dem Aufbau einer postähnlichen Einrichtung,[16] indem er von Auxerre ausgehend, etwa um 807 n. Chr. drei Poststraßen zwischen Spanien, Frankreich, Italien und Deutschland ausbauen ließ.[17]

---

12 Möller, G., a. a. O., S. 12; Möller, S., ZPT 10/89, 25; Ehrenfried, a. a. O., 5 (7); Postler, a. a. O., S. 18; Kaus, a. a. O., S. 17; Stoffel, a. a. O., S. 7, 8; Ortmann, a. a. O., S. 21; Kalmus, a. a. O., S. 19.

13 Meyer, a. a. O., S. 564; Ortmann, a. a. O., S. 23, 24; Meckel/Kronthaler, a. a. O., S. 9; Kämmerer, a. a. O., 685 (693).

14 Meyer, a. a. O., S. 564; Postler, a. a. O., S. 18; North, Die Post, S. 23; ders., Vom Botenwesen, S. 25.

15 Postler, a. a. O., S. 18, 19; Schneidmüller, Briefe und Boten im Mittelalter, 10, (15).

16 Meckel/Kronthaler, a. a. O., S. 10; North, Die Post, S. 23; ders., Vom Botenwesen, S. 25.

17 North, Die Post, S. 23.

2. Das Spätmittelalter

Im Spätmittelalter erlebte dann das Botenwesen durch die Initiative zahlreicher gesellschaftlicher Institutionen einen Aufschwung.[18] Die Kurie, Klöster,[19] der Deutsche Orden,[20] und die Universitäten[21] bildeten Botenkorporationen für ihren internen Nachrichtenübermittlungsbedarf und den ihrer Mitglieder.

Mit der Bildung der Hanse durch norddeutsche Kaufleute um 1150 n. Chr. entstand schließlich ein gut funktionierendes Gesandtenwesen, das den wirtschaftlichen Interessen der Mitglieder der Hanse zu dienen bestimmt war. Dieser Bund umfaßte während seiner Blütezeit bis zu 200 Städten und dehnte sich über eine Entfernung von 1500 km aus.[22] Nachdem sich im 14. Jahrhundert n. Chr. die Kaufmannshanse zur Städtehanse entwickelt hatte, begannen die großen Handelshäuser wie etwa die Fugger und Welser ebenfalls ständige eigene Botenanstalten zu unterhalten. Diesen gelang es, ein gut organisiertes Nachrichtenübermittlungssystem zwischen den wichtigsten Plätzen des Welthandels einzurichten. Oftmals waren die Kaufleute damit infolge ihrer schnellen Übermittlungswege besser über neue politische Ereignisse informiert als die betreffenden politischen Mächte selbst, so daß sie mit zügiger Übermittlung solcher Nachrichten den Machthabern dienlich sein konnten.[23] Die staatspolitische Zielsetzung der Nachrichtenübermittlung war zu dieser Zeit einer rein wirtschaftlichen Betrachtungsweise gewichen.

Innerhalb der Städte beförderten die Einwohner ihre Nachrichten zunächst durch eigene Boten oder private Einrichtungen. Später richteten die Städte Bo-

---

18 Postler, a. a. O., S. 19; Schneidmüller, a. a. O., S. 11, 15; Rotter, Die Organisation, S. 23; v. Justi, Staatswirthschaft II, S. 166 f; Meyer , a. a. O., S. 564; Mayer, a. a. O., S. 37.

19 North, Die Post, S. 23, 24; ders. Vom Botenwesen, S. 25; Kießkalt, Die Entstehung, S. 31, 33, 34; Postler, a. a. O., S. 19; Ortmann, a. a. O., S. 41. Die Machtausbreitung der Kirche erforderte einen regelmäßigen Briefverkehr zwischen der Kurie in Rom und den einzelnen Klöstern und eine straff organisierte Botenorganisation. Zu der Entwicklung der sog. Gebetsbrüderschaften vgl. Kießkalt, a. a. O., S. 31 f.

20 Meyer, a. a. O., S. 564; North, Die Post, S. 54; ders., Vom Botenwesen, S. 26; Rotter, Die Organisation, S. 24; Kießkalt, a. a. O., S. 37; Ortmann, a. a. O., S. 46.

21 Schilly, a. a. O., S. 450; North, Vom Botenwesen, S. 26; ders., Die Post, S. 25; Rotter, Zwischen Pedell und Botschafter, S. 57; Ortmann, a. a. O., S. 42; Kießkalt, a. a. O., S. 67; Postler, a. a. O., S. 19; Schneidmüller, a. a. O., S. 17; v. Justi, a. a. O., S. 166 f..

22 Schilly, a. a. O., S. 450; Puhle, Das Gesandten- und Botenwesen, S. 43, 47; North, ArchfdPG 2/91, 8 (8); ders., Vom Botenwesen, S. 27.

23 Puhle, a. a. O., S. 52; North, Die Post, S. 28; Ortmann, a. a. O., S. 35; Postler, a. a. O., S. 19.

tendienste ein.[24] Für den Nachrichtenverkehr des Rates und der Behörden gab es besondere Kanzlei- und Amtsboten, die nur der Verwaltung zur Verfügung standen.[25] Bald wurden dann auch für die Bürger Stadt- und Ordinariboten eingesetzt. Obwohl die Boten einen Diensteid leisten mußten, war es um die Ordnungsmäßigkeit der Beförderung nicht zum Besten bestellt. Erste Botenordnungen über die Rechte und Pflichten, Löhne, Beförderungszeiten und allgemeine Tarifbestimmungen entstanden und sollten eine ordentliche Nachrichtenübermittlung absichern.[26] Hinzu kam, daß eine Beförderung über das Territorium hinaus mit der Zahlung eines sog. "Canons" an der Kasse des zu durchquerenden Staates und von "Wegegeldern" verbunden war.[27]

III. Nachrichtenübermittlung in der Neuzeit

Die Wende vom Mittelalter zur Neuzeit stellte einen Wandel in fast allen Lebensbereichen dar. In dieser Zeit begann auch eine Neugestaltung des Nachrichtenwesens. Der Anstoß zum Aufbau einer Postorganisation ging ebenso wie im Altertum von den Regierenden aus.[28]

Die ersten Anfänge einer modernen Post lagen in Frankreich. Dort begründete König Ludwig XI. (1461-1483) mit einer Verordnung von 1464 den Betrieb des königlichen Postwesens. Diese Einrichtung diente auch als Vorbild für den Aufbau einer staatlichen Postanstalt durch die habsburgische Monarchie. Nach dem Vorbild des römischen cursus publicus wurden an den Hauptstraßen Pferdewechselstationen, sog. postes, eingerichtet, die Briefe durch Stafetten zu Fuß oder zu Pferde beförderten. Damit wurde der Vielzahl der bestehenden Posteinrichtungen des Botenwesens ein Ende bereitet.[29]

---

24 Zur Entwicklung am Beispiel der Stadt Köln, vgl. Klaes, a. a. O., S. 13 f.
25 Stephan, Geschichte der preussischen Post von ihrem Ursprunge bis zur Gegenwart, S. 136.
26 North, Die Post, S. 28, 29.
27 Dazu im einzelnen Klaes, a. a. O., S. 14.
28 Meckel/Kronthaler, a. a. O., S. 10; Dallmeier, ArchfdPG 2/90, 13 (13); Ortmann, a. a. O., S. 59; Postler, a. a. O., S. 20; Heut, Die Übernahme, S. 7.
29 Meckel/Kronthaler, a. a. O., S. 10; Meyer, a. a. O., S. 564; Ortmann, a. a. O., S. 59; Sebastian, Thurn und Taxis, S. 21; Piendl, ArchfdPG 1/67, 5 (6); Dallmeier, Die kaiserliche Reichspost, S. 41 (41); ders., ArchfdPG 2/90, 13 (13); Behringer, a. a. O., S. 21.

1. Die Einrichtung der Thurn- und Taxis'schen Post durch Maximilian I. (1490-1615)

Die bedeutendste Stellung bei der Gründung der Post im modernen Sinne kam Kaiser Maximilian I. zu, unter dessen Regierung durch Heirat und Erbteilung die Habsburger ihre Macht über fast ganz Europa ausdehnten. Viele seiner Besitzungen lagen weit entfernt von seiner Residenz Innsbruck. Dieser Umstand erforderte wegen des häufigen Aufenthaltswechsels des Monarchen und vor allem zur Verwaltung des großen Reiches eine zuverlässige Nachrichtenverbindung zwischen dem Kaiser, seinen Statthaltern und Beamten.[30] Er war der Begründer der Reichspost, die, wie noch im einzelnen darzulegen sein wird, als ein von Privaten geführtes Unternehmen auf der Grundlage einer Lehnsvereinbarung eingerichtet wurde. Diese verschaffte ihr eine Monopolstellung gegenüber der Konkurrenz durch Private und durch Landesherren. Sie war allerdings nicht Teil der staatlichen Verwaltung, sondern blieb in ihrer Betriebsführung grundsätzlich unabhängig von staatlichen Einflüssen. Ihre Existenz und ihr wirtschaftlicher Erfolg waren jedoch vom Schutz des Kaisers abhängig und dadurch mit dessen Schicksal eng verbunden.

a) Die Postverträge mit der Familie Taxis

Zum Aufbau eines Postkursnetzes zog Maximilian die Familie Taxis heran. Der erste regelmäßige Postkurs wurde von Franz von Taxis zwischen Österreich und den Niederlanden von Innsbruck nach Mechelen eingerichtet.[31] Damit führte erstmals in der Geschichte ein Botendienst durch die Länder zahlreicher deutscher Reichsstände. Da Franz von Taxis die Postkurse auf eigene Kosten aufbauen mußte, wurde auch Privatpost gegen Entgelt befördert.[32]

---

30 Herrmann, Die Deutsche Bundespost, S. 87; Dallmeier, ArchfdPG 2/90, 13 (13); ders., Die kaiserliche Reichspost, S. 41 (41); Behringer, a. a. O., S. 21; Ortmann, a. a. O., S. 59, 60; Witte, DBW 1992, 7 (7); Löhr, ArchfdPG 1/90, 6 (6); 500 Jahre Post, S. 23; North, Die Post, S. 31; Postler, a. a. O., S. 20; Eidenmüller, DÖV 1985, 522 (524 f); Mayer, a. a. O., S. 39.

31 Piendl, a. a. O., 5 (6); Sebastian, a. a. O., S. 21; Möller, G., ZPT 6/1991, 8; Herrmann, a. a. O., S. 88; Ortmann, a. a. O., S. 60; Dallmeier, Die kaiserliche Reichspost, S. 41 (41); Ehrenfried, a. a. O., 5 (8); Postler, a. a. O., S. 20; North, ArchfdPG 2/90, 10 (10); ders., Die Post, S. 31, 32; Löhr, ZPF 5/89, 40 (42) = Löhr, ArchfdPG 1/90 6 (7); Behringer, a. a. O., S. 26, 27; Simon, ArchfdPG 1/90, 14 (14); Heimann, ArchfdPG 1/93, 91 (91); Braun, ArchfdPG 2/90, 10 (10); Rotter, Die Organisation, S. 37. Zu den ersten Quellen für die Einrichtung von Postkursen im einzelnen vgl. Löhr, ZPF 5/89, 40 f = ArchfdPG 1/90, 6 f.

32 Kaupp, DVW 3/89, 9 (11); Postler, a. a. O., S. 20.

Von großer Bedeutung in staatsrechtlicher Hinsicht war der Postvertrag vom 18.01.1505[33] zwischen Philipp dem I. von Spanien, dem Schönen, dem Sohn Maximilians, mit Franz von Taxis, der bereits im Jahre 1501 zum Hofpostmeister ernannt worden war. Es handelte sich um einen Vertrag zwischen gleichberechtigten Partnern, einem freien Unternehmer und dem Staat. Durch diesen Vertrag wurden die Staatsposten in Taxis'sche Posten umgewandelt und der Grundstein für die Ausdehnung der Taxis'schen Postorganisation gelegt. Diese entwickelte sich bedingt durch die weite Ausbreitung und den familiären Zusammenhalt der Taxis allmählich zu einer selbständigen Macht.[34]

Einen weiteren Aufschwung für die Post brachte die territoriale Expansion des Reiches nach dem Anfall des spanischen Erbes unter Kaiser Karl V. (1519-1556), dem Enkel Maximilians I., mit sich.[35] Nachdem bereits im Jahre 1512 Franz von Taxis durch Kaiser Maximilian die erbliche Adelswürde verliehen worden war, wurde am 12.11.1516 ein weiterer Postvertrag zwischen Karl V. und der Familie Taxis geschlossen. Dadurch erhielten die Taxis das Vorrecht - das sog. Spanische Privileg -, in den gesamten spanisch-habsburgischen Ländern Posten einzurichten. Für den weiteren Aufbau des Postnetzes erhielten sie Staatsgelder. Zudem wurden nur Mitglieder der Familie Taxis zu Postmeistern ernannt.[36]

b) Die Krise der Post der Familie Taxis

Nachdem König Karl V. im Jahr 1519 zum Kaiser gekrönt wurde, stand die Post allein unter seiner Verwaltung. Mit ihr konnte er seine dynastischen Ziele verfolgen. Die Familie Taxis konnte unter dem Schutz des Herrschers ihre wirtschaftliche Macht noch weiter ausbauen, zudem die Postmeister der Familie im Jahre 1518 sogar auf Lebenszeit mit der Verwaltung des Postwesens betraut wurden.

Allerdings brachte die Aufteilung des Reiches zwischen dem Bruder und dem Sohn Karls V. nach dessen Abdankung 1556 auch die Taxis'sche Post in ei-

33 Fürst von Thurn und Taxis Zentralarchiv, Regensburg, Posturkunde Nr. 1, Postvertrag von 1505.

34 500 Jahre Post, S. 24, 25; Behringer, a. a. O., S. 35; Piendl, a. a. O., 5 (6,7); Dallmeier, ArchfdPG 2/90, 13 (14, 15); Glaser/Werner, a. a. O., S. 20; North, Die Post, S. 32.

35 Dallmeier, ArchfdPG 2/90, 13 (16); 500 Jahre Post, S. 25, 31; Piendl, a. a. O., 5 (7).

36 Meckel/Kronthaler, a. a. O., S. 11; Herrmann, a. a. O., S. 88; Sebastian, a. a. O., S. 27; Glaser/Werner, a. a. O., S. 21; Behringer, a. a. O., S. 39; Dallmeier, ArchfdPG 2/90, 13 (16); North, Die Post, S. 32, Piendl, a. a. O., 5 (7).

ne wirtschaftliche Krise.[37] Zahlreiche Reichsstände versagten der Reichspost den Durchgang durch ihre Territorien. Durch die ab dem Jahre 1565 immer wieder auftretenden spanischen Staatsbankrotte konnte der Staat die Taxis'sche Post auch finanziell kaum noch unterstützen. Schließlich mußte der Generalpostmeister die Gehaltszahlungen einstellen. Immer wieder kam es zu Unterbrechungen bei der Nachrichtenübermittlung. Deshalb begann die Kaufmannschaft im Jahre 1577 erneut, eigene Boteneinrichtungen aufzubauen.[38]

c) Vom hochbefreiten kaiserlichen Regal zum Erbmannlehen

Um diesen desolaten Zustand zu beenden, setzte Kaiser Rudolf II. (1576-1612) im Jahr 1578 angesehene Augsburger Bankiers und Kaufleute, wie Mitglieder der Familien Ilsung, Welser und Fugger, zu Postkommissaren ein, die die Reichspost finanziell sanieren sollten.[39] Der Kaiser erließ im Jahre 1595 einen Aufruf an alle Postmeister und -verwaltungen, die Posteinrichtungen aufrechtzuerhalten und den Generalpostmeister zu unterstützen. Leonhard von Taxis konnte dadurch im Jahre 1596 alle Postmeister und -boten auf die Erste Allgemeine Postordnung verpflichten.[40] Der Kaiser gab der Forderung der Familie Taxis auf Konkurrenzschutz nach und verbot im Jahre 1597 alle konkurrierenden Nebenposten, die während der Krise der Taxis'schen Post an Einfluß gewonnen hatten. Mit dem Verbot des Nebenbotenwesens wurde der Postzwang geschaffen.[41] Dieser bewirkte, daß die Benutzer der Post verpflichtet waren, sich ausschließlich der Einrichtungen der Reichspost zu bedienen,[42] womit die wirt-

37 Herrmann, a. a. O., S. 88; 500 Jahre Post, S. 31; Behringer, a. a. O., S. 54; Ortmann, a. a. O., S. 63; North, Die Post, S. 32; Piendl, a. a. O., 5 (14); Sebastian, a. a. O., S. 30; Stern/Geerlings, in: Stern (Hrsg.): Postrecht der Bundesrepublik Deutschland, Teil B, Rn. 5.

38 Heut, a. a. O., S. 8; Dallmeier, ArchfdPG 2/90, 13, 19; ders., Die kaiserliche Reichspost, S. 41 (47); Behringer, a. a. O., S. 55.

39 Behringer, a. a. O., S. 58; Schwarz, Geschichte, S. 72; Dallmeier, ArchfdPG 2/90, 13 (19); North, Die Post, S. 32. Herrmann, a. a. O., S. 88 f bezeichnet die Postreform von 1595 als den Beginn eines öffentlichen und staatlichen Postdienstes im deutschen Reich, denn es waren ja die beförderten und bezahlten Briefe von Privatpersonen, durch die sich der Betrieb "nähren konnte".

40 Dallmeier, ArchfdPG 2/90, 13 (21).

41 Meckel/Kronthaler, a. a. O., S. 11; North, Die Post, S. 32, 33; Barudio, Zu treuen Händen, S. 67; Kunze, Das Wegeregal, S. 49, 50. Zum Begriff des Postzwangs vgl. 2. Teil, A., I.

42 Stephan/Sautter, Geschichte der preußischen Post, S. 6; Postler, a. a. O., S. 40, 41; Herrmann, a. a. O., S. 88; Piendl, a. a. O., S. 5 (14, 15, 17); Behringer, a. a. O., S. 60, 76; North, Die Post, S. 32; Ortmann, a. a. O., S. 66; Dallmeier, ArchfdPG 2/90, 13 (21); Meckel/Kronthaler, a. a. O., S. 11; Kunze, a. a. O., S. 49;

schaftliche Macht der Familie Taxis erhalten blieb.[43] Der Kaiser erhob das Postwesen zum *hochbefreiten kaiserlichen Regal*, also Reichslehen.[44] Dies bedeutete, daß alle Rechte und Befugnisse bezüglich des Postwesens nun allein dem Staatsoberhaupt zustanden und das Postwesen so betrieben werden sollte, daß es sich selbst finanzieren konnte. Dem Fürstenhaus der Thurn und Taxis wurde die Zuständigkeit für eine reichsweite Post als Postmonopol verliehen. Das Reichsregal beinhaltete das Recht, Posten anzulegen und zu unterhalten, sowie über das Postwesen zu bestimmen, Postbedienstete nach freiem Willen anzustellen und die unbeschränkte Gerichtsbarkeit über diese und alles, was das Postwesen betraf, innezuhaben.[45]

Alle diese Maßnahmen forderten hingegen den Widerstand der Reichsstände heraus, die mehr und mehr nach Selbständigkeit strebten.[46] Um die Existenz der Reichspost gegen diese Widerstände zu sichern, wurde das Generalpostamt am 27.07.1615 durch Kaiser Matthias zum Erbmannlehen erhoben[47] und Leonhard von Taxis zum General-Obrist-Postmeister im Heiligen Römischen Reich Deutscher Nation ernannt.[48] Ein privates Familienunternehmen erhielt durch diesen Rechtsakt nach moderner Terminologie das ausschließliche Recht zur Erbringung von Postdienstleistungen. Dieses wurde auf Dauer verliehen und war durch den sog. Postzwang[49] abgesichert. Die Erhebung zum Erbmannlehen stellte für das Gemeinwohl eine hoheitliche Regelung dar, um eine zukunftsichere Infra-

43 Stephan/Sautter, a. a. O., S. 6; Meckel/Kronthaler, a. a. O., S. 11; North, Die Post, S. 32; Ortmann, a. a. O., S. 66; Piendl, a. a. O., S. 5 (14, 15, 17); Behringer, a. a. O., S. 65; Sebastian, a. a. O., S. 31; Dallmeier, ArchfdPG 2/90, 13 (19, 21); Kunze, a. a. O., S. 49; Heut, a. a. O., S. 8. Nach Mayer, a. a. O., S. 40 f bestand trotz der völligen organisatorischen Selbständigkeit eine enge, fast symbiotische Beziehung zwischen Taxis'scher Reichspost und dem Kaiser, weil dieser für eine effiziente Verwaltung eines leistungsfähigen Verkehrssystems bedurfte.

44 Fürst von Thurn und Taxis Zentralarchiv, Regensburg, Posturkunden Nr. 45, Original-Patent des Kaiser Rudolf II. über die Verleihung des Reichspostgeneralats an Thurn und Taxis vom 15. September 1596 und Posturkunde Nr. 48, Kopie des Patentes von Kaiser Rudolf II. vom 6. November 1597. Zum Begriff des Regals vgl. 2. Teil, A., I.

45 Behringer, a. a. O., S. 60; Kalmus, a. a. O., S. 116; Klaes, a. a. O., S. 30.

46 Meckel/Kronthaler, a. a. O., S. 11; North, Die Post, S. 32, 33; Barudio, Zu treuen Händen, S. 67; Kunze, a. a. O., S. 49; Sebastian, a. a. O., S. 31; Postler, a. a. O., S. 21, 22; Heut, a. a. O., S. 8; Dallmeier, ArchfdPG 2/90, 13 (21); Piendl, a. a. O., 5 (18).

47 Linde, AöR DB Bd. II (1857), 263 f.

48 Wieland, Die Verwaltung 1995, 315 (319); Busch, Die Deutsche Bundespost, S. 34; Schilly, a. a. O., S. 545.

49 Nach Laband, Das Staatsrecht des Deutschen Reiches, Bd. 3, S. 53 besteht der Postzwang in einer Untersagung der der Post vorbehaltenen Geschäfte für alle anderen.

struktur zu sichern. Das Interesse des deutschen Kaisers an einem von ihm abhängigen Postbetrieb hatte zunächst darin gelegen, die Ausübung der Reichsgewalt zu verbessern, um dem Prozeß der ständigen Schwächung des Reiches entgegenzuwirken.[50] Die Bedeutung einer gut funktionierenden Nachrichtenübermittlung für das Gemeinwohl war zur damaligen Zeit nur bloßer Nebeneffekt zu den im Vordergrund stehenden machtpolitischen Gründen der Erbringung von Postdienstleistungen durch ein monopolisiertes Postwesen. Durch die Einrichtung des kaiserlichen Postregals wurde zudem deutlich, daß sich der Postbetrieb der Taxis' nicht in einem rein wirtschaftlichen Unternehmen erschöpfte. Vielmehr stellte die Vergabe eines Erblehens mit Ausschließlichkeitsrechten eine Form der Indienstnahme "Privater" für Verwaltungszwecke dar.[51] Das bislang als Staatshoheitsrecht verstandene Monopol wurde zur Ausübung auf Dauer in private Hände gelegt.

d) Die Reichspost im und nach dem Dreißigjährigen Krieg

Der Dreißigjährige Krieg (1618-1648) bedeutete für die Blütezeit der Reichspost zumindest ein vorübergehendes Ende, da sie auf der Seite des Kaisers als Vertreter der katholischen Liga keine Neutralität bewahren konnte.[52] Nach dem Dreißigjährigen Krieg sahen sich die Reichsstände in ihrem Einfluß auf die Politik gestärkt und richteten sich unter anderem in ihrem Streben nach größerer Unabhängigkeit auch gegen das vom Reich, insbesondere vom Kaiser, beanspruchte Reichspostregal.[53] Bis zum Westfälischen Frieden hatte der Kaiser als Inhaber aller Gewalt gegolten, die er an die Reichsstände delegieren konnte. Nun aber wurde die Souveränität der Landesherren anerkannt. Diese grundsätzliche Aufwertung der Reichsstände bewirkte, daß diese sich als Inhaber des Postregals sahen und neue Landesposten bildeten.[54] Am 17.11.1698 erließ der Kaiser die Allgemeine kaiserliche Reichspostordnung,[55] die bis ins Jahr 1806 galt und auf die Postordnung von 1596 zurückging.[56]

---

50 Busch, a. a. O., S. 34.
51 Wieland, a. a. O., S. 320.
52 500 Jahre Post, S. 34, 35; Dallmeier, ArchfdPG 2/90, 13 (21, 23); North, Die Post, S. 33; Kunze, a. a. O., S. 46.
53 Badura, Das Verwaltungsmonopol, S. 46 f; Herrmann, a. a. O., S. 89. Zum Streit um das Postregal vgl. Stephan/Sautter, a. a. O., S. 39 f; 107 f; 164 f; 215 f.
54 Mayer, a. a. O. S. 41; Schilly, a. a. O., S. 45 f, 459 f; Dallmeier, ArchfdPG 2/90, 13 (24); ders., Poststreit, S. 82; Postler, a. a. O., S. 21, 22; Piendl, a. a. O., 5 (24, 25); Sebastian, a. a. O., S. 33.
55 Fürst von Thurn und Taxis Zentralarchiv, Regensburg, Postakten Nr. 2260.
56 Vgl. dazu oben 1. c).

e) Entwicklung der Landesposten

In Brandenburg-Preußen, wo die Post aus den Botenanstalten der Behörden hervorgegangen war, begann der brandenburgische Kurfürst im Jahre 1649 mit der Errichtung eines Postkurses von Königsberg nach Kleve, der den Ausgangspunkt für die brandenburgische, seit 1701 die preußische Staatspost, bildete. In einem territorial so auseinandergerissenen Staatsgebiet wie dem preußischen waren funktionierende Nachrichtenverbindungen für die Regierung noch wichtiger als in einem geschlossenen Territorium. Aus diesem Grunde wurde das Postwesen in die allgemeine öffentliche Verwaltung eingegliedert. Dem Beispiel des Großen Kurfürsten Friedrich Wilhelm folgten Schweden, Kursachsen, Oldenburg, Mecklenburg und Braunschweig-Lüneburg.[57]

So entstanden als Gegenmodell zur privatwirtschaftlich betriebenen kaiserlichen Post die als Teil der öffentlichen Verwaltung fungierenden Staatsposten. Die Reichspost konnte sich in Süddeutschland durch ihren planmäßigen Ablauf und die Einheitlichkeit ihrer Leitung behaupten.[58] So konnte die Reichspost zunächst beibehalten werden, auch wenn das Postmonopol seinen Status als delegiertes Reichsrecht verloren hatte.[59] Dem von Anfang an wesentlichen Organisationsprinzip eines Postdienstes, der Einheitlichkeit, wurde also auf gegensätzliche Weise Rechnung getragen: Einmal als Dienst in Verwaltungsverantwortung, zum anderen als an Privatunternehmer verliehenes kaiserliches Postregal.[60]

f) Die Reichspost im 18. Jahrhundert

Nach den Spanischen Erbfolgekriegen (1701-1714) verloren die Taxis ihre Posten in den Niederlanden. Erst im Jahre 1725 konnten sie diese gegen einen hohen Geldbetrag wieder pachten.[61] Trotz dieser Rückschläge zu Beginn des 18. Jahrhunderts erlebte die Taxis'sche Post aber wieder eine neue Blütezeit. Durch Verträge mit den Landesposten wurde der gegenseitige Briefaustausch ermöglicht. Zahlreiche Territorialherren wurden gegen Gewährung von Portofreiheit dazu bewegt, auf ihre landesherrlichen Privilegien zu verzichten, so daß die Reichspost sich auf deren Gebiet ausdehnen konnte.[62] Nachdem Kaiser Karl VII.

---

57 Dallmeier, ArchfdPG 2/90, 12 (24); Meckel/Kronthaler, a. a. O., S. 11, 12; North, Die Post, S. 33; ders., ZPF 6/1989, 44; Kunze, a. a. O., S. 47.

58 Kunze, a. a. O., S. 47.

59 v. Justi, a. a. O., S. 168; Sebastian, a. a. O., S. 36; Schwarz, a. a. O., S. 59; Meckel/Kronthaler, a. a. O., S. 11, 12; Kunze, a. a. O., S. 47.

60 Wieland, a. a. O., S. 320.

61 Piendl, a. a. O., 5 (26); North, Die Post, S. 33; Sebastian, a. a. O., S. 45.

62 Dallmeier, ArchfdPG 2/90, 12 (26); Piendl, a. a. O., 5 (76).

das Erblehen der Taxis' 1744 gegen Entschädigung in ein Thronlehen umgewandelt hatte, Fürst Alexander von Thurn und Taxis ihn im Reichstag vertrat und mit Sitz und Stimme in den Reichsfürstenrat aufgenommen wurde, konnte die Reichspost ihre Macht noch weiter ausbauen.[63] Und dies, obwohl sie durch die Auswirkungen der Französischen Revolution auf das Heilige Römische Reich Deutscher Nation und durch das Ergebnis des Ersten Koalitionskrieges (1792-1797), der zur Einverleibung der linksrheinischen Gebiete und damit der dortigen Reichspostämter durch Frankreich geführt hatte, stark betroffen worden war.[64]

g) Der Reichsdeputationshauptschluß und seine Bedeutung für die Reichspost

Der Zweite Koalitionskrieg zwischen Österreich, England und Rußland gegen Frankreich wurde durch den Frieden von Lunéville vom 09.02.1801 beendet. Es kam ein Postvertrag zwischen Frankreich und der Reichspost zustande. Diese erhielt zwar nicht ihre Besitzungen links des Rheins zurück, die französische Unterstützung wurde ihr aber zugesichert und sie beförderte nun alle französischen Briefe innerhalb des Reichs. Die vom Kaiser ernannte Reichsdeputation, ein aus vier kurfürstlichen und vier fürstlichen Mitgliedern bestehender Reichstagsausschuß,[65] schloß seine Arbeit am 25.02.1803 mit dem Reichsdeputationshauptschluß ab.[66] In Art. 13 des Reichsdeputationshauptschlusses wurde der Post der Thurn- und Taxis in dem Ausmaß die Erhaltung garantiert, wie sie sich zur Zeit des Lunéviller Friedens befunden hatte.[67]

---

63 North, Die Post, S. 33; Piendl, a. a. O., 5 (28, 76); Das Thronlehen fiel nach dem Tod des Inhabers wieder in die Verfügungsgewalt des Kaisers zurück, während das Erbmannlehen über des Inhabers Tod hinaus in dessen Familie bleiben konnte.

64 Postler, a. a. O., S. 22; Kunze, a. a. O., S. 53; Dallmeier, ArchfdPG 2/90, 13 (28).

65 Im Zuge der Säkularisation wurde auch der Besitz der Kirche durch die Staaten in drei Schritten privatisiert. Durch den Reichsdeputationshauptschluß wurden die deutschen Fürsten, die durch Frankreich links des Rheins ihre Besitzungen verloren hatten, mit kirchlichem Besitz rechts des Rheins entschädigt, wobei die Gewinne daraus wiederum der Staatskasse zuflossen. Loesch, Privatisierung, S. 19.

66 Ortmann, a. a. O., S. 98; Dallmeier, ArchfdPG 2/90, 13 (30); ders., Die kaiserliche Reichspost, S. 41 (60); 500 Jahre Post, S. 45; Kunze, a. a. O., S. 56, 57; Sebastian, a. a. O., S. 49; Schwarz, a. a. O., S. 88; Stephan/Sautter, a. a. O., S. 276; Meckel/Kronthaler, a. a. O., S. 12.

67 Wieland, a. a. O., S. 320; Schilly, a. a. O., S. 456; Meyer, a. a. O., S. 566; Arndt, Staatsrecht, S. 282; Meckel/Kronthaler, a. a. O., S. 12; Kunze, a. a. O., S. 48, 56, 57; Sebastian, a. a. O., S. 49; Schwarz, a. a. O., S. 88; 500 Jahre Post, S. 45; Stephan/Sautter, a. a. O., S. 263, 273, 276.

h) Der Rheinbund und seine Auswirkungen auf die Reichspost

Mit dem Frieden von Preßburg, der den Dritten Koalitionskrieg 1805 beendete, wurde die Auflösung des Reichsverbandes eingeleitet und am 12.07.1806 wurde der Rheinbund gegründet. Die 14 Rheinbundfürsten erklärten am 06.08.1806 ihren Austritt aus dem Deutschen Reich. Die Gliedstaaten erhielten nunmehr die Macht, auch die in ihrem Gebiet bestehenden Reichsposten aufzuheben und das Postregal selbst zu verwalten.[68] Die Rheinbundakte legte die den Reichsfürsten zustehenden Hoheitsrechte fest. Sie regelte in Art. 17, daß die regierenden Fürsten alle in ihrem Besitz befindlichen Domänen, als erbliches und privates Eigentum, ebenso wie auch alle herrschaftlichen und Lehnsrechte, die nicht wesentlich an die Staatshoheit geknüpft waren, behalten konnten. Da das Postregal zu den außerwesentlichen Staatsregierungsrechten zählte, während die Posthoheit selbst ein wesentliches unveräußerliches Staatsregierungsrecht darstellte,[69] fand eine Zersplitterung des Postwesens statt. Im Jahre 1810 gab es deshalb auf dem Gebiet der ehemaligen Reichspost 43 verschiedene Postanstalten.[70] Aus dieser Vielzahl ergaben sich lange Laufzeiten und hohe Gebühren, denn an den Landesgrenzen waren neben Beförderungs- auch Durchgangstaxen zu entrichten. Begünstigt durch diese Entwicklung konnte das Haus Thurn und Taxis noch einen recht ansehnlichen Teil seiner früheren Post betreiben.[71]

i) Die Bundesakte und ihre Bedeutung für die Reichspost

Auf dem Wiener Kongreß bildeten 39 souveräne deutsche Staaten nach dem Sieg über Frankreich den Deutschen Bund,[72] der am 10.06.1815 die Bundesakte verabschiedete.[73] Diese schaffte auch für die Post eine neue Rechtsgrundlage. Sie besagte, daß die Einheitlichkeit des deutschen Postwesens gewahrt bleiben

68 Stephan/Sautter, a. a. O., S. 282; Kunze, a. a. O., S. 58, 61; Behringer, a. a. O., S. 150; Herrmann, a. a. O., S. 90; Probst, Das Zeitalter, S. 126; Ortmann, a. a. O., S. 99; Sebastian, a. a. O., S. 49; North, Die Post, S. 34, 50; Meckel/Kronthaler, a. a. O., S. 12; Koch, ArchfdPG, 2/67, 1 (10); Piendl, a. a. O., 5 (78).

69 Stephan/Sautter, a. a. O., S. 282; Kunze, a. a. O., S. 58, 59.

70 Probst, a. a. O., S. 126; Kunze, a. a. O., S. 62; North, Die Post, S. 50, 51; Piendl, ArchfdPG 1/67, 5 (80); Dallmeier, Die kaiserliche Reichspost, S. 41 (60).

71 Piendl, a. a. O., 5 (80); Dallmaier, Die kaiserliche Reichspost, S. 41 (60); Probst, a. a. O., S. 126; Kunze, a. a. O., S. 62.

72 Meckel/Kronthaler, a. a. O., S. 12; Piendl, a. a. O., 5 (80); Dallmeier, Die kaiserliche Reichspost, S. 41 (60); Ortmann, a. a. O., S. 104.

73 Zu den Einzelheiten: Klüber, Öffentliches Recht des Teutschen Bundes, S. 31 ff.; Stephan/Sautter, a. a. O., S. 312; Probst, a. a. O., S. 128, 129, 130; Behringer, a. a. O., S. 155; Kunze, a. a. O., S. 59; Dallmeier, Die kaiserliche Reichspost, S. 41 (60).

und die politische Kontrolle erleichtert werden sollte.[74] Nach Art. 17 der Bundesakte blieb es bei dem durch den Reichsdeputationshauptschluß geschaffenen Zustand.[75]

Zwar erfuhr die Post der Thurn und Taxis, deren Besitz und Nutzungsrechte an den noch bestehenden Posten garantiert wurden, so einen erneuten Aufschwung, dennoch blieb das deutsche Postwesen durch die auf ihre Souveränität bedachten Einzelstaaten zerrissen.[76] Schließlich brachte der Krieg zwischen Preußen und Österreich das Ende für die Reichspost. Sie wurde am 01.07.1867 von Preußen gegen Entschädigung von 3 Millionen Taler übernommen.[77] Dieser Akt war getragen von der Überzeugung, daß nur eine einheitliche Staatsverwaltung Postaufgaben zuverlässig zu erfüllen vermochte.[78]

2. Die Preußische Staatspost

Wie bereits dargestellt, war die Souveränität des Kaisers das Postwesen betreffend nie unbestritten.[79] Dementsprechend konnte sich die Reichspost nur in ihren Anfängen ungehindert ausbreiten. Die Landesherren hatten nie auf ihr Recht, eigene Posten einzurichten, verzichtet. Sie gestatteten der Post der Thurn und Taxis' zunächst nur wegen des Kostenaufwands den Aufbau von Postdiensten in ihren Hoheitsgebieten. Unter Kaiser Rudolf II., der das Postwesen als kaiserliches Reservatsrecht postulierte und deshalb Mandate gegen das Nebenbotenwesen erließ, entbrannte ein Streit um das Postregal zwischen dem Reich und den Ständen.[80] Die Landesherren begannen, eigene Postanstalten einzurichten, von denen sich die preußisch-brandenburgische zur Bedeutendsten entwickelte. Der Große Kurfürst Friedrich Wilhelm I. bedurfte infolge des großen Gebietszuwachses Preußens, das in viele Teile getrennt war, einer gut organisierten Verwaltung und

74 Piendl, a. a. O., 5 (83); Ortmann, a. a. O., S. 104.

75 Klüber, a. a. O., S. 667; Wieland, a. a. O., S. 321; Meyer, a. a. O., S. 566; Meckel/Kronthaler, a. a. O., S. 12; Probst, a. a. O., S. 130; Kunze, a. a. O., S. 59; Dallmeier, Die kaiserliche Reichspost, S. 41 (60); 500 Jahre Post, S. 50; Stephan/Sautter, a. a. O., S. 312; Thudichum, Verfassungsrecht, S. 332: Zur Bedeutung des Art. 17 der Bundesakte für die Zersplitterung des Postwesens.

76 Meckel/Kronthaler, a. a. O., S. 12; Ortmann, a. a. O., S. 105; Piendl, a. a. O., 5 (88); Vogt, Die Post im Kaiserreich, S. 203 (203); North, Die Post, S. 34.

77 v. Rönne, Staats-Recht, S. 286; Schilly, a. a. O., S. 456; Meckel/Kronthaler, a. a. O., S. 12; Stephan/Sautter, a. a. O., S. 720 ff., 725; Vogt, Die Post im Kaiserreich, S. 203 (204); Postler, a. a. O., S. 22, 23; Probst, a. a. O., S. 123; Behringer, a. a. O., S. 183; North, Die Post, S. 34; Winterscheid, ArchfdPG 1/93, 7 (7, 10, 11, 12, 13).

78 Wieland, a. a. O., S. 321; Klaes, a. a. O., S. 1.

79 Zum Streitstand vgl. Klaes, a. a. O., S. 59 ff.

80 Stephan/Sautter, a. a. O., S. 5, 6, 52, 107.

damit eines funktionierenden Informationsflusses. Aber die Einrichtung war neben ihrer staatspolitischen Zielsetzung auch gemeinwohlorientiert und für jedermann zugänglich.[81]

Die brandenburgisch-preußische Post wurde durch Verordnung vom 21.04.1646 gegründet. Sie war von Beginn an Staatspost.[82] Aber erst im Jahre 1649 wurde die Postverwaltung in das Staatswesen im Sinne eines Staatsmonopols übernommen und in die allgemeine öffentliche Verwaltung eingegliedert.[83] Beim Aufbau der ersten Postlinie von Königsberg nach Danzig hatte man es nämlich noch für ausreichend gehalten, daß die Regierung sich Aufsicht und oberste Leitung vorbehielt.[84] Jetzt wurden Verwaltung und Betrieb vom Staat übernommen.

Am 10.08.1712 erließ König Friedrich I. eine Allgemeine Preußische Postordnung.[85] Die Beförderung von Personen und verschlossenen Briefen durch die Post war darin als ausschließliches Recht des Staates festgelegt, während Postzwang und Postregal der Sicherung der postalischen Infrastruktur und als Einnahmequelle für den Staatshaushalt dienten. Die Postordnung enthielt in zwölf Kapiteln die gesetzlichen und verordnungsmäßigen Bestimmungen über das

---

81 Ostmann, a. a. O., S. 75; Postler, a. a. O., S. 22, 23; Stephan/Sautter, a. a. O., S. 10, 13, 14, 63; North, Die Post, S. 35. Zur Gemeinwohlorientierung vgl. Rittershofer, a. a. O. S. 9 f. m.w.N.; Kämmerer, DVBl. 1966, 396 (400); ders., ArchPF 1958, 20 f. Herrmann, a. a. O., S. 90: Die Gründe des modernen absolutistischen Staates zur Einbeziehung des Postwesens in die Staatstätigkeiten liegen zunächst darin, daß die Post als Einnahmequelle dient. Die Postdienste florierten über lange Zeiträume so gut, daß sie hohe Überschüsse für die Staatskasse abwarfen. So konnten auch die Thurn und Taxis riesige Reichtümer erwerben. Bedingt dadurch waren sie aber nur an großen Fernverbindungen und nicht an einer flächendeckenden Versorgung interessiert und so blieben bestimmte Gebiete, die keine Gewinne abwarfen vom Postdienst ausgespart, so daß sich die Landesherren selbst um Postverbindungen kümmern mußten. Ein anderer Grund lag darin, daß der Hoheitsträger einen guten Überblick über die Nachrichtenströme in seinem Lande erhielt, den er, wenn es ihm notwendig erschien, zum Einblick in die Nachrichteninhalte steigern konnte. Die "schwarzen Kabinette" im Frankreich des Kardinals Richelieu und die "Postlogen" der Taxis'schen Reichspost lieferten hierzu die unguten Vorbilder.

82 Stephan, a. a. O., S. 12; Sautter, Die Geschichte der Deutschen Post. Teil 1, S. 20; Behringer, a. a. O., S. 96.

83 Linde, a. a. O., S. 20.

84 Stephan/Sautter, a. a. O., S. 15 f.: Als Übernahmegründe der Post in Staatshand werden neben der Aberkennung der kaiserlichen Posthoheit genannt: Der nicht störungsfreie Verlauf der Postkurse zwischen Berlin und Cleve mangels Disziplin der Angestellten und der erst nach dem Westfälischen Frieden politisch und räumlich ausreichend gefestigte Staat.

85 Stephan/Sautter, a. a. O., S. 54, 171; North, Die Post, S. 36; Lotz, ArchfdPG 2/87, 43 (43, 45); Postler, a. a. O., S. 24; Ortmann, a. a. O., S. 75.

Postwesen. Die Allgemeinzugänglichkeit wurde erstmals kodifiziert.[86] Die Königlich Preußische erneuerte und erweiterte allgemeine Post-Ordnung für sämtliche königliche Provinzen vom 26. November 1782[87] behielt das Monopol weiterhin bei.[88]

Das Preußische Allgemeine Landrecht von 1794 übernahm die in der Postordnung von 1782 getroffenen Bestimmungen.[89] Es definierte das Postregal wie folgt:

§ 141. Der Staat hat die ausschließliche Befugniß, Posten und Marktschiffe anzulegen, und den Lauf derselben zu ordnen.

§ 142. Damit der Staat diese Anstalten zum gemeinen Besten unterhalten könne, und wegen deren Benutzung gesichert sey, darf niemand etwas unternehmen, welches unmittelbar zur Schmälerung der Posteinkünfte gereicht.

---

86 Des Corporis Constitutionum Marchiacarum Vierdter Theil. Von Zoll-, Jagd-, Holz-, Forst-, Mast-, Post- u.a. Sachen. In fünf Abteilungen. Berlin 1737. IV. Theil. I. Abt. III. Cap. No. XCVII: Neue Post-Ordnung, vom 10. August 1712. Dazu auch Stephan/Sautter, a. a. O., S. 117, 125; Lotz, a. a. O., 43 (43, 45, 46, 47); Postler, a. a. O., S. 24; North, Die Post, S. 36; Rittershofer, a. a. O., S. 9. Reinert, Zum historischen Entwicklungsprozeß, S. 114 befaßt sich mit der Entwicklung der Posthaftung, die bei der preußischen Staatspost ihre Anfänge nahm. Vogt, Das Staatsunternehmen, 741 (772). Zur Geschichte des Postregals vgl. Aschenborn, Gesetz über das Postwesen, S. 25 f.; Allgeier, DVW 2/90, 1 f. Im Zuge der allgemeinen innenpolitischen Reformation werden die Regierungsgeschäfte nach verschiedenen Verwaltungszweigen in bestimmte Departements eingeteilt. Es entstehen fünf Departements: Militär-, Finanz-, Justiz-, Kirchen- und Lehnswesen werden jeweils von einem Geheimen Rat oder Minister geleitet, und auch das Postwesens wird wie eine normale Behörde in die allgemeine Staatsverwaltung eingegliedert. Da die Post aber auch nach privatwirtschaftlichen Grundsätzen betrieben wird, stellt sie für den preußischen Staat eine wichtige Einnahmequelle dar und kann Überschüsse erzielen.

87 Neue Sammlung Königlich preuß. und churfürstl. Brandenburgischer, sonderlich in der Chuhr- und Mark-Brandenburg, publicirten und ergangenen Verordnungen, Edikten, Mandaten, Rescripten. 7. Band: 1781-1785, Berlin 1786, Nr. 53, S. 1726 f.

88 Neue Sammlung Königlich preuß. und churfürstl. Brandenburgischer, sonerlich in der Chur- und Mark-Brandenburg, publicirten und ergangenen Verordnungen, Edikten, Mandaten, Rescripten (Neue Sammlung). 7. Band. Von 1781-1785. Berlin 1786. Verordnungen für sämtliche Königl. Provinzen. Berlin 26. November 1782. Dazu auch Reinert, a. a. O., S. 114; North, Die Post, S. 37; Stephan/Sautter, a. a. O., S. 229, 230, 231; Dallmeier, Poststreit, S. 89. Im Jahre 1766 entstand eine neue allgemeine Postordnung, die wiederum durch die Postordnung von 1782 erneuert wurde. Sie enthält auf der Grundlage der Regelungen von 1712 alle bis dahin ergangenen Bestimmungen bezüglich des Postwesens.

89 Stephan/Sautter, a. a. O., S. 300, 301; Postler, a. a. O., S. 24; Allgeier, a. a. O., 1 (2); Schilly, Verkehrs- und Nachrichtenwesen, S. 463.

§ 143. Alle versiegelte oder verschlossene Briefe, wohin auch die zugenaeheten gehoeren, ingleichen alle Pakete von Vierzig Pfund und darunter, sollen nur durch die Post verschickt werden.[90]

Im Jahre 1852 trat dann das Gesetz über das Postwesen in Kraft, das die Vorschriften über Postregal und Postzwang im Sinne einer größeren Verkehrs- und Gewerbefreiheit neu regelte.[91] Die staatsmonopolistische Postverwaltung ging damit aus der Postverwaltung Brandenburg-Preußens hervor.[92]

3. Die Norddeutsche Bundespost (1868-1871)

Die Preußische Post selbst ging schließlich in der Norddeutschen Bundespost auf.[93] Am 18.08.1866 schlossen Preußen, 12 Kleinstaaten und die 3 Hansestädte einen festen Bündnisvertrag, dem in der Folgezeit noch weitere deutsche Länder beitraten. Aus diesem ging dann der Norddeutsche Bund unter dem Präsidium des Königs von Preußen hervor. Im Februar des Jahres 1867 stimmten die einzelnen Regierungen einem Verfassungsentwurf zu. Der Reichstag wurde gewählt und am 01.07.1867 trat die Verfassung des Norddeutschen Bundes in Kraft.[94]

Art. 48 der Verfassung des Norddeutschen Bundes bestimmte nun, daß das Post- und Telegraphenwesen für das gesamte Gebiet des Norddeutschen Bundes als *einheitliche Staatsverkehrsanstalt* eingerichtet und verwaltet wurde.[95] Nach Art. 4 Nr. 10 der Verfassung des Norddeutschen Bundes wurde das Recht der Gesetzgebung über das Post- und Telegraphenwesen auf Bundesrat und Reichstag übertragen. Mittels der Befugnis zum Erlaß von Regelungen und Anordnungen lag die oberste Leitung über das Postwesen beim Bundespräsidium.[96] Während die Verfassung des Norddeutschen Bundes dem bundesstaatli-

---

90 Preußisches Landrecht zitiert nach Allgemeines Landrecht für die Preußischen Staaten von 1794 Textausgabe 1970, S. 598.

91 Winterscheid, a. a. O., 7 (7); Leclerc, ArchfdPG 2/88, 120, 171; Postler, a. a. O., S. 24; Stephan/Sautter, a. a. O., S. 642.

92 Sprißler, ArchPF 1991, 159 (162); Hesse, Die Verfassungsmäßigkeit, S. 6.

93 Zorn, Das Reichs-Staatsrecht, S. 2; Steinmetz, ArchPF 1967, 1 (3); North, Die Post, S. 39; Probst, a. a. O., S. 141; Dallmeier, Die kaiserliche Reichspost, S. 41 (61).

94 BGBl. 1867, S. 2; Schieder, Vom Norddeutschen Bund, S. 5 f.

95 Laband, a. a. O., S. 40; v. Seydel, Commentar, Art. 4 Ziff. 10 S. 91; Dambach/v. Grimm, Reichspostgesetz, S. 1; Ossenbühl, a. a. O., S. 87; Lerche/Pestalozza, Die Deutsche Bundespost, S. 42; North, Die Post, S. 53; Postler, a. a. O., S. 41.

96 Meckel/Kronthaler, a. a. O., S. 13; Winterscheid, a. a. O., 7 (15, 16); Postler, a. a. O., 30; North, Die Post, S. 53; Aschenborn, ReichspostG S. 1 f.: Bei Gründung des Norddeutschen Bundes bestanden in 22 Staaten 10 selbständige Postverwaltungen nebeneinander. Zu den im Norddeutschen Bund das Postwesen betreffenden Vorschriften vgl. den Überblick bei Thudichum, a. a. O., S. 334; dazu auch Stern/Bauer,

chen Prinzip entsprechend, für die meisten Bereiche der Staatspolitik lediglich Grundsätze und Richtlinien aufgestellt hatte, verwirklichte sie für das Postwesen durch Einführung einer unmittelbaren Bundesverwaltung alle notwendigen und nach der allgemeinen Verkehrsentwicklung gebotenen Rechts- und Verwaltungsgrundlagen.[97]

Mit der Übernahme des Postwesens durch den Staat vollzog sich, wenn auch ausschließlich im Postwesen, eine Abkehr vom bisherigen Obrigkeitsdenken. Mit dieser Maßnahme fanden ebenfalls Belange des Gemeinwohls Berücksichtigung. Der Staat stellte seine Dienste nunmehr jedem Bürger zur Verfügung. Die Einrichtung öffentlicher Verkehrsanstalten bewirkte im Gegensatz zur einer privatrechtlichen Organisation des Postwesens, daß die Vertragsbedingungen für jedermann gleich und überschaubar waren. Hinzu kam, daß die vom Staat übernommenen, die Postbeförderung betreffenden Verpflichtungen öffentlichrechtliche - ja sogar verfassungsrechtlich - gewährleistete Obliegenheiten waren. Um diesen Anforderungen gerecht zu werden, wurde die Post zu einer monopolisierten Verkehrsanstalt.

Nach § 1 des Gesetzes über das Postwesens vom 02.11.1867 wurde das Postregal für Privatpersonen damit einem Genehmigungsvorbehalt unterstellt, wenn regelmäßige Postverbindungen bestanden. § 2 des Gesetzes ordnete - ausgedrückt als ein Verbot der gewerbsmäßigen Beförderung - an, daß dem Staat ein ausschließliches Recht hinsichtlich der Beförderung verschlossener Briefe und politischer Zeitungen zustand.[98]

Auch wenn der Norddeutsche Bund nur fünf Jahre bestanden hat, so ist diese kurze Zeitspanne doch für die Postgeschichte und die Entwicklung des Postmonopols im heutigen Sinne dadurch besonders wichtig, daß eine einheitliche staatliche Verwaltung im Postwesen größeren Ausmaßes geschaffen und Postzwang und Postmonopol gesetzlich festgelegt wurden.

---

in: Stern (Hrsg.), Postrecht der Bundesrepublik Deutschland, Teil C, Art. 73 Nr. 7, Rn. 1.

97 Meckel/Kronthaler, a. a. O., S. 13; Stern/Geerlings, a. a. O., Teil B, Rn. 36.

98 Zitiert nach: Ossenbühl, a. a. O., S. 38. Zorn, a. a. O., S. 16 f.: Das Bundesgesetz enthält überdies Vorschriften über die Haftungsverbindlichkeiten der Postverwaltung, die Betrafung von Post- und Postdefraudationen und das Verordnungsrecht des Bundespräsidiums wird näher beschrieben. Vgl. dazu und zu der weiteren Postgesetzgebung auch Thudichum, a. a. O., S. 336.

Am 16.04.1871 trat die Reichsverfassung des Deutschen Reiches in Kraft.[99] Seit 1871 wurde die Notwendigkeit eines ausschließlichen Rechts des Staates hinsichtlich der Post nunmehr abweichend von früheren Bestrebungen damit begründet, daß die Bereitstellung solch großer finanzieller Ressourcen nicht durch wettbewerbliche Aktivitäten Dritter gefährdet werden dürfe. Diese Argumentation wurde schließlich mehr und mehr durch den Wettbewerbsgedanken verdrängt, der sich durch die Hervorhebung der Selbstheilungskräfte des Marktes und das dadurch begründete Wachstum auszeichnete.[100]

Die Grundsätze des Postrechtes regelte der achte Abschnitt der Verfassung in den Art. 48 bis 52 der Reichsverfassung. Die die Verwaltung des Postwesens betreffende Vorschrift des Art. 48 der Reichsverfassung war wörtlich aus der Verfassung des Norddeutschen Bundes übernommen worden.[101] Aufgrund der Verfassungsbestimmungen ergingen eine Reihe von Gesetzen und Verordnungen. So traten am 20.10.1871[102] das sog. Postgesetz und am 20.12.1875 das sog. Eisenbahnpostgesetz in Kraft. Diese Gesetze regelten die Organisation und das Gebührenwesen im Postsektor, während die Telegraphen- und Postordnung von 1879/80 den Betriebsdienst organisierte.[103] Es bestanden Sicherungen in Form von Betriebs- und Beförderungsvorbehalten.

Im Gesetz über das Postwesen des Deutschen Reiches vom 20.10.1871[104] wurden nur verschlossene Briefe und politische Zeitungen, die über die Ortsgrenzen hinaus versandt wurden, als regalpflichtig erklärt. Offene Briefe und Postkarten sowie der Ortsverkehr waren demnach vom Postmonopol ausgenommen, wodurch die bisherigen vielfältigen Regelungen vereinheitlicht und die

---

99 RGBl. 1871, S. 63; Postler, a. a. O., S. 31; North, Die Post, S. 54; Ortmann, a. a. O., S. 121.

100 Allgeier, DVW 2/90, 1 (3); Feigenbutz, Die Bindungen des Post- und Fernmeldewesens, S. 112.

101 Aschenborn, Gesetz über das Postwesen, S. 3; Dambitsch, Die Verfassung des Deutschen Reichs, Art. 48, S. 544; Ossenbühl, a. a. O., S. 37. Nach Mayer, a. a. O., S. 49 gibt Art. 48 Abs. 1 der Reichsverfassung nur an, daß sich die Post- und Telegraphenverwaltung in der Hand des Staates befinden muß, nicht aber auch, in welcher Weise sie an die Staatsverwaltung gebungen sein soll. Zur näheren Erläuterung vgl. dort Fn. 74, m.w.N.

102 RGBl. 1871, S. 347.

103 Nawiasky, Deutsches und Österreichisches Postrecht, S. 30; Zorn, a. a. O., S. 2-4: Zu den materiell-rechtlichen Regelungen hinsichtlich Postgeheimnis, Postprivilegien bei der Benutzung öffentlicher Wege und den Rechtsbeziehungen zu den Benutzern siehe Zorn, a. a. O., S. 18-40.

104 RGBl. 1871, S. 347.

Grundlagen für die gegenwärtige Entwicklung geschaffen wurden.[105] Die Begrenzung des Postzwanges[106] auf verschlossene Sendungen im Fernverkehr führte dazu, daß nur einige wenige private Unternehmen imstande waren, im Bereich der Briefbeförderung wirtschaftlich attraktiv zu arbeiten. So wurden in den größeren Städten Privatpostanstalten errichtet, um ein gewinnbringendes Gebiet zu erschließen. Um auch diesen ungewollten Wettbewerb zu verhindern und die entstandenen Gebührenverluste abzubauen, wurde das Monopol der Reichspost in der Postgesetznovelle vom 20.12.1899 auch auf unverschlossene Sendungen und auf den Ortsbriefverkehr ausgedehnt. Gewerbsmäßige private Postanstalten waren damit verboten.[107] Das Monopol des Staates war rechtlich abgesichert.

5. Die Deutsche Reichspost in der Weimarer Republik (1919-1933)

Am 11.08.1919 beschloß die Nationalversammlung von Weimar die Verfassung des Deutschen Reiches und Deutschland wurde zu einer Republik, Art. 1 der Weimarer Reichsverfassung.[108]

Nach Art. 6 Nr. 7 der Weimarer Reichsverfassung[109] hatte das Reich für das Post- und Telegraphenwesen weiterhin die ausschließliche Gesetzgebungskompetenz.[110] Art. 88 Abs. 1 der Weimarer Reichsverfassung legte fest, daß auch die

---

105 Everling, ArchPT 1996, 22 (23); Ossenbühl, ArchPT 1993, 341 (342); Blankart, in: Windisch, Privatisierung natürlicher Monopole, S. 205 (222).

106 Vgl. dazu 2. Teil, A., I.

107 BGBl. 1899, S. 715; Ohnheiser, Postrecht, § 2 PostG, Rn. 19; Everling, ArchPT 1996, 22 (23); Ossenbühl, ArchPT 1993, 341 (342); Blankart, in: Windisch, Privatisierung natürlicher Monopole, S. 205 (223); Rütter, ArchPF 1991, 57 (59): Das Telegraphenregal wurde danach als Ergänzung des Postregals in der Zeit zwischen 1595 und 1598 von Kaiser Rudolf II. proklamiert. 1871 ergingen aufgrund Art. 50 Abs. 2 der Reichsverfassung wohl Verordnungen aber keine das Telegraphenwesen betreffende Gesetze. Mit der steigenden Bedeutung der Telegraphie, etwa auch durch die Nutzbarmachung der Elektrizität wurde 1892 das Gesetz über das Telegraphenwesen des Deutschen Reichs verabschiedet. Auf dessen § 1 fußend lassen sich die Alleinrechte in § 1 FAG zurückführen. Werte, Telekommunikation, S. 73. Nunmehr stand ebenfalls das Telegraphenregal auf einer gesetzlichen Grundlage, die an die Regelungen im Preußischen Allgemeinen Landrecht von 1794 anknüpfte. Eidenmüller, a. a. O., 522 (526, 528). Bis zur ersten gesetzlichen Grundlage beruhte das Monopol also auf einer gewohnheitsrechtlichen Anerkennung.

108 RGBl. 1919, S. 1383.

109 Dazu Stern/Bauer, a. a. O., Teil C, Art. 73 Nr. 7, Rn. 3; Stern/Geerlings, a. a. O., Teil B, Rn. 45.

110 RGBl. I 1919, S. 1383; Anschütz, Die Verfassung des Deutschen Reichs, Art. 88, S. 443; Poetsch-Heffter, Kommentar der Reichsverfassung, Art. 88, S. 355; Lassar, Die Zuständigkeitsverteilung, S. 351; Meißner, Die Reichsverfassung, S. 129; Postler, a. a. O., S. 62, 68; Postler, ArchfdPG 1/93, 19 (20); Vogt, ArchfdPG 1/90,

Verwaltung des Post- und Telegraphenwesen ausschließlich Sache des Reiches war.[111]

a) Das Reichspostfinanzgesetz

Bis zum Jahr 1934 war darüber hinaus das *Reichspostfinanzgesetz*[112] vom 18.03.1924 die postverfassungsmäßige Grundlage für die Arbeit der Reichspost.

Die Reform von 1924 stellte die erste grundlegende Postreform dar. Die Reichspost blieb dabei zwar ein rechtlich unselbständiger Teil der unmittelbaren Staatsverwaltung, erhielt aber eine Sonderstellung mit mehr Selbständigkeit als in anderen Verwaltungsbereichen üblich. Der Posthaushalt wurde vom Staatshaushalt getrennt.[113] Ziel des Reichspostfinanzgesetzes war es, die Post unabhängig von den Zuschüssen aus dem Reichshaushalt zu machen, um ihre Ausgaben vollständig durch eigene Einnahmen decken zu können. Das Reichspostfinanzgesetz sollte der Post mehr Flexibilität verleihen und sie von der behördenmäßigen Verwaltung und deren Hemmnissen befreien.[114]

---

71 (71); Vogt, Das Staatsunternehmen, S. 241 (244); Sautter, a. a. O., S. 15, 16, 58; Meckel/ Kronthaler, a. a. O., S. 17; Lerche/Pestalozza, a. a. O., S. 47 und Herrmann, a. a. O., S. 93: Bereits zuvor waren die Fernsprechanlagen als Telegraphenanlagen angesehen worden. S. zur Rechtsprechung: RGSt 19, 55 (58); BverfGE 46, 120 (140-142). Infolge des technischen Fortschritts kam das Fernsprechwesen als ausdrücklicher Kompetenztitel hinzu. Zu den für Bayern und Württemberg geltenden Sonderregelungen, vgl. Lassar, a. a. O., S. 351 f.; Meißner, a. a. O., S. 129.

111 Anschütz, a. a. O., Art. 88 S. 442; Poetsch-Heffter, a. a. O., Art. 88 S. 355; Gebhard, Handkommentar zur Verfassung des Deutschen Reichs, Art. 88, Anm. 2 a) S. 391. Damit wird eine weitere Vereinheitlichung erreicht, denn Art. 88 der Reichsverfassung gilt für das gesamte Reichsgebiet, also auch für Bayern und Württemberg. Das Fernsprechwesen wird ausdrücklich eingeschlossen.

112 RGBl. I 1924, S. 287.

113 Scheda, Reichspostfinanzgesetz, S. 65; Hempell, JbdDBP 83, 272 (281 f.); Mayer, a. a. O., S. 130. Ausgelöst wurden die Reformbestrebungen durch die schwierige wirtschaftliche Situation der Post nach dem Ersten Weltkrieg. Sie schloß seit dem Kriegsbeginn ihre jährliche Rechungslegung durchweg mit Defiziten ab. Dieser Umstand war darauf zurückzuführen, daß die Leistungsfähigkeit ihrer Einrichtungen durch den Krieg erheblich geschwächt worden waren. Durch die Verluste von Reichsgebiet kam es zu einem erheblichen Personalüberhang und das Reichspostministerium war zur Deckung der Ausgaben auf stetig steigende Zuschüsse aus der Reichskasse angewiesen. Mit der Inflation wurden die Zahlungen eingestellt, so daß die Post faktisch bereits von der Reichsfinanzverwaltung gelöst wurde.

114 Scheda, a. a. O., S. 3; Kämmerer, ArchPF 1967, 20 (21, 27); ders., ArchPF 1958, 20 (21, 27); Mayer, a. a. O., S. 131. Als Ursache der seit 1914 entstandenen Verluste führte man die Einbindung der Regierung, des Reichsrats, des Finanzministers und des Reichstages in die Entscheidungsprozesse an. Kompetenzen, die es un-

b) Inhalt

§ 1 dieses Gesetzes lautete:

Der Reichspost- und Telegraphenbetrieb ist als ein selbständiges Unternehmen unter der Bezeichnung: "Deutsche Reichspost" vom Reichspostminister unter Mitwirkung eines Verwaltungsrats nach Maßgabe dieses Gesetzes zu verwalten.

Das Vermögen des Reiches, das dem Reichspost- und Telegraphenbetriebe gewidmet und in ihm erworben ist, und alle öffentlichen und privaten Rechte, wie Verbindlichkeiten der Reichspost- und Telegraphenverwaltung sind als Sondervermögen der Deutschen Reichspost von dem übrigen Vermögen des Reichs, seinen Rechten und Verbindlichkeiten getrennt zu halten.

Für die Verpflichtungen der Deutschen Reichspost haftet nur das Sondervermögen; es haftet nicht für die sonstigen Verbindlichkeiten des Reichs.[115]

Damit wurde erstmalig die Bezeichnung "Deutsche Reichspost" eingeführt und nach § 1 Abs. 2 RPFG sollte die Post zukünftig als selbständiges Unternehmen[116] betrieben werden. Diese Änderung bedeutete jedoch nicht mehr als eine wirtschaftliche Verselbständigung der Post gegenüber dem Staat; keinesfalls war damit eine juristische Trennung zur Konsolidierung der Finanzen erstrebt. Die Reichspost blieb weiterhin Bestandteil der Reichsverwaltung und ein Unternehmen des Reichs.[117]

---

möglich machten, auf die sich ergebenden wechselnden Anforderungen zu reagieren.

115 RGBl. I 1924, S. 287.

116 Nach Hellmuth, AöR 56 (1929), 94 (104 f) stellt die Rechtsnatur als öffentliche Anstalt die Außenseite und das Unternehmen die betriebswirtschaftliche Innenseite der DRP dar. Die neue kaufmännisch-wirtschaftliche Richtung im betrieblichen Innenleben gehe nicht als Erfolgswirtschaft Selbstzweck, sondern diene dem durch die öffentliche Anstalt verfolgten Ziel der Gemeinnützigkeit.

117 Lerche/Pestalozza, a. a. O., S. 50; Scheda, a. a. O., § 1 Anm. 3. Scheda geht auf den rechtlichen Charakter der Deutschen Reichspost ein. Sie wurde entweder als Betriebs- oder als Hoheitsverwaltung angesehen. Scheda ordnet die Post als Hoheitsverwaltung ein, da sie von einem Reichsminister verwaltet und nicht allein aus fiskalischen Gründen betrieben wurde. Hellmuth, a. a. O., 94 (96 f) befaßt sich auch mit der durch das Reichspostfinanzgesetz erstrebten Zielsetzung und deren Einfluß auf die Rechtsnatur der Reichspost. Ausgangspunkt ist, daß die DRP eine Anstalt des öffentlichen Rechts war. Sie diente einem besonderen öffentlichen Zweck, dem Gemeinwohl. Um der Aufgabe der staatlichen Fürsorge gerecht zu werden, stehen dem Staat spezielle rechtliche Mittel zur Verfügung, insbesondere die die Handlungs- und Willensfreiheit der Untertanen einschränkenden Alleinrechte und der besondere Straf- und Gebührenschutz. Hellmuth kommt zu dem Ergebnis, daß die

Die Reform von 1924 erwies sich als erfolgreich. Bereits in den Jahren 1924 und 1925 wurden Rücklagen gebildet und ab dem Jahr 1926 auch Überschüsse erwirtschaftet.[118] Der organisatorische Zusammenhang zwischen Reich und Post wurde dadurch gewahrt, daß durch die Angehörigkeit des Reichspostministers zur Reichsregierung deren Einwirkungs- und Kontrollmöglichkeiten erhalten blieben.[119]

Die wesentlichste Aufgabe der Post als Teil der unmittelbaren Staatsverwaltung war die eines großen, umfangreichen Dienstleistungsunternehmens für den Bürger. Dieser Gemeinwohlorientierung diente auch das Monopol des Reichs bezüglich des Post-, Telegraphen- und Fernmeldewesens.[120] Mit dem Reichspostfinanzgesetz wurde erstmals in der Postgeschichte die Postverwaltung auch auf eine selbständige finanzielle Grundlage gestellt. Dies ermöglichte ihr ein unabhängiges Wirtschaften durch eine gewisse Entbürokratisierung und Entpolitisierung. Erleichtert wurde auch die Durchführung notwendiger Organisationsänderungen, ohne daß das an das Hoheitsrecht des Reiches gebundene Post- und Telegraphenregal aufgegeben wurde. Entsprechend ihrer staatspolitischen, volkswirtschaftlichen und sozialpolitischen Bedeutung konnte sich die Post zukünftig den geänderten und sich stetig ändernden Erfordernissen durch die größere Selbständigkeit der Zeit besser anpassen.

IV. Die Entwicklung des Postwesens im Nationalsozialismus und nach dem Zweiten Weltkrieg

Mit dem Gesetz zur Vereinfachung und Verbilligung der Verwaltung (kurz: Vereinfachungsgesetz) wurde das Reichspostfinanzgesetz im Jahre 1934 abge-

---

ehemals fiskalpolitischen Zwecke durch gemeinnützige und volkswirtschaftliche Gesichtspunkte überlagert worden seien.

118 Scheda, a. a. O., S. 37; Hempell, a. a. O., 272 (284); Luttermann, Wirtschaftsführung, S. 11; Mayer, a. a. O., S. 132.

119 Wieland, a. a. O., 315 (323); Mayer, a. a. O., S. 52 f; Meckel/Kronthaler, a. a. O., S. 20. Zur Stellung des Reichspostministers vgl. Sautter, a. a. O., S. 26; Vogt, Das Staatsunternehmen S. 241 (249 f), ders., ArchfdPG 1/90, 71 f. Nach Lassar, a. a. O., S. 352 ist der Einfluß der Länder auf die Reichspost durch den Erlaß des Reichspostfinanzgesetzes stark zurückgegangen, da der Einfluß des Reichsrats sehr zurückgedrängt worden ist. Die Länder wirken nur noch insoweit mit, als 10 Mitglieder des Verwaltungsrats durch den Reichsrat vorgeschlagen werden.

120 Finger, Das Staatsrecht S. 501; Vogt, ArchfdPG 1/90, 71 (72); Postler, a. a. O., S. 62; ders., ArchfdPG 1/93, 19 (20). Zum Streit, ob das Reichspostfinanzgesetz die Deutsche Reichspost zu einer ertragswirtschaftlichen Unternehmung machte, vgl. Hellmuth, a. a. O., 94, (98 f).

schafft.[121] Die Sonderstellung der Post wurde zum Teil wieder zückgenommen und so wieder enger in die Staatsverwaltung eingebunden.[122] Das Monopol im Postwesen blieb ebenso wie die haushaltsrechtliche Verselbständigung unangetastet, so daß es bei dem rechtlichen Zustand zur Zeit der Weimarer Republik verblieb. Das Vereinfachungsgesetz wurde auch nach dem Zweiten Weltkrieg weiterhin angewandt.[123]

Die Deutsche Post bildete das Vorbild für die Bundespostverwaltung, die im Jahr 1949 nach dem Erlaß des Grundgesetzes entstand. Die Deutsche Bundespost wurde nach Art. 87 Abs. 1 GG in bundeseigener Verwaltung mit eigenem Verwaltungsunterbau mit einem Minister an der Spitze geführt. Am 24. Juli 1953 wurde in der Bundesrepublik Deutschland das die Postorganisation regelnde Gesetz über die Verwaltung der Deutschen Bundespost verkündet.[124] Es lehnte sich an die durch das Reichspostfinanzgesetz postulierten Grundsätze, wie Eigenwirtschaftlichkeit, Sondervermögen, Ministerleitung unter Mitwirkung eines Verwaltungsrats an, regelte die einzelnen Materien aber umfangreicher und legte in § 2 PostVerwG zu verfolgende Ziele fest.[125]

Mit §§ 1, 2 PostVerwG wurde die Verpflichtung der Post zur Erfüllung der Bedürfnisse der Daseinsvorsorge festgelegt. Diese Verpflichtung diente auch zur Begründung der Aufrechterhaltung des Postzwanges für verschlossene Briefe und des Beförderungsvorbehaltes für Drucksachen.[126]

V. Ergebnis

Die Bedeutung des Postwesens für eine funktionierende Gesellschaftsordnung wurde schon früh von den unterschiedlichen Staatssystemen erkannt. Stets kam es deshalb gerade in diesem Bereich zu mehr oder weniger heftigen Auseinandersetzungen um das Recht, Postdienste einzurichten und Dienstleistungen anbieten zu können.

Erst in der Neuzeit jedoch erfuhr die Post eine Aufwertung und einen Aufschwung, die bis heute richtungweisend sind. Mit den geradezu als fortschrittlich einzustufenden Maßnahmen Kaiser Maximilians I. und seiner Nachfolger wurde

---

121 RGBl I 1934, S. 130; Sautter, a. a. O., S. 22; Meckel/Kronthaler, a. a. O., S. 21; Postler, a. a. O., S. 132.

122 Laband, a. a. O., S. 51 f, 82 f; Mayer, a. a. O., S. 134.

123 Schuster, Der Weg der Post von 1872 bis 1953, S. 577; Steinmetz, ArchPF 1967, 1 (5); ders. ArchPF 1958, 1 (2 ff).

124 Postverwaltungsgesetz, BGBl. I 1953, S. 676.

125 Herrmann, a. a. O., S. 97 f; Steinmetz, ArchPF 1958, 1 (2); Bruchhäuser/Rommerskirchen, ArchfdPG 2/85, 7 (12, 13); Meckel/Kronthaler, a. a. O., S. 24.

126 Everling, a. a. O., 22 (23).

herausgestellt, daß die Nachrichtenübermittlung nur effektiv erfolgen kann, wenn politische Macht und Wirtschaft zusammenarbeiten.

Damals wie heute war die Art der Verwaltung im Postwesen umstritten. Die Reichspost hatte eine Sonderstellung inne. Der Gedanke der Leistungsverwaltung war noch wenig ausgeprägt, denn der Staat handelte in der Regel als Eingriffsverwaltung. Dennoch ähneln sich die Auseinandersetzungen von damals und heute. Sie unterscheiden sich jedoch in einem wichtigen Punkt: Damals reklamierten die Reichsstände das Postregal überwiegend aus machtpolitischen Gesichtspunkten für sich; heute ist an die Stelle der Politik der freie Wettbewerb getreten, der sich mit der als unerläßlich anzusehenden Daseinsvorsorgefunktion des Postwesens auseinanderzusetzen hat.

Im 19. und Anfang des 20. Jahrhunderts befand sich das Postwesen hingegen im wesentlichen unumstritten in staatlicher Hand. Veränderungen der Organisationsstruktur, insbesondere durch das Reichspostfinanzgesetz, hatten wirtschaftliche Überlegungen als Ursache. Der Gemeinwohlgedanke war in den Hintergrund gerückt, wenn auch alle Bürger die Post nutzen konnten. Im Hinblick auf die Bedeutung des Nachrichtenwesens für den Staat ist es aber nicht verwunderlich, daß gerade das Postwesen eine Sonderstellung innehatte, die sich in der Schaffung eines Sondervermögens niederschlug. Im übrigen blieb es aber bei staatlicher Verwaltung und staatlichem Einfluß.

An diese Traditionen knüpften auch die Regelungen des Grundgesetzes nach 1949 an. Jeder konnte Postdienstleistungen auch zu in der Regel akzeptablen Gebühren in Anspruch nehmen. Mit der Verpflichtung der Post auch auf das Sozialstaatsprinzip war sie lange Zeit einer politischen Auseinandersetzung entzogen. Dieser Zustand sollte sich aber mit der Erkenntnis der Bedeutung eines wirtschaftlichen Handelns aller Verwaltungszweige auch zur Senkung von Preisen und Gebühren ändern. Gerade die Gemeinwohlverpflichtung des Postwesens regte deshalb die Diskussion an. Ohne die Bestrebungen der Europäischen Union, einen europäischen Binnenmarkt zu schaffen, der auch und gerade nicht vor den nationalen Postdiensten halt machte, ist aber zu bezweifeln, ob die nunmehr verwirklichten grundlegenden Reformen erreicht worden wären.

Diesen Impulsen soll in den folgenden Abschnitten nachgegangen werden.

B. Reformbestrebungen im Postwesen seit den 60er Jahren

Bereits vor über drei Jahrzehnten wurden Überlegungen angestellt, ob die Deutsche Bundespost als Teil der öffentlichen Verwaltung den Anforderungen gerecht werden könne, die eine hochtechnisierte Wirtschaft und eine moderne Industriegesellschaft an sie stellen, zudem hohe Abgaben an den Bundeshaushalt zu entrichten waren.[127] Die ersten Reformversuche im Postwesen aus dem Jahre 1963[128] zielten auf die Änderung des im Jahre 1953 in Kraft getretenen Postverwaltungsgesetzes.[129]

Aufgrund Bundestagsbeschlusses vom 16.04.1964 berief die Bundesregierung eine Sachverständigenkommission, die mit der Untersuchung zu der Frage beauftragt wurde, wie die Deutsche Bundespost ihre Aufgabe auf die Dauer in optimaler Weise ohne Defizit erfüllen könne. Diese legte am 06.11.1965 ihr Gutachten vor.[130] Danach sollte die Verwaltungsstruktur grundlegend umgestellt werden, und zwar im Sinne einer nicht rechtsfähigen Anstalt mit eigenen Organen und eigener Wirtschafts- und Rechnungsführung. Das Gutachten befürwortete eine Beschränkung des politischen Einflusses, so daß insbesondere der Postminister nur noch Hoheitsaufgaben wahrnehmen und die Aufsicht über die Post ausüben sollte. Die eigentliche Steuerung sollte nach den Vorschlägen der Kommission durch einen an kaufmännischen Gesichtspunkten orientierten Vorstand erfolgen.[131] Diese Reformpläne wurden aber nicht einmal ansatzweise umgesetzt. Die Bundesregierung nahm von einer Änderung der Organisationsform im Jahre 1969[132] Abstand und wollte eine Reform im Rahmen der allgemeinen Verwaltungsreform abwarten.[133] Auch der Postausschuß hielt eine Änderung der Finanzverfassung für ausreichend.[134] So kam es zunächst nur im Bereich der Gebührenfestsetzungen zu einer Veränderung, indem der Bund teilweise auf die Abgaben der Bundespost verzichtete.[135]

Anfang der 70er Jahre wurde der Gedanke der Trennung von Unternehmensleitung und politischer Aufsicht wieder aufgegriffen und vom Bundesminister für Verkehr und Post und Fernmeldewesen erneut eine "Kommission Deutsche Bundespost" einberufen. Am 30.07.1970 wurde der Entwurf eines Postverfassungsgesetzes von der Bundesregierung aufgrund der Vorschläge dieser Kommission verabschiedet.[136] Danach sollte die Bundespost als öffentliches

---

127 Hempell, a. a. O., 272 (313); Werle, a. a. O., S. 79; Pfeffermann, in: Badura/v. Danwitz/Herdegen/Sedemund/Stern (Hrsg.): Beck'scher PostG Kommentar, Einführung, S. 26.
128 Gscheidle, JbdDBP 1980, 9 (25).
129 BGBl. I 1953, S. 676.
130 BT-Drs. 5/203; Steinmetz, ArchPF 1967, 1 (12); Herrmann, a. a. O., S. 112; Pfeffermann, Die Erfahrungen, in: online 15,2/1992, I.04.01 (04); ders., a. a. O., S. 26; Werle, a. a. O., S. 145; Mayer, a. a. O., S. 136.
131 BT-Drs. 5/203, S. 140 f; Arndt, ArchPF 1970. 3 (4).
132 BT-Drs. 5/3875.
133 BT-Drs. 5/3875; Mayer, a. a. O., S. 136; Büchner, CR 1996, 581 (582).
134 Mayer, a. a. O., S. 136.
135 Hempell, a. a. O., 272 (290); Mayer, a. a. O., S. 136.
136 BT-Drs. 6/1385. Dazu Laue, JbdDBP 1971, 102 (106 f); Feucht, a. a. O., S. 13.

Unternehmen in der Form einer teilrechtsfähigen Anstalt des Bundes geführt werden.[137] Diese Reform kam aber über das Entwurfsstadium nicht hinaus, nachdem im Jahre 1972 der Bundestag aufgelöst worden war.[138]

C. Die Reform von 1989 - Postreform I

In der Bundesrepublik Deutschland konnten nennenswerte Reformen im Bereich des Post- und Fernmeldewesens vor dem Ende der 80er Jahre nicht durchgesetzt werden.[139] Der Monopolbereich wurde erst mit der Diskussion um die Postreform I in Frage gestellt. Bei allen anderen Veränderungen im Bereich des Postwesens ab dem Jahr 1953 war er unangetastet geblieben. Es vergingen seit den Reformansätzen aus dem Jahr 1976 fast zwei Jahrzehnte, bis mit dem Poststrukturgesetz vom 01.07.1989[140] die Organisation und die Regulierungsstruktur der Deutschen Bundespost neugestaltet wurde.

I. Gang der Diskussion

Anregungen zu einer Liberalisierung des Post- und insbesondere des Telekommunikationsmarktes gingen von einem Sondergutachten der Monopolkommission[141] aus, das im Jahr 1981 vorgelegt wurde. Darin war für den Telekommunikationssektor eine radikale Liberalisierung des Endgerätemarktes und eine freizügigere Nutzung der öffentlichen Netze vorgeschlagen worden.[142] Die grundsätzliche ordnungspolitische Überprüfung des Postsektors und des Beförderungsvorbehalts war dann die Aufgabe einer speziellen Kommission, der sog. Regierungskommission Fernmeldewesen[143], die von der Bundesregierung im

---

137 BT-Drs. 6/1385; Arndt, a. a. O., 3 (4); Feucht, a. a. O., S. 13.

138 Mayer, a. a. O., S. 137. Auch der Anfang 1973 von der SPD/FDP-Koalition eingebrachte Gesetzesvorschlag scheiterte an den Meinungsverschiedenheiten in bezug auf die Mitbestimmung der Arbeitnehmer im vorgesehenen Aufsichtsrat. Nach der Regierungserklärung des damaligen Bundeskanzlers Helmut Schmidt am 16.12.1976 sollte allein nur das Haushalts- und Finanzwesen der Post überarbeitet werden aber keine Veränderung in der Rechtsform stattfinden.

139 Gscheidle, Damit wir in Verbindung bleiben, S. 79; Pausch, Möglichkeiten, S. 78.

140 Gesetz zur Neustrukturierung des Post- und Fernmeldewesens und der Deutschen Bundespost vom 08. Juni 1989, BGBl. I, S. 1026.

141 Monopolkommission, Die Rolle der Deutschen Bundespost im Fernmeldewesen.

142 Monopolkommission, a. a. O., S. 1 f.

143 Regierungskommission Fernmeldewesen, Neuordnung der Telekommunikation.

März 1985 eingesetzt wurde und die im September 1987 ihre Beratungsergebnisse vorlegte.[144]

In diesem Gutachten wurde vorgeschlagen, eine weitgehende Organisationsreform vorzunehmen. Die hoheitlichen Aufgaben sollten von den unternehmerischen Funktionen getrennt werden. Die Aufgabenwahrnehmung sollte einem restrukturierten Bundesministerium für Post und Telekommunikation übertragen werden, das künftig die zentrale Regulierungsbehörde für diesen Sektor sein sollte.[145] Weiter sah das Gutachten eine Aufteilung der Deutschen Bundespost in drei relativ selbständige Unternehmen für Postdienste, Postbankdienste und Telekommunikation vor.[146]

II. Inhalt der getroffenen Regelungen

Ergebnis dieser Arbeiten war die Postreform I, welche im Gesetz zur Neustrukturierung des Post- und Fernmeldewesens und der Deutschen Bundespost (Poststrukturgesetz - PostStruktG) vom 08.06.1989 seine rechtliche Grundlage hatte.[147] Das Poststrukturgesetz enthielt als umfassendes Regelungswerk neben den im Zuge der Postreform I erforderlichen Gesetzesänderungen das neue Postverfassungsgesetz.[148] Dieses löste seit dem Jahr 1953 die Struktur der Bundespost bestimmende Postverwaltungsgesetz ab.[149] Es zielte darauf ab, der Bundespost mehr Selbständigkeit zu verleihen und sie in stärkerem Maße als Wirtschaftsunternehmen und weniger als Behörde zu führen und gab damit der Bundespost eine neue Unternehmensverfassung.[150] Die Bundespost sollte von zahlreichen per-

---

144 B. Vogt, Taschenbuch 1989, 9 (11 f); Franke, DVW 1/1988, 5 (5); Witte, Neuordnung der Telekommunikation, in: GÖW (Hrsg.): Postreform, S. 13 (15); Plagemann, Die erwerbswirtschaftliche Betätigung, S. 34 f; Greiffenberg, Telekom, in: online 16,2/1993, C 216.01 (03, 04); Grande/Schneider, Reformstrategien und staatliche Handlungskapazitäten, S. 13; Pfeffermann, a. a. O., S. 27.

145 Regierungskommission Fernmeldewesen, a. a. O., S. 70 f.

146 Cox, Ja zur Postreform, in GÖW (Hrsg.): Postreform, S. 37 (43); Grande/Schneider, a. a. O., S. 13: Danach werden zwei Ausnahmen vom Netzmonopol zugelassen. Da prinzipiell am Netzmonopol festgehalten wird, stellt nach Grande/Schneider diese Reform einen Mittelweg zwischen den radikalen Reformen in den USA, Großbritannien und Japan und denen der anderen Länder, die am Fernmeldemonopol festhalten, dar.

147 BGBl. I 1989, S. 1026.

148 Gesetz über die Unternehmensverfassung der Deutschen Bundespost (Postverfassungsgesetz - PostVerfG) verkündet als Art. 1 PostStruktG.

149 BGBl. I 1953, S. 676, Postverwaltungsgesetz vom 24.07.1953 - PostVerwG.

150 BT-Drs. 11/2854, S. 29 f; Mayer, a. a. O., S. 138.

sonal-, beamten- und haushaltsrechtlichen Bindungen, die mit ihrer Stellung als Teil der bundeseigenen Verwaltung zusammenhingen, befreit werden.[151]

III. Aufteilung des Sondervermögens Deutsche Bundespost in drei Teilsondervermögen

Das Grundgesetz übernahm die 1949 vorgefundene organisatorische Einheit der Deutschen Bundespost.[152] Alle Bereiche wie Postwesen, Telekommunikation und Bankwesen wurden unter dem Begriff Deutsche Bundespost zusammengefaßt. Es blieb zunächst bei dem vom Bundeshaushalt seit dem Reichspostfinanzgesetz abgekoppelten Sondervermögen.

Mit der Postreform I wurde die erste Stufe zu einer endgültigen Trennung des Postwesens vom Staat erreicht. § 1 Abs. 2 PostVerfG trennte die unter einem Sondervermögen zusammengefaßten drei Teilbereiche in drei selbständige Teilsondervermögen. Es entstanden die Deutsche Bundespost POSTDIENST; die Deutsche Bundespost TELEKOM und die Deutsche Bundespost POSTBANK.[153] Die Deutsche Bundespost blieb daneben mit weiteren Aufgaben wie z. B. dem Direktorium bestehen.

In § 4 PostVerfG[154] wurden Leitungsgrundsätze für alle drei Teilsondervermögen formuliert, die sowohl den leistungsstaatlichen Charakter der Daseinsvorsorge, als auch die Bedeutung der Grundsätze der Wirtschaftlichkeit und der wirtschaftlichen Möglichkeiten nach betriebswirtschaftlichen Grundsätzen festschrieben.[155] So hatten die drei Teilsondervermögen gemäß § 4 Abs. 1 PostVerfG die Nachfrage von Bürgern, Wirtschaft und Verwaltung nach den bereichsspezifischen Leistungen zu decken. Dabei waren sowohl die Markterfordernisse als auch die wirtschaftlichen und technischen Entwicklungen zu berücksichtigen. Neben den zu erfüllenden Monopolaufgaben und Pflichtleistungen stand die notwendige Infrastruktur im Vordergrund. Die Grenzen der wirtschaftlichen Möglichkeiten der Unternehmen waren zu beachten. Gerade auch in dieser Norm zeigt sich deshalb beispielhaft, welchen Konflikt zwischen Wettbewerb und Bedürfnissen der Nutzer im Hinblick auf eine Grundversorgung alle Bestrebungen zur Reform des Postwesens zu vergegenwärtigen und aufzulösen haben.

---

151 BT-Drs. 11/2854, S. 30.

152 Herrmann, a. a. O., S. 116; Mayer, a. a. O., S. 112.

153 MDHS-Lerche, Art. 87, Rn. 108.

154 Gesetz über die Unternehmensverfassung der Deutschen Bundespost vom 08. Juni 1989, BGBl. I 1989, S. 1026.

155 MDHS-Lerche, Art. 87, Rn. 108.

IV. Trennung der Aufgabenbereiche hoheitlich und unternehmerisch

Neben der Aufspaltung in drei Teilsondervermögen war für den ersten Schritt in Richtung Privatisierung auch die Trennung hoheitlicher und politischer Aufgaben von unternehmerischen und betrieblichen durch § 1 Abs. 1 PostVerfG und deren Zuweisung an unterschiedliche Aufgabenträger von besonderer Bedeutung und unabdingbar für eine weitere Privatisierung.

Die unternehmerischen Aufgaben wurden nach § 1 Abs. 1 Satz 3 PostVerfG den drei Teilsondervermögen zur Erfüllung zugewiesen. Dies bedeutete insbesondere die Verwirklichung der Trennung der Verantwortungsbereiche von Vorständen und Aufsichtsräten einerseits und dem Bundesminister für Post und Telekommunikation andererseits. Die hoheitlichen Aufgaben sollte gemäß § 1 Abs. 2 PostVerfG der Bundesminister für Post und Telekommunikation wahrnehmen. In sein Ressort fielen, um nur die wichtigsten Aufgaben hervorzuheben, nunmehr die Wahrnehmung der politisch-parlamentarischen Verantwortung für den Ressortbereich Post- und Fernmeldewesen, das Festlegen von mittel- und langfristigen Zielen für die Unternehmen der Deutschen Bundespost und das Bestimmen derjenigen Dienstleistungsaufgaben durch Rechtsverordnung der Bundesregierung, die die Unternehmen in besonderem öffentlichen Interesse, vor allem aus Gründen der Daseinsvorsorge, erbringen mußten, also die sog. Pflichtleistungen. Nach wie vor waren aber der Bund und die Unternehmen eng miteinander verquickt. Denn dem Bundesministerium oblag es auch, wesentliche Beschlüsse der Organe der Unternehmen zu genehmigen sowie die Rechtsaufsicht über die Unternehmen der Deutschen Bundespost wahrzunehmen, so daß die Möglichkeit bestand, Maßnahmen der Unternehmen zu beanstanden, wenn Rechtsvorschriften nicht beachtet wurden.[156]

V. Veränderungen im Monopolbereich

Mit der Postreform I wurden erstmals auch die bestehenden Monopolrechte in Frage gestellt. Im Vordergrund stand dabei allerdings das Fernmeldemonopol, während der Beförderungsvorbehalt des § 2 PostG von 1969[157] im wesentlichen unberührt gelassen wurde.[158]

Nach § 1 des Gesetzes über das Postwesen des Deutschen Reiches vom 28.10.1871 war die Beförderung aller versiegelten, zugenähten oder sonst verschlossenen Briefe gegen Bezahlung von Orten mit einer Postanstalt nach ande-

156 BT-Drs. 11/2854; Pfeffermann, a. a. O., Einleitung , S. 32 f.
157 Gesetz über das Postwesen vom 28. Juli 1969, BGBl. I 1969, S. 1006.
158 Gramlich, Verwaltungsrundschau 1990, 82 (83, 84); Witte, a. a. O., S. 13 (17).

ren Orten mit einer Postanstalt des In- oder Auslandes auf andere Weise als durch die Post verboten.[159] Im Gesetz über das Postwesen vom 02.03.1969 wurde das Monopol noch einmal neu definiert. Der bisherige Postzwang wurde durch den Beförderungsvorbehalt der Deutschen Bundespost gegenüber Privatbeförderungsanstalten ersetzt. Nicht nur, wie bisher die gewerbsmäßige, auch die entgeltliche Beförderung war unzulässig.[160]

Für die Deutsche Post AG ergab sich das Monopol für die entgeltliche Beförderung schriftlicher Mitteilungen oder sonstiger Nachrichten aus § 2 Abs. 1 PostG a. F.

"Das Errichten und Betreiben von Einrichtungen zur entgeltlichen Beförderung von schriftlichen Mitteilungen oder sonstigen Nachrichten von Person zu Person ist dem Nachfolgeunternehmen der Deutschen Bundespost POSTDIENST bis zum Auslaufen des Beförderungsvorbehaltes ausschließlich vorbehalten."

Die Möglichkeit einer Befreiung richtete sich nach § 2 Abs. 4 PostG.[161]

Der Beförderungsvorbehalt sollte den Postdienst vor privatem Wettbewerb schützen. Korrespondierend zu den Monopolrechten der Post stand die in § 1 PostG normierte Betriebspflicht, wonach flächendeckend umfassende Beförderungsleistungen zu angemessenen Preisen anzubieten waren. Außerdem wurde in § 8 PostG die Zulassungspflicht festgeschrieben, nach der jedermann zur Inanspruchnahme der Einrichtungen des Postwesens berechtigt war, sofern er die für den einzelnen Dienst geforderten Bedingungen erfüllte.[162]

---

159 Dazu Everling, a. a. O., 22 (23); Müssig, DVW 3/90, 10 (12).

160 Everling, a. a. O. 22 (23); Blankart, a. a. O., S. 205 (223); Plagemann, Die Dienste der Deutschen Bundespost, S. 5; Schmelz, Postmonopol und Ablieferungen, S. 145 f; Ohnheiser, a. a. O., § 2 PostG, Rn. 17.

161 Plagemann, a. a. O., S. 8; Schmelz, a. a. O., S. 171 f.

162 Steiner, in HdbStR III § 81 Rn. 36; Müssig, a. a. O., 10 (10, 11 f). Siehe dort zu den einzelnen Voraussetzungen: Die Beförderung wird in § 2 Abs. 2 PostG definiert. Diese darf nur gegen Entgelt erfolgen. Nach BVerwGE 67, 110 muß auch bei der Eigenbeförderung auf eine entgeltliche Beförderung abgezielt werden. In allen anderen Bereichen ist eine Eigenbeförderung zulässig und wird nicht vom Postmonopol erfaßt. Bei den schriftlichen Mitteilungen, die von § 2 PostG erfaßt werden, handelt es sich um verkörperte Gedankenerklärungen, die auf stofflichen Trägern mittels Handschrift oder Drucks aufgebracht werden. Unbeachtlich ist die Art der Sprache, Schriftart, Sendungsart, das Material, die Form oder das Gewicht der Sendung. Mit der Erfassung sonstiger Nachrichten werden auch Mitteilungen erfaßt, die gerade nicht in Schriftform bestehen. Der Beförderungsvorbehalt besteht aber nicht ausnahmslos (§ 2 Abs. 3 PostG), Begleitpapiere und wiederkehrend erscheinende Druckschriften werden vom Anwendungsbereich des § 2 Abs. 1 PostG ausgenommen. Die Sendungen müssen zwischen Personen befördert werden, indem

VI. Kritik an der Postreform I

Bei der Kritik an der Postreform I lassen sich im wesentlichen drei Hauptströmungen unterscheiden. Einerseits reichte den Kritikern die nunmehr erreichte teilweise Trennung vom staatlichen Einfluß nicht aus. Anderen ging die beabsichtigte Trennung bereits viel zu weit. Ein anderer Gesichtspunkt, der von den Kritikern aufgegriffen wurde, war das Fortbestehen des Beförderungsvorbehalts und die damit einhergehende Einschränkung des Wettbewerbs gerade auch im Hinblick auf die europarechtlichen Vorgaben.

1. Fortbestehender Einfluß des Staates

Vor der Reform von 1989 trat die Deutsche Bundespost als staatliche Leistungsverwaltung in zweifacher Weise in Erscheinung: Als Hoheitsträger war sie zum Beispiel zuständig für die Verleihung von Rechten und Erteilung von Genehmigungen auf dem Gebiet des Telekommunikationswesens. Andererseits betätigte sie sich als Dienstanbieter auf den Post- und Telekommunikationsmärkten. Als Teil der staatlichen Verwaltung lag die Bestimmung über "Ob" und "Wie" der Leistungserbringung damit in einer Hand.

Mit der Trennung der hoheitlichen von den unternehmerischen Aufgaben im Zuge der Postreform I entfiel zumindest nach dem Gesetz die Vorrangstellung des Staates im Hinblick auf einen bedeutenden Wirtschaftsfaktor.

Allerdings wurden die erwarteten Freiräume für marktwirtschaftliches Handeln nicht erreicht.[163] Zwar wurde mit § 1 Abs. 1 PostVerfG die Trennung der politisch-hoheitlichen von den betrieblich-unternehmerischen Aufgaben vollzogen, dennoch blieben die drei neugeschaffenen Teilsondervermögen Teil der bundeseigenen Verwaltung. Mit der Geltung verwaltungsrechtlicher und dienstrechtlicher Grundsätze blieb die erwartete wirtschaftliche Entwicklung und die Konkurrenzfähigkeit der drei Unternehmen hinter den mit der Trennung verbundenen Erwartungen zurück. Mit der gewählten Organisationsform war ein flexibles unternehmerisches Handeln nicht möglich.[164] Die Nachrichtenüber-

---

eine Individualisierbarkeit des Empfängers möglich ist. Siehe auch Ohnheiser, a. a. O., § 2 PostG.

163 Stern, DVBl. 1997, 309 (309); Riehmer, Organisation und Regulierung, in: Mestmäcker (Hrsg.), Kommunikation ohne Monopole II, S. 369 (371); Greiffenberg, C 216. 01 (07); Roßnagel/Wedde, DVBl. 1988, 562 (566).

164 Stern/Bauer, a. a. O., Teil C, Art. 87 f Rn. 1; Schwarz-Schilling, DVW 5/1992, 1 (2); Neumann, Gesamtwirtschaftliche Aspekte, in: GÖW (Hrsg.): Postreform, S. 22 (23).

mittlung war immer noch zu sehr der staatlichen Verwaltung überantwortet, als daß marktwirtschaftliche Grundsätze durchgreifen konnten.

Nur ansatzweise war bereits mit der Postreform I eine Trennung vom Staat initiiert. Jedem der drei Teilsondervermögen präsidierte ein Vorstand, der von einem Aufsichtsrat kontrolliert wurde, so daß eine Annäherung an gesellschaftsrechtliche Formen gefunden war. Eine vollständige Trennung der Teilsondervermögen wurde aber wiederum durch ein Direktorium, einem Organ der Deutschen Bundespost, verhindert, das als oberstes Leitungsgremium, bestehend aus den drei Vorstandsvorsitzenden, die Deutsche Bundespost leitete. Dieses Gremium unterstand nicht mehr unmittelbar der Kontrolle des Bundestages und unterlag somit keinen politischen Rücksichten. Es setzte sich aus Fachleuten zusammen, die bereits in der Privatwirtschaft Erfahrungen gesammelt hatten.

Dennoch konnte der Bundesminister für Post und Telekommunikation weiterhin mittel- und langfristige Vorgaben machen und dadurch eine völlige Unabhängigkeit von der Politik der Staatsleitung verhindern. Seine Stellung war immer noch so stark, daß er die Unternehmenspolitik maßgeblich beeinflussen konnte. Unter Berufung auf das sehr vage "Interesse der Bundesrepublik Deutschland" nach § 28 Abs. 1 PostVerfG konnte er Genehmigungen verweigern und ihre Erteilung von bestimmten unternehmerischen Entscheidungen abhängig machen. Seine "politischen Zielvorgaben" nach § 25 Abs. 1 PostVerfG konnten mehr oder weniger ins Detail gehen und stellten Regulierungen abstrakt-genereller Art dar.

Zahlreiche Entscheidungen bedurften sogar der Mitwirkung von außerhalb der Bundespost stehenden Ministern oder staatlichen Gremien. So konnte die Feststellung von Wirtschaftsplan und Jahresplan nur im Benehmen mit dem Bundesfinanzminister erfolgen, die Höhe der Brief- und Telefongebühren mußte im Benehmen mit dem Bundeswirtschaftsminister festgesetzt werden (§ 28 Abs. 3 PostVerfG). Der Infrastrukturrat, der sich aus Mitgliedern des Bundestags und des Bundesrats zusammensetzte, konnte an den Entscheidungen des Bundespostministers mitwirken (§§ 34, 35 PostVerfG).

Diese Mitwirkungsmöglichkeiten erhöhten einerseits den politischen Einfluß, der auf die Bundespost ausgeübt wurde und beeinträchtigten andererseits durch die damit verbundenen zusätzlichen Entscheidungsinstanzen eine flexible, den jeweiligen Marktbedingungen und Bedürfnissen angepaßte Unternehmensführung.[165] Konflikte zwischen den Unternehmen und dem Bundesminister für Post und Telekommunikation waren vorprogrammiert, denn die Trennung zwischen hoheitlichen und unternehmerischen Aufgaben war nicht klar geregelt, so daß

165 Schmidt in FS für Lerche, S. 965 (965); Mayer, a. a. O., S. 142; Gramlich, ArchPT 1993, 51 (52).

dem Bundesminister zumindest ein mittelbarer Einfluß auf viele unternehmerische Entscheidungen verblieb.[166]

Da der Unternehmensvorstand nicht mehr Mitglied der Bundesregierung war, unterstellte man, daß die Interessen der Deutschen Bundespost nicht in demselben Umfang berücksichtigt würden wie es im Sinne einer flächendeckenden Versorgung notwendig sei.[167] Dieser Nachteil äußerte sich darin, daß die Vertragsinhalte der Kundenverträge durch Rechtsverordnungen des zuständigen Ministeriums mit den Benutzern einseitig hoheitlich vornormiert waren. Diese Regelungswerke ließen damit eine individuelle Aushandlung der Vertragsbedingungen auch hinsichtlich der Interessen von Großkunden, um so auf die Bedürfnisse des Marktes reagieren zu können, noch nicht zu.

2. Verfassungsrechtliche Bedenken

Umstritten war außerdem, ob die Poststrukturreform mit den, dem Bundesminister zur Verfügung gestellten Einflußrechten, den Anforderungen an eine umfassende Rechtsaufsicht und der erforderlichen parlamentarischen Kontrolle gerecht werde.[168] Das Postverfassungsgesetz weise einerseits ein verfahrensrechtliches Defizit auf, denn die Instrumentarien der privaten Diensteanbieter seien zu schwach ausgeprägt.[169] Andererseits habe der Bundesminister für Post und Telekommunikation aber auch eine verfassungsrechtlich problematische Breite an Ermessensspielräumen erhalten, da es an entsprechenden Verfahrensregelungen fehle. Für die Genehmigung nach § 2 Abs. 1 FAG sah man wegen des grundrechtlichen Eingriffsgehalts den Parlamentsvorbehalt verletzt, da nach der Wesentlichkeitslehre grundrechtsrelevante Bereiche durch Gesetz geregelt werden müßten.[170]

Auch die Entscheidungsmechanismen wurden als nicht vereinbar mit den im Grundgesetz aufgestellten Grundsätzen nach Art. 86 und 87 Abs. 1 GG angese-

166 Bock, CR 1991, 299 (303); ders, Telekommunikation, in: online 15, 2/1992, I.05.01 (08, 09); Riehmer, a. a. O., S. 369 (371).

167 Mayer, a. a. O., S. 140; Luttermann, a. a. O., S. 47; Deipenbrock, Die Deutsche Bundespost, S. 20, 21.

168 Badura, in: FS für Steindorff, S. 835 (843); Börnsen, Erfahrungen, in: online 15,2/1992, I.03.01 (09); Roßnagel/Wedde, a. a. O., 562 (565); Fangmann/Scheurle, Poststrukturgesetz, § 1 Rn. 7 m. w. N., zu den unterschiedlichen Auffassungen. Siehe dort auch zur Heranziehung des Bundesbahnmodells, um die Verfassungskonformität zu begründen.

169 Scherer, ArchPT 1993, 261 (266). A. A. Cox, a. a. O., S. 37 (43, 44). Zum erwarteten Kostendruck siehe Neumann, Gesamtwirtschaftliche Aspekte, in: GÖW (Hrsg.): Postreform, S. 22 (25).

170 Scherer, ArchPT 1993, 261 (266, 267); Roßnagel/Wedde, a. a. O., 562 (568).

hen. Das Prinzip der bundeseigenen Verwaltung mit eigenem Verwaltungsunterbau bedeute, daß nur Verfassungsorgane des Bundes legitimiert seien, zumindest die wesentlichen Entscheidungen mit Bezug auf Post- und Fernmeldewesen zu treffen.[171] Die Einflußrechte des Bundesministers für Post und Telekommunikation erschienen als reine Rechtsaufsicht nicht ausreichend, da die Vorstände der drei als Sondervermögen geführten öffentlichen Unternehmen wichtige Sach- und Personalentscheidungen unabhängig vom Bund treffen und sie im Konfliktfalle auch gegen die Aufsichtsräte im Rahmen ihrer sogenannten Alleinentscheidungsrechte durchsetzen konnten.[172] Allein mit der Gewährleistung einer Fachaufsicht des Bundes könne man den verfassungsrechtlichen Anforderungen gerecht werden.[173] Da die bundeseigene Verwaltung die der Exekutive, also der Regierung am nächsten stehende Form der Bundesverwaltung sei, gäbe es dann für keine Art der Bundesverwaltung eine Fachaufsicht, wenn diese schon nicht im Rahmen der bundeseigenen Verwaltung nötig sei.[174] Volle Fachaufsicht eröffne die Möglichkeit, substantielle Vorstandsentscheidungen aufzuheben und zu ersetzen.[175]

3. Die Post im internationalen Vergleich und die europarechtlichen Vorgaben

Kritik wurde ebenfalls geübt an der nur teilweisen Öffnung der Märkte und der damit fortbestehenden Sonderstellung der Deutschen Bundespost POSTDIENST im Wettbewerb. Das weiterhin bestehende Postmonopol wurde als Gefahr für den Industriestandort Bundesrepublik angesehen.[176]

Trotz oder gerade wegen dieser Sonderstellung sah man die Deutsche Bundespost POSTDIENST, angesichts der internationalen Entwicklung, der Globalisierung den zukünftig zu erwartenden Anforderungen für nicht mehr gewachsen an. Die Aktivität auf den Auslandsmärkten sollte durch die Privatisierung der bisher öffentlichen Unternehmen unterstützt werden. Erst mit der

---

171 Roßnagel/Wedde, a. a. O., 562 (564); Blanke/Sterzel, KJZ 1993, 278 (289); Bock, Telekommunikation, in: online 15,2/1992, I.05.01 (04); Luttermann, a. a. O., S. 63; Heuer, DÖV 1995, 85 (85), der in der Art der Privatisierung eine Gefährdung der grundlegenden Struktur des Staates sieht.

172 Fangmann/Scheurle, Poststrukturgesetz, § 1 Rn. 7.

173 Fangmann/Scheurle, Poststrukturgesetz, § 1 Rn. 7 m.w.N.; Roßnagel/Wedde, a. a. O., 562 (564).

174 Fangmann/Scheurle, Poststrukturgesetz, § 1 Rn. 7; Fangmann, CR 1989, S. 647 (650).

175 Fangmann/Scheurle, Poststrukturgesetz, § 1 Rn. 7.

176 Schmidt in FS für Lerche, S. 965 (965); Witte, a. a. O., S. 13 (18); Neumann, a. a. O., S. 22 (28, 29); Görts, Ordnungspolitische Grundsätze, in: online 16,2/1993, C 215.01 (07).

Schaffung von Aktiengesellschaften versprach man sich Entbürokratisierung, Flexibilität und Effizienz der Dienstleistungserbringung, mehr als durch die Rechtsform des Teilsondervermögens.[177]

Kritik kam auch im Hinblick auf das europäische Recht auf. Je nach dem Standpunkt des Betrachters sollte es entweder keine absolute Trennung von hoheitlichen und betrieblichen Aufgaben fordern, sondern verlange lediglich die Trennung der hoheitlichen und der betrieblichen Tätigkeiten oder es sei gerade eine Schaffung völlig freien Wettbewerbs verlangt.[178]

4. Ergebnis

Die kritische Auseinandersetzung mit der Postreform I setzte also an zwei Seiten an: Zum einen gingen den Verfechtern einer Privatisierung die Regelungen nicht weit genug, zum anderen wurden bereits die Regelungen der Postreform I als zu weitgehend und mit der Verfassung nicht mehr in Einklang zu bringen angesehen. An der kontroversen Diskussion um die Postreform I und den Angriffen von Befürwortern und Gegnern gleichermaßen zeigt sich jedoch, daß diese Reform nur einen ersten Schritt auf dem Weg zu weiteren Reformen darstellen konnte und sollte.

Mit der Postreform I galt es einen Bogen zu spannen zwischen der bislang in Hoheitsverwaltung stehenden Deutschen Bundespost und der auf lange Sicht beabsichtigten Privatisierung. Die Regelungen der Postreform I stellten nur eine Übergangslösung und ein Übergangsstadium dar, so daß die Kritik an allen Seiten ansetzen konnte. Dies war aber gerade auch der verfolgte Zweck dieser ersten Stufe der Postreform. Sie konnte und sollte kein abschließendes Ergebnis hin zu einer vollständigen Ablösung vom Staat bringen. Im Kontext mit den weiteren Reformen, auf die noch einzugehen sein wird, zeigt sich aber, daß die Postreform I der Wegbereiter für eine weitergehende Neustrukturierung war und die Weichen in die richtige Richtung gestellt hat. Denn mit ihr war bereits die Trennung der drei Bereiche eines bislang in bundeseigener Verwaltung geführten Sektors bewirkt und eine Differenzierung zwischen den Aufgaben des Staates und denen der Unternehmen vorgenommen worden.

---

177 Stern/Bauer, a. a. O., Teil C, Art. 87 f, Rn. 2; Scholz-Aulehner, ArchPT 1993 S. 103 (107 ff). Zu den Befürchtungen um eine mangelhafte Versorgung vgl. Bock, CR 1991, 299 (301).

178 BT-Drs. 11/930, S. 15 f; Fangmann/Scheurle, Poststrukturgesetz, § 1 Rn. 9, insbesondere zum Fernmelderecht.

Das mit der Postreform I geschaffene Übergangsstadium hin zu einer Entlassung des Postwesens aus der staatlichen Verwaltung sollte mit den weiteren gesetzgeberischen Maßnahmen im Rahmen der Postreform II einer endgültigen Lösung nähergebracht werden. Nach umfangreichen Diskussionen und Beratungen in den parlamentarischen Gremien[179] gelang die Reform im Sommer des Jahres 1994. Der Umbruch war gewaltig. An die Stelle des Verwaltungsmodells trat ein Marktmodell, bei dem der staatliche Einfluß erheblich reduziert, wenn auch nicht vollständig abgeschafft wurde.

Im Sommer des Jahres 1991 signalisierte die SPD ihr Einverständnis zu einer Reform unter der Prämisse, daß die Daseinsvorsorge, der Infrastrukturauftrag und die Rechte der Beschäftigten gesichert würden.[180] Im Juni des Jahres 1992 wurde eine interfraktionelle Arbeitsgruppe eingerichtet. Diese nahm die Rolle eines parlamentarischen Arbeitsausschusses ein, der sich mit strittigen Fragen auseinandersetzte. Anfang Dezember des Jahres 1992 legte diese Kommission ein Eckpunkte-Papier für die Postreform II vor, welches aber von der SPD zunächst abgelehnt wurde. Erst Mitte März des Jahres 1993 kam es dann zu erneuten Gesprächen, die am 20.06.1993 in der Vorlage eines Ergebnisberichtes mündeten, dem nach weiteren Verhandlungen und Kompromissen im November des Jahres 1993 auch die SPD-Fraktion zustimmte. Ein interfraktioneller Entwurf zur Änderung des Grundgesetzes wurde im Bundestag vorgeschlagen, der dann Anfang Februar des Jahres 1994 wortgleich von der Bundesregierung als eigener Entwurf eines Änderungsgesetzes in das Gesetzgebungsverfahren eingebracht wurde.[181]

Parallel mit dem Postneuordnungsgesetz wurde eine Grundgesetznovelle ins Gesetzgebungsverfahren eingebracht, beraten und verabschiedet,[182] die die verfassungsrechtlichen Grundlagen für das Gesetz zur Neuordnung des Post- und Telekommunikationswesens schaffen sollte.[183] Diese Verfassungsänderung trat gemäß Art. 2 des Gesetzes als Ermächtigungsgrundlage am Tag nach ihrer Ver-

179 BT-Protokolle, 12. WP, S. 2193. Vgl. dazu Stern, Einführung, in: Stern (Hrsg.): Postrecht der Bundesrepublik Deutschland, S. 2

180 Stern/Bauer, a. a. O., Teil C Art. 87 f, Rn. 4; Kubicek/Mohr/Falke, ZG 1992, 320 (327).

181 BT-Drs. 12/6635; 12/6717; 12/7269; 12/8108, S. 5 f; 12/8060; Stern/Bauer, a. a. O., Teil C, Art. 87 f, Rn. 4, 5; Fangmann/Lörcher, Telekommunikations- und Postrecht, Teil 1, Rn. 1; Büchner, DZWir 1995, 120 (121).

182 BGBl. I, S. 2245 Gesetz zur Änderung des Grundgesetzes; Gramlich, NJW 1994, 2785 (2787).

183 Gramlich, NJW 1994, 2785 (2787).

kündung dem 03.09.1994 in Kraft. Neben einigen Anpassungen an den aktuellen Sprachgebrauch[184] war jedoch die Art. 87 Abs. 1 Satz 1 GG a. F. betreffende Änderung die entscheidende Neuerung. An dessen Stelle trat mit der in Art. 1 des Postneuordnungsgesetzes enthaltenen Grundgesetznovelle Art. 87 f GG. Die Bundespost wurde aus dem Katalog der Gegenstände der bundeseigenen Verwaltung gestrichen und der als Übergangsregelung ausgestaltete Art. 143 b GG wurde eingefügt.[185]

I. Verfassungsrechtliche Ausgangslage

Nach Art. 87 GG a. F. war die Deutsche Bundespost in bundeseigener Verwaltung zu führen. Dies bedeutete jedenfalls nach der herrschenden Menung,[186] daß eine Privatisierung im Bereich des Postwesens verfassungsrechtlich nicht zulässig war.[187] Mit der Postreform II sollte eine Umwandlung der Deutschen Bundespost in drei Aktiengesellschaften erfolgen. Mit der Übertragung der Aufgaben der Deutschen Bundespost auf diese privatrechtliche Organisationsform konnte der verfassungsrechtlichen Vorgabe der bundeseigenen Verwaltung nicht mehr Genüge getan werden, so daß auch eine Veränderung erforderlich war.

II. Verfassungsänderung[188]

Nach Art. 87 f Abs. 1 GG gewährleistet der Bund im Bereich des Postwesens und der Telekommunikation flächendeckend angemessene und ausreichende Dienstleistungen. Art. 87 f Abs. 2 GG weist die Dienstleistungen als privatwirtschaftliche Tätigkeiten den aus dem Sondervermögen Deutsche Bundespost hervorgegangenen Unternehmen und privaten Unternehmern zu, während die Hoheitsaufgaben im Bereich des Postwesens und der Telekommunikation weiterhin in bundeseigener Verwaltung wahrgenommen werden. Hierdurch wird die herausgehobene Stellung der Nachrichtenübermittlung, sei es durch die klassische "gelbe" Post oder durch die Telekommunikation, primär manifestiert.[189] Anders als in anderen Wirtschaftsbereichen wird nach wie vor eine staatliche Einflußnahme als erforderlich angesehen.

---

184 In Art. 73 Nr. 7 und 80 Abs. 2 GG wurde z. B. das Wort Telekommunikation anstelle des Wortes Fernmeldewesen eingefügt.
185 BT-Drs. 12/6717, S. 2; BT-Drs. 12/7269, S. 3.
186 BVerfGE 63, 1 (39 f).
187 Zum Meinungsstand vgl. Stern/Bauer, a. a. O., Teil C, Art. 87 f, Rn. 3.
188 Dazu im einzelnen, Stern, ArchPT 1998, 309 (313).
189 BT-Drs. 12/6717, S. 3; BT-Drs. 12/7269, S. 7; Gramlich, NJW 1994, 2785 (2787).

Art. 143 b GG ergänzt die in Art. 87 f GG getroffenen Bestimmungen. Nach Art. 143 b Abs. 1 GG wird das Sondervermögen in Unternehmen privater Rechtsform umgewandelt und dem Bund in diesem Bereich die ausschließliche Gesetzgebung zugewiesen. Art. 143 b Abs. 2 GG regelt das Verfahren hinsichtlich des Fortbestandes der ausschließlichen Rechte des Bundes und die Verteilung der Kapitalmehrheit für eine Übergangszeit. Daneben befaßt sich Art. 143 b Abs. 3 GG mit der Stellung der Bundesbeamten in Ergänzung zu Art. 33 Abs. 4 GG.

Art. 87 f GG löst damit die bisher im Poststrukturgesetz festgelegte Verwaltungsstruktur auf, derzufolge die betrieblich-unternehmerischen Aufgaben der Teilsondervermögen nach wie vor der öffentlichen Verwaltung unterstellt waren und schafft einen organisatorische Trennung zwischen hoheitlichen Aufgaben und Dienstleistungen. Der Bund soll danach in Zukunft unmittelbar nur noch die Erfüllung der hoheitlichen Aufgaben und mittelbar die Aufgaben der zu schaffenden Anstalt wahrnehmen.[190]

III. Postneuordnungsgesetz

Mit der Änderung des Grundgesetzes ging die Verabschiedung des Gesetzes zur Neuordnung des Postwesens und der Telekommunikation[191] (Postneuordnungsgesetz - PTNeuOG) einher. Dieses war wie sein Vorgänger, das Poststrukturgesetz, als Artikelgesetz mit 15 Abschnitten ausgestaltet. Im wesentlichen dient es der Konkretisierung der verfassungsrechtlichen Vorgaben.[192] Die letzten vier Artikel befaßten sich mit der Anpassung anderer Rechtsvorschriften, dem Außerkrafttreten bisherigen Rechts, insbesondere des Postverfassungsgesetzes und mit dem Wirksamwerden des Postneuordnungsgesetzes zum 01.01.1995. Art. 1 - 9 des Postneuordnungsgesetz beinhalteten die neue Organisation des Post- und Telekommunikationswesens, die Regelung hiermit verbundener dienst- und sozialrechtlicher Fragen, Modifikationen der auf die Unternehmenstätigkeit bezogenen Bestimmungen, sowie Änderungen bei der Regulierung sowohl der drei Nachfolgeunternehmen, als auch sonstiger Marktteilnehmer im Post- und Telekommunikationsbereich.

---

190 Stern/Bauer, a. a. O., Teil C, Art. 87 f, Rn. 6.
191 BGBl. I 1994, S. 2325.
192 Stern, ArchPT 1998, 309 (313).

D. *Verfassungsrechtliche und einfachrechtliche Ausgestaltung der Monopolrechte nach der Postreform II*

Mit der Postreform II sollten entsprechend den europäischen Vorgaben die Monopolbereiche langsam entflechtet werden, um so der Post auch die Möglichkeit zu eröffnen, in andere Märkte einsteigen zu können. Dies sollte unter anderem durch die Entlassung aus der staatlichen Hand bewirkt werden.

I. Die Regelung des Art. 143 b GG als Übergangsregelung

Die mit der Postreform II vorgesehene Änderung des Grundgesetzes und die Privatisierung der drei Teilsondervermögen erforderten eine Übergangsregelung.[193] Nach dem von der Bundesregierung übernommenen Entwurf der interfraktionellen Verhandlungskommission war mit der Streichung des Wortes "Bundespost" aus dem Kompetenzkatalog des Art. 87 GG a. F. und mit der Aufnahme des Art. 87 f GG als neue Kompetenznorm die Niederlegung der Privatisierung in der Verfassung erforderlich, um die Bundespost aus staatlicher Hand entlassen zu können.

Abs. 1 Satz 1 des Art. 143 b GG stellt nunmehr klar, daß allein die Verfassung selbst über das "Ob" einer Privatisierung entscheidet, während es dem einfachen Gesetzgeber vorbehalten bleiben soll (Abs. 1 Satz 2), die nähere Ausgestaltung zu konkretisieren und damit das "Wie" einer Privatisierung festzulegen. Die Privatisierung im Postwesen wird so in der Verfassung niedergelegt. In Art. 143 b Abs. 2 GG werden die zunächst weiterhin bestehenden Dienstleistungsmonopole ebenfalls auf eine grundgesetzliche Grundlage gestellt.[194] Mit der Festschreibung der Privatisierung in der Verfassung enthält diese jetzt einen Auftrag an den Gesetzgeber, die dem Grundgesetz entsprechenden einfachgesetzlichen Rechtsgrundlagen für die Umwandlung und damit Privatisierung zu schaffen.[195]

Die Einfügung des Art. 143 b Abs. 2 GG, und damit die verfassungsrechtliche Verankerung der Monopolrechte der drei Unternehmen soll als Klarstellung dienen, um einer Auseinandersetzung mit den Wettbewerbern begegnen zu können.[196] Denn die bestehenden Ausschließlichkeitsrechte waren vor ihrer verfassungsrechtlichen Manifestierung nicht unumstritten gewesen. Vielfach war den

---

193 BT-Drs. 12/7269, S. 5; Stern/Bauer, a. a. O., Teil C, Art. 143 b GG, Rn. 1.

194 BT-Drs. 12/7269, S. 5; Stern/Bauer, a. a. O., Teil C, Art. 143 b GG, Rn. 1, 3.

195 Stern/Bauer, a. a. O., Teil C, Art. 143 b GG, Rn. 3. Zur beamtenrechtlichen Problematik, die hier weitestgehend ausgespart wird, siehe Benz, Die verfassungsrechtliche Zulässigkeit; ders., DÖV 1995, 679 f.

196 BT-Drs. 12/7269, S. 9.

Monopolrechten gerade aus verfassungsrechtlichen Gründen entgegengetreten worden.[197] Da nunmehr dem Wettbewerb im Postwesen ein Vorrang eingeräumt werden sollte, bedurften die Monopolrechte um so mehr einer verfassungsrechtlichen Garantie. Ohne diese Verfassungsnorm wären diese nämlich wegen der geforderten Privatisierung per se verfassungswidrig geworden. Die Einrichtung und Aufrechterhaltung von Ausschließlichkeitsrechten, die auch bisher bestanden hatten, um die aber hinsichtlich der verfassungsrechtlichen Verankerung und Zulässigkeit eine heftige Kontroverse stattgefunden hatte,[198] soll jetzt eindeutig dem Verfassungsgesetzgeber vorbehalten bleiben. Die nähere Ausgestaltung hingegen liegt beim einfachen Gesetzgeber. In dieser Hinsicht sieht man es als Aufgabe der Verfassung an, jetzt eine mit Art. 143 b Abs. 2 GG eindeutige Aussage zu treffen.[199]

II. Die Regelung des Art. 143 b Abs. 2 GG - Fortbestehen des Beförderungsvorbehaltes

Art. 143 b Abs. 2 GG enthält hinsichtlich der befristet fortbestehenden Monopolrechte eine Übergangsregelung, durch die der Bundesgesetzgeber die Möglichkeit erhält, den Nachfolgeunternehmen bestimmte ausschließliche Rechte zu verleihen, sofern diese bereits vor der Umwandlung zugunsten der Deutschen Bundespost bestanden haben. Mit Art. 143 b Abs. 2 Satz 1 GG wurden damit in der Verfassung die den Nachfolgeunternehmen verbliebenen Ausschließlichkeitsrechte nun erstmals kurz vor ihrer Auflösung doch noch erwähnt.[200] Da jedoch die Länge der Übergangszeit verfassungsrechtlich nicht definiert ist, ist es möglich, die Ausschließlichkeitsrechte über den 01.01.2003 hinaus zu verlängern, wenn und soweit auch das Recht der Europäischen Union diese Möglichkeit zuläßt.[201] Insoweit sind durch die Postdiensterichtlinie 97/67/EG vom 15.12.1997 und die Verlängerung der Exklusivlizens bis zum 31.12.2007 durch das Erste Gesetz zur Änderung des Postgesetzes vom 02.09.2001 weitere Regelungen getroffen worden.[202]

Art. 143 b Abs. 2 Satz 1 GG erklärt nur die Verleihung der bis zur Postreform II bereits bestehenden Ausschließlichkeitsrechte für zulässig. Ausgeschlos-

---

197 Vgl. dazu unten 3. Teil, A. und B.

198 Vgl. dazu unten 3. Teil, A. und B.

199 BT-Drs. 12/7269, S. 9.

200 Nach § 32 PostG a. F. traten diese Rechte aber zum 31.12.1997 außer Kraft.

201 Knauth/Husch, ArchPT 1997, 5 (10); Fangmann/Lörcher, Telekommunikations- und Postrecht, Art. 143 b, Rn. 5: Danach kann diese Option insbesondere im Postrecht relevant werden.

202 ABl. EG Nr. L 15 vom 21.01.1998, S. 14 ff; BGBl. I 2001, S. 2271.

sen ist damit eine Erweiterung der bestehenden Monopolrechte, was sich aus dem Sinn und Zweck der Postreform, deren vornehmliches Ziel die völlige Liberalisierung der bestehenden Ausschließlichkeitsrechte ist, ergibt.[203] Die gesetzliche Verleihung des Beförderungsvorbehalts an die Deutsche Post AG bezieht sich deshalb auf den Inhalt, den dieser bereits im Jahre 1994 hatte.[204]

Wichtig für die Privatisierung ist damit folgende Erkenntnis: Alle Dienstleistungen im Postwesen, soweit sie nicht von den Monopolrechten erfaßt werden, stehen im Wettbewerb. Dies gilt insbesondere für den lukrativen Bereich des Paketdienstes.[205]

Auch mit der Postreform II hat sich der Beförderungsvorbehalt zunächst nur in der Weise geändert, daß eine schrittweise Öffnung gegenüber dem Wettbewerb erfolgen kann. Die Ausschließlichkeitsrechte dienen weiterhin der Aufrechterhaltung der Grundversorgung mit Postdienstleistungen.[206] Inhaltlich ist der Umfang des Beförderungsvorbehaltes der Deutschen Post AG mit der Rechtsprechung des Bundesverwaltungsgerichts[207] auf das Errichten und Betreiben von Einrichtungen zur entgeltlichen Beförderung von schriftlichen Mitteilungen oder sonstigen Nachrichten von Person zu Person zu beschreiben, wobei unter Beförderung nach Art. 143 b Abs. 2 GG das Einsammeln, das Weiterleiten und das Ausliefern der Sendungen an den Empfänger verstanden wird. Diese Darstellung entspricht der bereits vor der Postreform II geltenden Rechtslage, wonach der Beförderungsvorbehalt nur gegenüber Einrichtungen geltend gemacht werden kann, die Sendungen Dritter gegen ein von diesen gezahltes Entgelt befördern und nur für Leistungen, die von der Deutschen Post AG selbst angeboten werden. Der Beförderungsvorbehalt bewirkt damit den Schutz vor Konkurrenz.[208] Er umfaßt jetzt nicht mehr unentgeltliche Beförderungen, Eigenbeförderungen, auch wenn ein Entgelt gezahlt wird, das Einsammeln von Sendungen beim Absender, Sendungen, die nicht von Person zu Person gehen, als da sind nicht adressierte Sendungen wie Postwurfsendungen, Sendungen über 1 kg Ge-

203 BT-Drs. 12/8060, S.181; BT-Drs. 12/6718; Stern/Bauer, a. a. O., Teil C, Art. 143 b, Rn. 6; Knauth/Husch, a. a. O., 5 (14 f); Fangmann/Lörcher, Telekommunikations- und Postrecht, Art. 143 b, Rn. 7; Nach BT-Drs. 12/8060, S.181; BT-Drs. 12/6718 sollten die bestehenden Ausschließlichkeitsrechte nicht verändert, sondern in dem bisherigen, materiellen, durch Verwaltungsvorschriften festgelegten Rahmen dem Nachfolgeunternehmen verliehen werden.

204 Fangmann/Lörcher, Telekommunikations- und Postrecht, Art. 143 b, Rn. 10.

205 Stern/Bauer, a. a. O., Teil C, Art. 87, Rn. 62.

206 Everling, a. a. O., 22 (23).

207 BVerwGE 67, 110 (163).

208 BVerwGE 67, 110 (163); Everling, a. a. O., 22 (23). Darin zeigt sich auch die Einschränkung des Postzwanges, der ein Einschreiten gegenüber den Benutzern der postähnlichen Konkurrenzeinrichtungen nicht mehr gestattet.

wicht, weil nur insoweit gleichwertiger Briefdienst angeboten wird, und Sendungen mit mehr als der zehnfachen Gebühr für einen gewöhnlichen Brief.[209]

III. Der Umwandlungsauftrag des Art. 143 b Abs. 1 Satz 1 GG i. V. m. Art. 87 f Abs. 2 Satz 1 GG

Das bisherige Sondervermögen Deutsche Bundespost, das als Sondervermögen von der Wirtschafts- und Rechnungsführung des übrigen Bundesvermögens getrennt zu halten war und seit dem Jahre 1989 aus drei Teilsondervermögen bestand, wurde mit der Postreform II in drei Aktiengesellschaften umgewandelt.

Art. 143 b Abs. 1 Satz 1 GG in Verbindung mit Art. 87 f Abs. 2 Satz 1 GG erhalten in der Form des Umwandlungsauftrages den Charakter einer Verfassungsauftragsnorm und stellen das Kernstück der Postreform II dar. In Art. 143 b Abs. 1 Satz 1 GG wird der Gesetzgeber verpflichtet, die Umwandlung des Sondervermögens Deutsche Bundespost in Unternehmen privater Rechtsform zu vollziehen. Zumindest eine abschließende Entscheidung hinsichtlich des "Ob" einer Umwandlung ist getroffen.[210] Als Auftrag an den Gesetzgeber können die grundgesetzlichen Normen deshalb angesehen werden, da das "Wie" der Umwandlung dem einfachen Gesetzgeber vorbehalten bleibt und damit ein weiteres Tätigwerden erfordert.

1. Die einfachgesetzliche Umsetzung[211]

Mit dem Erlaß des Gesetzes zur Umwandlung der Deutschen Bundespost (Art. 3 PTNeuOG vom 14.09.1994)[212] hat der Gesetzgeber von seiner Gesetzgebungskompetenz aus Art. 143 b Abs. 1 Satz 2 GG Gebrauch gemacht und Normen geschaffen, die sich im wesentlichen auf die Regelung des Vermögensüberganges vom Sondervermögen auf die Aktiengesellschaften beziehen.[213] Dieses Gesetz

---

209 Everling, a. a. O., 22 (24): Massesendungen unterfallen danach nicht mehr alle allgemein dem Beförderungsvorbehalt.

210 Stern, ArchPT 1996, 148 (150); Stern/Bauer, a. a. O., Teil C, Art 143 b, Rn. 19; Fangmann/Lörcher, Telekommunikations- und Postrecht, PostUmwG, Einleitung, S. 123. Mit dem Umwandlungsauftrag ist der Regelungsgehalt der Vorschrift auch bereits erschöpft. Gramlich, NJW 1994, 2285 (2788); Schmidt-Bleibtreu/Klein, GG, Art. 143 b Rn. 2.

211 Dazu Burmeister/Röger, in: Stern (Hrsg.): Postrecht der Bundesrepublik Deutschland, Teil F.

212 BGBl. I 1994, S. 2325 (2339).

213 Stern/Bauer, a. a. O., Teil C, Art. 87 f, Rn. 42; Fangmann/Lörcher, Post-UmwG, § 1 Rn. 1. Zur Problematik des Schuldübergangs und der Haftung siehe Kirchhof, NVwZ 1994, 1041 ff.

behandelt ausschließlich den formalen Errichtungsakt, trifft hingegen keine Aussagen zu Infrastrukturzielen und zu deren Durchsetzung. Es hat Bedeutung für den Übergang zur Rechtsform der Aktiengesellschaft und sieht einige Abweichungen zum Aktiengesetz vor.[214] Mit § 1 Abs. 1 Post- UmwG hat sich der Gesetzgeber für die Rechtsform der Aktiengesellschaft entschieden.

2. Gründung der Gesellschaften

Gemäß § 1 Abs. 3 PostUmwG vollzieht sich die Gründung der Aktiengesellschaften, soweit dieses Gesetz keine entgegenstehenden Vorschriften enthält, nach Maßgabe der Vorschriften des Ersten und Zweiten Teils des Ersten Buchs des Aktiengesetzes. Die Gründung beginnt demnach mit der Feststellung der Satzungen, der Errichtung der Aktiengesellschaft durch Übernahme aller Aktien durch die Gründer, der Anmeldung zum Handelsregister, der gerichtlichen Prüfung der Errichtung und der Anmeldung und setzt sich fort durch die Eintragung ins Handelsregister, wodurch die Aktiengesellschaft von der Vorgesellschaft zur juristischen Person wird. Schließlich wird die Eintragung bekanntgemacht und die Aktien werden ausgegeben.[215]

---

214 BT-Drs. 12/6718, S. 81; Fangmann/Lörcher, Telekommunikations- und Postrecht, PostUmwG, Einleitung, S. 123 (siehe dort im Anhang den Abdruck der Satzungen); Gramlich, NJW 1994, 2785 (2789).

215 Fangmann/Lörcher, Telekommunikations- und Postrecht, PostUmwG, § 1 Rn. 3; Büchner, DZWir 1995, 120 (122); vgl. zur Gründung §§ 29, 38, 41 Abs. 1 AktG. Entgegen § 28 AktG waren hier die Satzungen nicht von den Gründungsaktionären aufzustellen. Bei der Postreform II handelt es sich um die Umwandlung bestehender öffentlicher Unternehmen und um eine Neugründung durch ein Bundesgesetz, so daß die Erstsatzungen als Teil des Postumwandlungsgesetzes vom Gesetzgeber geschaffen werden mußten. Fangmann/Lörcher, Telekommunikations- und Postrecht, PostUmwG, Einleitung, S. 123, (siehe dort im Anhang den Abdruck der Satzungen); Gramlich, NJW 1994, 2785 (2789). Nach § 9 Abs. 1 PostUmwG werden Vorstände und Aufsichtsräte nach den Vorschriften des Aktiengesetzes gebildet. Welche Rechte und Mitwirkungsmöglichkeiten bei einer privatrechtlichen Gesellschaft bestehen, ergibt sich einerseits aus den gesetzlichen Regelungen in Aktien- und GmbH-Gesetz, andererseits aus den besonderen Vereinbarungen im Gesellschaftsvertrag bzw. der Satzung der Gesellschaft. Eine bei jeder Gesellschaftsform bestehende Möglichkeit ist die, daß die Aufgabe einer flächendeckenden, erschwinglichen, die Bedürfnisse von Privaten und der Wirtschaft befriedigenden Versorgung durch den Gesellschaftsvertrag zum Gegenstand des Unternehmens erhoben wird. Dadurch werden alle Gesellschaftsorgane verpflichtet, diesen Zweck auch dann zu wahren, wenn er zu den Erwerbsinteressen der Gesellschaft im Einzelfall in Widerspruch steht. Mayer, a. a. O., S. 152; Püttner, Die öffentlichen Unternehmen, S. 235. Das Aktienrecht sieht für jede Aktiengesellschaft drei Organe vor, den Vorstand als Leitungsorgan, die Hauptversammlung und den Aufsichtsrat als Kon-

IV. Dienstleistungen in privatwirtschaftlicher Tätigkeit

Für die Privatisierung der drei Teilsondervermögen ist die in Art. 87 f Abs. 2 GG getroffene Unterscheidung von hoheitlichen Aufgaben und von als privatwirtschaftliche Tätigkeiten zu erbringenden Dienstleistungen konstitutiv. Art. 87 f Abs. 2 Satz 1 GG weist die Erbringung der Dienstleistungen ausschließlich den aus dem Sondervermögen Deutsche Bundespost hervorgegangenen Unternehmen und anderen privaten Anbietern zu. Damit werden weite Bereiche des Postwesens und der Telekommunikation aus der unmittelbaren staatlichen Verwaltung entlassen und das Gebot der Verselbständigung in privatrechtlicher Rechtsform hin zur Schaffung wettbewerbsgleicher Bedingungen ausgesprochen.[216] In Veränderung der bisherigen Rechtslage werden die bis dahin als betrieblich-unternehmerische Aufgaben nach § 1 Abs. 1 Satz 3, Abs. 2 PostVerfG in Verwaltungsformen geführten Aufgaben nunmehr aus dem staatlichen Bereich und der Verwaltung ausgegliedert und die Ansätze der Postreform I fortgeschrieben.[217] Die hoheitlichen Aufgaben werden nach wie vor in bundeseigener Verwaltung wahrgenommen.

1. Bedeutung der Trennung der Aufgabenbereiche

Die bisher als betrieblich-unternehmerisch bezeichneten Aufgaben werden mit dem 41. Grundgesetzänderungsgesetz zu Dienstleistungen als "privatwirtschaftliche Tätigkeiten". Mit dieser Bezeichnung und der Erwähnung der anderen "privaten Anbieter" in Art. 87 f Abs. 2 Satz 1 ergibt sich die Gleichberechtigung zwischen den Nachfolgeunternehmen und den anderen Anbietern in Bezug auf die Teilnahme am Wettbewerb.[218] Wenn damit eine Gleichstellung von verfassungswegen zwar bereits angelegt ist, so wird diese doch erst endgültig mit der Aufgabe der noch bestehenden Ausschließlichkeitsrechte erreicht werden können.[219]

---

trollorgane (§§ 76, 95 118 ff AktG). Fangmann/Lörcher, Telekommunikations- und Postrecht, PostUmwG, § 9 Rn. 1 ff: Siehe dort zu den einzelnen Aufgaben der Organe. Abweichend von § 23 AktG wurden mit dem PostUmwG und den Satzungen bereits die wesentlichen Gründungsschritte unternommen, wobei die Anmeldung zum Handelsregister nach § 15 Abs. 2 PostUmwG vom Bundesminister für Post und Telekommunikation vorgenommen werden sollte.

216 Stern/Bauer, a. a. O., Teil C, Art. 87 f, Rn. 18; Fangmann/Lörcher, Telekommunikations- und Postrecht, Teil 1, Art. 87 f, Rn. 6.

217 BT-Drs. 12/7269, S. 5; Stern/Bauer, a. a. O., Teil C, Art. 87 f, Rn. 46.

218 Ossenbühl, a. a. O., S. 21; Stern, ArchPT 1996, 148 (150); Stern/Bauer, a. a. O., Teil C, Art. 87 f, Rn. 48.

219 BT-Drs. 12/7269, S. 1, 5; Gramlich, NJW 1994, 2785 (2787).

Mit der Trennung der privatwirtschaftlichen Tätigkeiten von den Hoheitsaufgaben wird dem Staat jede Möglichkeit genommen, Dienstleistungen selbst zu erbringen. Als negative Kompetenzschranke sind die staatlichen Kompetenzen auf die nach Art. 87 f Abs. 2 Satz 2 GG und die nach Art. 87 f Abs. 3 GG festgeschriebenen möglichen Aufgaben beschränkt. Eine Wahrnehmung von postalischen Dienstleistungen in mittelbarer Staatsverwaltung mit dem damit einhergehenden bezweckten oder unbeabsichtigten Eingriff in den Wettbewerb ist dem Staat versagt. Auch die gemäß Art. 87 f Abs. 3 GG zu errichtende Bundesanstalt ist ausschließlich auf die Wahrnehmung der ihr zugewiesenen Hoheitsaufgaben beschränkt. Die verfassungsrechtlichen Vorgaben bedeuten deshalb gleichzeitig eine Wiederverstaatlichungssperre, die nur mittels einer neuen Verfassungsänderung aufgehoben werden könnte. Geschützt werden sowohl die Organisationsform der Dienstleistungsunternehmen als auch die Handlungsform.[220] Mit der verfassungsrechtlichen Festlegung der Handlungsform wird das für die Verwaltung bestehende Wahlrecht zwischen öffentlich-rechtlicher und privatrechtlicher Handlungsform für Dienstleistungen im Postwesen mit den Verfassungsnormen des Art. 87 f GG und 143 b GG aufgehoben.[221]

---

220 Stern/Bauer, a. a. O., Teil C, Art. 87 f, Rn. 50; Rottmann, a. a. O., 193 (194): Auch die Länder sind an diese Kompetenzschranke gebunden. Ihnen ist es auch unter Berufung auf Art. 83 GG wegen des Vorranges einer bundesgesetzlichen Regelung nach Art. 31 GG versagt, auf dem Gebiet der postalischen und Telekommunikationsdienstleistungen tätig zu werden.

221 Stern/Bauer, a. a. O., Teil C, Art. 87 f, Rn. 51; Gramlich, NJW 1994, 2785 (2787): Die Unternehmen werden in einen gesellschaftsrechtlichen Status übergeleitet. Dem entspricht die Unterwerfung unter die markt- und betriebswirtschaftlichen Grundsätze, die nur volle Geltung entfalten können, wenn den Grundsätzen des Verwaltungshandelns jede Geltung versagt wird. Insbesondere im Vergleich mit § 37 PostVerfG zeigt sich die nunmehr geänderte rechtliche und tatsächliche Situation. Schrieb diese Norm bisher die Grundsätze der Wirtschaftsführung durch Erträge, die Erwirtschaftung angemessener Gewinne fest, so können die Unternehmen im freien Wettbewerb nunmehr eine Gewinnmaximierung anstreben, soweit nicht Regulierungsmaßnahmen eine andere Vorgehensweise vorschreiben. Mit der Aufgabe des Erfordernisses der "angemessenen" Gewinne wird die Unterwerfung unter die Marktmechanismen deutlich gemacht. Die öffentlich-rechtlichen Bindungen, die derartige Beschränkungen hinsichtlich der Gewinnerzielung vorgaben, entfallen nunmehr.

2. Arten der Dienstleistungen im Postwesen

Das Bundesverfassungsgericht[222] betont die Bedeutung der historisch[223] funktionalen Begriffsbestimmung des Postwesens. Zu diesen herkömmlichen Dienstzweigen zählen Brief-, Paket-, Postanweisungs-, Postauftrags-, Postzeitungsdienst, die Postbankdienste und der Postreisedienst.[224] Somit befaßt sich das Postwesen in seinem Kernbereich mit der Übermittlung von schriftlichen Nachrichten, der Beförderung von Kleingut einschließlich Geld und der Beförderung von Personen. Wesenstypisch ist dabei der Transport- und Übermittlungseffekt,[225] wie sie in § 1 Abs. 2 PostG von 1969, nun § 4 PostG von 1997 festgeschrieben worden waren und sind.[226] Nach § 4 Nr. 1 PostG von 1997 sind "Postdienstleistungen die Beförderung von Briefsendungen, die Beförderung von adressieren Paketen, deren Einzelgewicht 20 Kilogramm nicht übersteigt oder die Beförderung von Büchern, Katalogen, Zeitungen oder Zeitschriften, soweit sie durch Unternehmen erfolgt, die Postdienstleistungen nach Buchstabe a oder b erbringen." Nach dem allgemeinen Sprachgebrauch erfaßt der Begriff Post alle von der Post geleisteten Dienste, wie sie vom Grundgesetz vorgefunden wurden mit Ausnahme des Fernmeldewesens, wobei wiederum zwischen Diensten, die unmittelbar der Nachrichtenübermittlung zugerechnet werden und anderen Leistungen unterschieden werden kann.[227]

---

222 BVerfGE 12, 205 (226) - 1. Fernsehurteil von 1961.

223 Wie bereits in dem historischen Abriß zu Beginn dargestellt, umfaßt das Postwesen nur solche Einrichtungen und Tätigkeiten, die dem Transport und der Übermittlung von Nachrichten, Gütern und Personen dienen. Seit der Bildung der "Reichs-Post- und Telegraphenverwaltung" im Jahre 1875 gehörte neben dem Postwesen nunmehr auch die Telegraphie zur Post. 1927 wurde dieses Gebiet umfassender als "Fernmeldewesen" bezeichnet. 1880 wurden beide Bereiche, Post und Telegraphie, in der Institution des Reichspostamtes zusammengefaßt, die die Vorläuferin der Reichspostverwaltung unter dem Reichspostministerium nach der Verfassung von 1919 bildete. Im Jahre 1924 kam es mit dem Reichspostfinanzgesetz unter der Bezeichnung "Deutsche Reichspost" zu einer grundlegenden Veränderung der Organisationsstruktur, nicht aber des Aufgabenbereichs. MDHS-Lerche, a. a. O., Art. 87 Rn. 98; Mayer, a. a. O., S. 15.

224 BVerfGE 12, 205 (226); MDHS-Lerche, a. a. O., Art. 87, Rn. 101. Zum PostG von 1994 vgl. Stober/Moelle/Müller-Dehn, in: Stern (Hrsg.): Postrecht der Bundesrepublik Deutschland, Teil H, § 1, Rn. 12 f.

225 Schmidt, in FS für Lerche, S. 965 (968); Feigenbutz, a. a. O., S. 62, 63, 66; Scherer, ArchPT 1992, 5 (9); Herrmann, a. a. O., S. 57 f zu den einzelnen Diensten.

226 BGBl. I 1997, S. 3294.

227 BVerfGE 12, 204 (226); BVerwGE 28, 36 (45); MDHS-Lerche, a. a. O., Art. 87 Rn. 101; Ossenbühl, a. a. O., S. 42 f. Zweifelhaft bleibt, ob wie noch nach dem PostG von 1969, Postgiro-, Postsparkassen- und Postanweisungsdienst also die traditionellen Aufgaben der Geldübermittlung und damit das Bankwesen in seiner

3. Zukunftsoffenheit des Begriffes "privatwirtschaftliche Tätigkeiten"

Mit dem verfassungsrechtlichen Gebot der Aufgabenprivatisierung geht auch die Offenheit des Begriffes privatrechtliche Tätigkeiten einher. Die Verfassung selbst enthält keine Aussagen darüber, um welche Dienstleistungen es sich im Bereich des Postwesens handelt. Während der Begriff der Hoheitsaufgaben in der Begründung des Änderungsgesetzes einen Niederschlag gefunden hat, bleibt die Begriffskonkretisierung im Bereich der Dienstleistungen dem Gesetzgeber überlassen. Um die verfassungsrechtlichen Vorgaben nicht leerlaufen zu lassen, läßt sich den Verfassungsbestimmungen aber eine gewisse Zukunftsoffenheit hinsichtlich bisher noch nicht bekannter Dienstleistungen entnehmen.[228]

Während bei Art. 87 a.F. die Kompetenz des Bundes nicht auf herkömmliche Dienstleistungen beschränkt bleiben sollte, um die Kompetenz nicht mit neuen technischen Entwicklungen, die nicht darunter fielen, auszuhöhlen, ist bei Art. 87 f GG unter umgekehrten Vorzeichen, nämlich aus der Sicht der privaten Anbieter und Nachfolgeunternehmen, keine ins Detail gehende Regelung getroffen worden. Um den Unternehmen einen möglichst weiten Handlungsspielraum zu gewährleisten, bedarf es unter dem Aspekt der technischen und marktwirtschaftlichen Entwicklung einer ständigen Neubestimmung des Begriffes der privatwirtschaftlichen Tätigkeit. Damit auch die Verfassungsnorm diesen Vorstellungen entspricht, wurde sie vom Wortlaut her weit und abstrakt gefaßt und enthält keine Aufzählung von einzelnen Dienstleistungen.[229]

---

heutigen Form auch zum Kernbereich des Postwesens zählen. Dazu Feigenbutz, a. a. O., S. 73 f; Schmidt, in FS für Lerche S. 965 (969): Danach fallen die Bankgeschäfte nicht unter die wesensprägende Funktion der Bundespost. Die Wahrnehmung dieser atypischen Funktionen bedürfen danach einer besonderen Legitimation. Zu diesem Bereich vergleiche ebenfalls, Lerche/v. Pestalozza, a. a. O., S. 58; MDHS-Lerche, a. a. O., Art. 87, Rn. 101, 103: Vom Grundgesetz vorgefundene aber an sich untypische Dienste und nur aus der Aufgabe zur Geldübermittlung zu erklären sind der 1914 eingeführte Postscheckdienst und der Postsparkassendienst von 1938. Lerche differenziert in Anlehnung an BVerwGE 28, 36 (46) zwischen nichttypischen und typischen Dienstleistungen des Postwesens. Lerche greift auf diese Begriffe auch im Zusammenhang mit der Klärung der Zukunftsoffenheit des Postwesens zurück. Auch wenn man die Zukunftsoffenheit der Bundespost anerkennt (s.u.), so stellt sich die Frage weiter, inwieweit Postbankdienste erfaßt werden. Bei einer Beschränkung von allein funktionsnotwendigen Erweiterungen findet eine rigide Einschränkung statt, die jedenfalls auf Dauer betrachtet, die Erbringung von Bankdienstleistungen gefährden könnte. Ossenbühl, a. a. O., S. 65 f, 145; Steiner, HdbStR III S. 1118.

228 BVerfGE 46, 12 f - Direktrufentscheidung.

229 Stern/Bauer, a. a. O., Teil C, Art. 87 f, Rn. 56; Rottmann, a. a. O., 193 (194); Scherer, CR 1994, 418 (420); Lerche/v. Pestalozza, a. a. O., S. 36 f.

4. Differenzierung zwischen freiwilligen Leistungen und Pflichtleistungen

Mit der Unterscheidung zwischen Pflichtleistungen und freiwilligen Leistungen im Zuge der Postreform II wurde den Anforderungen der Nutzer an eine Versorgung mit als unerläßlich angesehenen Leistungen Rechnung getragen und zugleich ein Feld der staatlichen Regulierung im Sinne einer Grundversorgung geschaffen. Nach § 8 PTRegG wurden die Pflichtleistungen durch eine Rechtsverordnung von der Bundesregierung bestimmt. Bereits im Jahre 1994 wurde aufgrund § 25 Abs. 2 PostVerfG,[230] des Vorgängers von § 8 PTRegG, mit einer solchen Rechtsverordnung, die Pflichtleistungen der Deutschen Bundespost POSTDIENST betreffend, eine Regelung getroffen.[231]

Nach § 1 Abs. 1 Satz 1 PPflV hatte "die Deutsche Bundespost POSTDIENST das Befördern von Kleingütern im Sinne des § 2 als eine im öffentlichen Interesse liegende Infrastrukturdienstleistung zu erbringen." Diese Verpflichtung bezog sich nach § 2 PPflV auf Kleingüter "bis zum Gewicht von 20 kg und bis zu den Höchstmaßen von 120 cm in der Länge, 60 cm in der Breite und 60 cm in der Höhe."

Dieser knappen Aufzählung ist zu entnehmen, daß es bereits im Jahr 1994 nur um die Bereitstellung einer Grundversorgung ging. Außer Betracht blieben die Anpassung an die moderne technische Entwicklung und die parallel dazu wachsenden Bedürfnisse der Abnehmer dieser Dienstleistungen.

Die Festlegung von Pflichtleistungen stellte das Korrelat zum Infrastrukturgewährleistungsauftrag dar. Die Verpflichtung war ausschließlich an die Nachfolgeunternehmen der Deutschen Bundespost gerichtet. Wettbewerbern mußten diese Pflichtleistungen im Wege von Auflagen bei der Lizensierung im Monopolbereich auferlegt werden, so daß durch die zur Verfügung gestellten Regulierungsinstrumentarien ein Universaldienst sichergestellt war.

V. Ergebnis

Mit Art. 143 b GG ist eine Regelung geschaffen worden, die den Übergang des Postwesens in den privaten Sektor umfassend vorbereitet. Diese nur als Übergangsregelung konzipierte Norm ist stets im Kontext mit Art. 87 f GG zu sehen. Dem Staat ist es durch die Verfassung verwehrt, selbst auf dem Markt als Anbieter von Postdienstleistungen tätig zu werden. Der freie Wettbewerb ist das Ziel, auch wenn dieser sich noch zahlreichen Beschränkungen unterwerfen muß. Diese ergeben sich zunächst aus den mit jeder grundlegenden Reform einherge-

230 BGBl I 1989, S. 1026.
231 BGBl. I 1994, S. 86; BGBl. I 1992, S. 1614.

henden Übergangsproblemen. Aber auch der Infrastrukturgewährleistungsauftrag läßt zahlreiche neue Bindungen entstehen, die nach wie vor Maßnahmen des Gesetzgebers erfordern werden. Bezeichnend ist jedoch, daß dem Streit um die verfassungsrechtliche Zulässigkeit gerade zu einem Zeitpunkt ein Ende bereitet worden ist, zu dem die Monopolrechte der Post der Auflösung unterworfen sind. Art. 143 b Abs. 2 GG hat deren Existenz grundsätzlich anerkannt und erklärt deren Bestehenbleiben für eine gewissen Übergangszeit für zulässig, ohne jedoch konkrete Aussagen zur Länge dieser Übergangszeit zu treffen. Mit Art. 143 b Abs. 1 Satz 1 GG hat der Verfassungsgesetzgeber darüber hinaus dem einfachen Gesetzgeber den Auftrag erteilt, die drei Sondervermögen in Aktiengesellschaften umzuwandeln. Daneben ist mit Art. 87 f Abs. 2 Satz 1 GG die Trennung von hoheitlichen und unternehmerischen Aufgaben durch die Verfassung bestimmt und damit der Privatisierung der Weg bereitet worden.

E. Inhalt der Monopolrechte im Postdienst nach dem neuen Postgesetz von 1997[232] - Postreform III

Nach einem Hearing im März des Jahres 1995 im Bundesministerium für Post und Telekommunikation legte das Ministerium am 16.06.1995 Eckpunkte für den künftigen Regulierungsrahmen im Postsektor vor.[233] Am 08.05.1996 wurde der Entwurf für ein neues Postgesetz vorgelegt.[234] Mit dem Erlaß des Postgesetzes vom 22.12.1997 fanden die Reformbemühungen im Postwesen ihren vorläufigen Abschluß. Ein neuer ordnungspolitischer Rahmen wurde geschaffen. Das Postgesetz sieht eine schrittweise Marktöffnung des Postwesens vor.

Nach § 51 PostG wird der Deutschen Post AG eine sog. Exklusivlizenz erteilt. Die Begrifflichkeit hat sich an das vom Postgesetz verwendete Vokabular und dessen Regelungsinstrumentarien sowie die wettbewerbsrechtliche Terminologie angepaßt. Aus dem Beförderungsvorbehalt ist die Exklusivlizenz geworden. Der Monopolbereich ist in einen Lizenzbereich umgewandelt worden. So wird deutlich gemacht, daß der Deutschen Post AG die gleiche rechtliche Stellung wie anderen Anbietern von Postdienstleistungen zukommt. Nur für die

---

232 Postgesetz vom 22. Dezember 1997, BGBl. I 1997, S. 3294.

233 Bundesministerium für Post und Telekommunikation: Eckpunkte eines künftigen Regulierungsrahmens im Postsektor, Amtsbl. des Bundesministeriums für Post und Telekommunikation vom 16.06.1995, Vfg. 130/1995; Knauth/Husch, a. a. O., 5 (11).

234 Bundesministerium für Post und Telekommunikation: Entwurf für ein neues Postgesetz (PostG), Stand: 25.09.1996; Knauth/Husch, a. a. O., 5 (11).

mit dem Ersten Änderungsgesetz zum Postgesetz vom 02.09.2001[235] bis zum 31.12.2007 verlängerte[236] Übergangszeit wird ihr mit der kraft Gesetzes verliehenen Lizenz eine gewisse Sonderstellung eingeräumt.

Vom im Monopol bzw. in der Exklusivlizenz verbliebenen Bereich ist der Universaldienst zu unterscheiden. Dieser ist in § 11 PostG geregelt. Der Universaldienst soll nach der Legaldefinition in § 2 Abs. 2 Nr. 3 PostG eine flächendeckende Grundversorgung mit Postdienstleistungen zu erschwinglichen Preisen sicherstellen, kurz nach § 11 Abs. 1 PostG ein Mindestangebot an Postdienstleistungen. Der Universaldienst gewinnt im lizenzierten Bereich nach §§ 11 Abs. 2, 5 Abs. 1 PostG an Bedeutung. Damit ist ab dem Einzelgewicht von Briefsendungen bis 2000 Gramm und Paketen bis 20 Kilogramm gemäß § 1 Abs. 1 Nr. 1 und 2 PUDLV[237] eine Grundversorgung gewährleistet. Universaldienstleistungen sind nicht zwingend gleichbedeutend mit den Leistungen, die auch unter die Exklusivlizenz fallen. Je nach Fortschreiten der Entwicklung kann die Exklusivlizenz mehr oder weniger Leistungen umfassen, die auch Universaldienstleistungen sind. Die Exklusivlizenz ist nur vorübergehend, die Universaldienstleistungen werden auch über das Bestehen der Exklusivlizenz hinaus erbracht werden müssen. Zu der Erbringung von Universaldienstleistungen können jedoch nur die Lizenznehmer und während der Dauer der Exklusivlizenz allein die Deutsche Post AG gemäß § 52 PostG a. F. verpflichtet werden. Mit dem Zweiten Änderungsgesetz zum Postgesetz vom 30.01.2002[238] hat der Gesetzgeber von der in § 52 PostG a. F. enthaltenen Ermächtigung Gebrauch gemacht.

Nunmehr ist die Deutsche Post AG gemäß § 52 PostG n. F. unmittelbar verpflichtet worden, die Universaldienstleistungen zu erbringen.

Nicht vom Postgesetz geregelt ist der Bereich der sog. freien Leistungen. Welche Dienstleistungen darunter fallen, ist in Abgrenzung zu der in § 4 Nr. 1 PostG getroffenen Begriffsbestimmung festzustellen. Hier herrscht bereits Wettbewerb. Zu nennen ist hier insbesondere der Paketdienst, sofern er nicht gemäß § 1 Abs. 1 Nr. 2 PUDLV bis zu einer Gewichtsgrenze von 20 Kilogramm dem Universaldienst unterfällt.

---

235 Erstes Gesetz zur Änderung des Postgesetzes vom 02. September 2001, BGBl. I 2001, S. 2271.

236 Mit dem Postgesetz von 1997 war die Dauer der Exklusivlizenz zunächst bis zum 31.12.2002 festgelegt worden.

237 Post-Universaldienstleistungsverordnung vom 15. September 1999, BGBl. I 1999, S. 2418.

238 Zweites Gesetz zur Änderung des Postgesetzes vom 30. Januar 2002, BGBl. I 2002, S. 572.

F. Ergebnis

Das Postwesen wies seit seiner Begründung im ausgehenden 16. Jahrhundert Staatsnähe auf. Im Zuge der Reformen des Postwesens kam man immer mehr zu der Erkenntnis, daß der Staat sich auf seine Kernaufgaben zurückziehen sollte. Die Strömungen von Privatisierung und Deregulierung haben zu einer umfassenden Umstrukturierung des Postwesens geführt. Getragen war dieser Umwandlungsprozeß auch und gerade durch die Gemeinwohlverpflichtung des Postwesens. Das Bedürfnis des Menschen nach Kommunikation, das Erfordernis von Strukturverbesserungen und die Versorgung aller mit Postdienstleistungen zu erschwinglichen Preisen unabhängig von Entfernung und Aufwand erfordert, daß der Wechsel vom Staat zu Privat nicht abrupt vollzogen werden darf. Der Staat erhält in diesem als klassischen Bereich der Daseinsvorsorge begriffenen Sektor eine Gewährleistungsverantwortung. Er muß kraft Verfassung Sicherungen treffen, die zum einen eine Privatisierung und zum anderen eine Versorgung mit Universaldienstleistungen ermöglichen.

2. Teil: Postmonopol und Privatisierung

Der Begriff des Monopols ist eines der Schlagworte im Zusammenhang mit den Reformen im Postwesen. Die Ausschließlichkeitsrechte des Staates in diesem Sektor standen und stehen nach wie vor auf dem Prüfstand. Mit der Entlassung des Postwesens aus dem staatlichen Einflußbereich ist die Aufgabe der bestehenden Monopolrechte verbunden. Weder dem Staat als bisheriger Leistungserbringer noch privaten Anbietern sollte bis auf eine gewisse Übergangszeit ein Monopol gewährt werden. Die Gegenpole zum Monopol bilden Privatisierung und freier Wettbewerb. Bei der Bedeutung des Bereichs für die Wirtschaft und ein funktionierendes Staatswesen muß verhindert werden, daß private Anbieter Monopole errichten, so den Wettbewerb wiederum einschränken und die Erbringung von Universaldienstleistungen gefährdet ist.

Das Postmonopol kann auf eine lange Geschichte zurückblicken. Vom Regal wurde es zum Beförderungsvorbehalt und mit der Postreform III zur Exklusivlizenz. Nach gemeinschaftsrechtlicher Begriffsbestimmung handelt es sich um einen reservierten Bereich. An dieser unterschiedlichen Begrifflichkeit, mit der nicht zwingend eine inhaltliche Änderung des Monopols verbunden ist, zeigt sich plakativ, welchen Wandel die Postpolitik genommen hat. Er geht von der Ansicht, das Postmonopol sei aus seiner Natur heraus ureigenstes Staatshoheitsrecht bis hin zu einer wirtschaftlichen Betrachtungsweise und wettbewerbsrechtlichen Terminologie.

Im folgenden Abschnitt soll ein Überblick über die verschiedenen Sichtweisen und Einordnungen des Postmonopols, ausgehend von dem historischen Begriff des Regals, gegeben werden. Daneben wird der Frage nachgegangen, wie die Post als öffentliches Unternehmen in private Rechtsformen überführt werden kann.

A. Einordnung des Postmonopols

Das Postmonopol in seiner heutigen Ausgestaltung als Exklusivlizenz kann auf eine lange Tradition zurückblicken. Die sich ergebenden Einordnungsschwierigkeiten und kontroversen Diskussionen um seine Legitimation werden nur aus seiner historisch gewachsenen Bedeutung heraus verständlich. Daneben sind die verschiedenen Zwecke zu berücksichtigen, die mit der Aufrechterhaltung von staatlichen Ausschließlichkeitsrechten verfolgt werden.

I. Die Entstehung von Regalien

Die Entstehung von Monopolrechten im heutigen Sinne steht in Zusammenhang mit der Einführung von Regalien[239] des Staates. Aus dieser Entwicklung leitet auch das Postmonopol in seiner heutigen Ausgestaltung als Exklusivlizenz seine rechtshistorischen Wurzeln her. Etwa seit dem 12. Jahrhundert wurde das Wort Regal auch in der Rechtswissenschaft verwendet. Im Wormser Konkordat von 1122[240] fand sich dieser Begriff zum erstenmal.[241] Anläßlich des Investiturstreits wurden die den Fürsten vom Kaiser verliehenen Rechte als "regalia" bezeichnet.[242]

1. Begriff und Herkunft

Regalien wurden verstanden als Hoheitsrechte kraft Souveränität, die anfänglich nur dem König oder Kaiser, später aber auch den Ständen zustanden.[243] Andere gebrauchte Bezeichnungen waren: Monopol, Hoheiten, Gerechtsame, Majestäts-,

---

239 Sprißler, ArchPF 1991, 159 (161). Teilweise wurden die Begriffe Monopol und Regal deckungsgleich verwendet. Nach Sprißler handelt es sich bei der Unterscheidung der Begriffe nur um eine zeitbedingte Verwendung, nicht notwendig um eine inhaltliche. A. A.: Everling, ArchPT 1996, 22 (23).

240 Sprißler, a. a. O., 159 (160).

241 Badura, Das Verwaltungsmonopol, S. 43; Sprißler, a. a. O., 159 (160).

242 Allgeier, DVW 2/90, 1 (2).

243 Badura, a. a. O., S. 41; Sprißler, a. a. O., 159 (160).

Regierungs- oder Hoheitsrechte.[244] Sie bestehen entweder zur Erzielung von Staatseinnahmen oder zur Förderung des Gemeinwohls.[245] Mit der Bezeichnung Hoheit wird der finanzwirtschaftliche Unterton des Regalbegriffs vermieden. Dem Begriff kommt aber eine umfassendere Bedeutung zu als dem des Monopols. So umfaßte der Begriff der Fernmeldehoheit nicht nur die Rechte aus Art. 87 Abs. 1 Satz 1, 73 Nr. 7 GG a. F., sondern auch die Pflicht, für eine entsprechende Infrastruktur Sorge zu tragen.[246] Ursprünglich stammte das Institut des Regals aus dem Lehnsrecht und stand damit in engem Zusammenhang mit der königlichen und der territorialherrschaftlichen Gewalt.[247] Die Herrschaftsgewalt wurde personal begriffen, so daß sie neben öffentlich-rechtlichen Befugnissen Rechte umfaßte, die heute als privatrechtlich eingestuft werden. In diesem Sinn war das Wort Regal ursprünglich gleichbedeutend mit Hoheitsrecht überhaupt.[248] Der Reichstag stellte im November des Jahres 1158 einen sog. Regalienkatalog auf, der eine Kodifikation eines als gewohnheitsrechtlich angenommenen Reichsbestandes darstellte.[249]

---

244 Klaes, Die Post im Rheinland, S. 32, m. w. N.

245 Badura, a. a. O., S. 57 f, 83, 86; Sprißler, a. a. O., 159 (161).

246 Eidenmüller, DÖV 1985, 522 (524, 527); Sprißler, a. a. O., 159 (161). In der Literatur besteht nach Eidenmüller Streit um den Inhalt des Fernmeldemonopols. Nach Aubert, Fernmelderecht I, S. 88f, soll dieser allein auf die in § 1 FAG beschriebenen Rechte beschränkt sein. Nach Badura, a. a. O., S. 204 f soll sich das Fernmeldehoheitsrecht allein auf ein Verwaltungsmonopol reduzieren. Eidenmüller lehnt beide Auffassungen ab. Die Ansicht Auberts sei zu eng, weil neben Betreiben, Errichten und Nutzen auch die Organisation und Gesetzgebung, sowie der Zweck der Regelung gehörten. Die Ansicht von Badura lehnt er mit der Begründung ab, dieser lege den Inhalt des Fernmeldehoheitsrechts nicht fest und sehe es als Teil des Monopols. Eidenmüller hingegen faßt das Fernmeldemonopol als Erscheinungsform des Fernmeldehoheitsrechts auf, begreift dieses damit als Oberbegriff, das nicht nur die Alleinrechte des § 1 FAG erfaßt. Siehe auch Wiechert, JbdBP 1986, 119 (120, 131). Die Fernmeldehoheit ist danach in erster Linie das ausschließliche Recht, Fernmeldeanlagen zu errichten und zu betreiben. Dieses Alleinrecht wird als das Fernmeldemonopol bezeichnet.

247 Klaes, a. a. O., S. 32.

248 Allgeier, a. a. O., 1 (2) ordnet das Postmonopol als regalium minorum ein, während Sprißler, a. a. O., 159 (161) es als regalium maiorum ansieht. Unabhängig von der Streitfrage, ob das Postregal den regalia maiora oder minora zugeordnet werden mußte, wurde es an Privatpersonen verliehen. Zur Regalientheorie im einzelnen vgl. Badura, a. a. O., S. 52 ff.

249 Badura, a. a. O., S. 45 f.

Es wurde zwischen den "regalia maiora essentialia" und den "regalia minora accidentalia", den hohen und den niederen Regalien unterschieden. Erstere waren als Majestäts- und Hoheitsrechte notwendiger Bestandteil des Staates, letztere bezeichneten darüber hinaus erworbene, wirtschaftlichen Nutzen bringende Rechte, die nicht unbedingt staatsnotwendig waren und deswegen an Private verliehen werden konnten.[250]

Schließlich wurden unter den Begriff des Regals im wesentlichen drei verschiedene Bereiche subsumiert.[251] Auf der einen Seite stand die Begründung ausschließlicher Rechte des Staates an für das Gemeinwohl wichtigen Sachen, wie Strom-, Straßen-, Forst-, und Bergregal.[252] Unter die zweite Gruppe fiel die Verleihung eines ausschließlichen Rechts auf Aneignung bestimmter Sachen, wie beim Jagd-, Fischerei-, Strand- und Schatzregal.[253] Für den dritten hier interessierenden Bereich stand die Gewährung eines ausschließlichen Rechts zu einer bestimmten Tätigkeit, wie beispielsweise auf den Gebieten des Mühlen-, Post- und Geleitregals, im Vordergrund.[254]

Eine abschließende Einordnung des Postregals war lange umstritten.[255] Die Post läßt sich zunächst als regalia maiora einstufen, wenn man sie in den Dienst allein militärischer Interessen stellt. Berücksichtigt man aber, daß dem Postregal

---

250 Badura, a. a. O., S. 46; Sprißler, a. a. O., 159 (161). Siehe dort auch zu den sonstigen Differenzierungen. Nach Sprißler würde man diese Rechte nach heutigem Sprachgebrauch in Regalien der Gebietshoheit und in Regalien der Wirtschaftsverwaltung aufteilen.

251 Badura, a. a. O., S. 45, Allgeier, a. a. O., 1 (2); Klaes, a. a. O., S. 33.

252 Badura, a. a. O., S. 46.

253 Badura, a. a. O., S. 47.

254 Stephan, Die Geschichte der preussischen Post von ihrem Ursprunge bis zur Gegenwart, S. 1; Allgeier, a. a. O., 1 (2); Badura, a. a. O., S. 42, 46, 47; Feigenbutz, Die Bindungen des Post- und Fernmeldewesens, S. 116; Großfeld/Jansen, DÖV 1993, 424 (424); Everling, ArchPT 1996, 22 (23); ders., EuR 1994, 386; Klaes, a. a. O., S. 13, Fußnote 34. Die kaiserliche Reichspost, die landesherrlichen Posten und die sonstigen Nebenposten, wie etwa die Metzgerposten, stritten sich um die Regalien im Bereich des Postwesens. Beim Reichspostregal wurde das, zunächst dem Kaiser als ausschließliches Recht zustehende Regal, von den Landesherren unter Berufung auf ihre Landeshoheit beansprucht. Allgeier sieht das Argument, die Post in Konkurrenz sei in Europa nichts neues, als nicht stichhaltig an, da es sich um eine andere Art der Konkurrenz handele. Während früher Streitigkeiten zwischen Staaten (Reich und Ländern) bestanden, verzichte der Staat heute auf einen Teil seiner Hoheitsrechte und überlasse die Aufgabenerfüllung gerade nichtstaatlichen Einrichtungen.

255 Altmannsperger, Die rechtlichen Gesichtspunkte, S. 46 f; Hermann, Der Streit der Thurn und Taxis'schen Reichspost, S. 39 f.

auch fiskalpolitische Aspekte innewohnen und es verliehen wurde, so stellt es ein regalia minora dar.[256]

Eine weitere Systematisierung der Regalien setzte ab dem 16. Jahrhundert durch das Entstehen der sog. Regalientheorie ein. Wurde zunächst die Staatsgewalt als eine Zusammenfassung von Einzelrechten begriffen, so ging man im 17. Jahrhundert zu einem Begriff der unteilbaren Staatsgewalt als "maiestas" über, die schließlich das Postregal von einem Hoheitsrecht zu einem Institut der Staatswirtschaft und des Finanzrechts werden ließ.[257] Das Postmonopol wurde damit zu einem wichtigen Instrument der Wirtschaftsförderung und der Landeserschließung. Mit der Einführung des Postregals sollten neben innen- und außenpolitischen Sicherheitsüberlegungen der Schwerfälligkeit des Hofbotenverkehrs und hoffremder Boteneinrichtungen begegnet werden.[258] Die wachsenden finanziellen Bedürfnisse der Machthaber führten zu einer auf immer neue Gebiete gerichteten Ausdehnung des Postwesens. Dementsprechend wurde dieses von Anfang an als Regal eingerichtet und als Verkehrsanstalt in Form eines Privatunternehmens mit Auftragsverwaltungscharakter als Hof- oder Staatspost gegen Vergütung eingerichtet.[259]

Neben diesen wirtschaftlichen Aspekten rückte mehr und mehr der Wohlfahrtsgedanke in den Vordergrund und bewirkte die Beibehaltung des staatlichen Alleinrechts auf dem Nachrichtenübermittlungssektor. Die Territorialherren mußten im Sinne einer Erbringung der Leistungen gegen billiges Entgelt bereits im 18. Jahrhundert feste Gebührenordnungen aushandeln. Diese fanden Aufnahme in Postverträgen und konnten einseitig nicht mehr geändert werden.[260]

3. Der Postzwang

Der Begriff des Postmonopols umfaßt aber nicht nur das hier interessierende Alleinrecht zum Errichten und Betreiben von postalischen Einrichtungen und damit den Ausschluß Privater von dieser Betätigung (das Postregal im eigentlichen Sinne). Ergänzend wird auch das entsprechende Gegenstück des Postzwanges erfaßt,[261] der das Gebot enthält, sich zur Beförderung bestimmter Gegenstände allein der Einrichtungen der staatlichen Post zu bedienen, und dessen

256 Altmannsperger, a. a. O., S. 47; Herrmann, a. a. O., S. 41; Spißler, a. a. O., 159 (161); Klaes, a. a. O., S. 33.
257 Schilly, Verkehrs- und Nachrichtenwesen, S. 451.
258 Schilly, a. a. O., S. 451.
259 Schilly, a. a. O., S. 452; Klaes, a. a. O., S. 34.
260 Vgl. dazu umfassend Klaes, a. a. O., S. 38 f.
261 Nawiasky, Deutsches und österreichischen Postrecht, S. 77; Schmelz, Postmonopol und Ablieferungen, S. 5.

Durchsetzung mit Hilfe von Strafnormen möglich ist.[262] Im 16./17. Jahrhundert wurde er als Ergänzung zum Ausschließlichkeitsrecht des Staates geschaffen und galt bis zum Erlaß des Postgesetzes vom 28.07.1969.[263] Er korrespondierte zu dem hochbefreiten kaiserlichen Regal der Familie Taxis.[264] Postregal und Postzwang sicherten gleichermaßen die Einnahmen und damit die Finanzierung der angebotenen Dienste. Der Postzwang stellt die Reaktion auf die sog. Metzgerposten[265] dar, die sich neben der staatlichen Post zu etablieren begonnen hatten. Der Beförderungsvorbehalt war gesetzlich derart abgesichert, daß es auf gerichtlichem Wege möglich war, Konkurrenten von der Erbringung postalischer Dienstleistungen abzubringen, während der Postzwang bewirkte, daß unabhängig von der Bereitstellung von Dienstleistungen durch Konkurrenten eine Nutzung sanktioniert war.

II. Abgrenzung von Verwaltungs- und Finanzmonopol

Unter dem seit der Neuzeit gebräuchlichen Begriff des Monopols verstand man im Bereich der Staatsmonopole nicht unbedingt staatsnotwendige Ausschließlichkeitsrechte des Staates. Welche Art von Monopol vorlag, wurde nach dem damit verfolgten Zweck unterschieden. War das Monopol zur Erzielung von Einnahmen eingerichtet worden, dann lag ein Finanzmonopol vor. Diente das Monopol zur Förderung des Gemeinwohls, beispielsweise zur Erhaltung oder Förderung einer breiten Infrastruktur in sonst wirtschaftlich schwächeren Regionen, so wurde es als Verwaltungsmonopol bezeichnet. Als Nebenzweck konnten sie auch Einkünfte liefern.[266] Betrachtet man die Zwecke, die mit den Ausschließlichkeitsrechten verfolgt wurden,[267] so ergibt sich, daß die der Deutschen Bundespost eingeräumten Ausschließlichkeitsrechte Verwaltungsmonopole dar-

262 Mayer, Verwaltungsrecht Bd. II, S. 282; Aschenborn, Gesetz über das Postwesen, S. 25 f; Meyer, Lehrbuch des Deutschen Verwaltungsrechts, S. 275; Allgeier, a. a. O., 1 f; Schmelz, a. a. O., S. 5. Nach Nawiasky, a. a. O., S. 76 stellt der Postzwang das Korrelat zum Postregal dar. Ebenso wie dieses entspringt es den finanziellen Interessen des Territorialstaates.

263 Eidenmüller, a. a. O., 522 (527); Müssig, DVW 3/90, 10 (11); Everling, a. a. O., 22 (23); Ossenbühl, ArchPT 1993, 342 (342); Badura, a. a. O., S. 199.

264 Vgl. oben 1. Teil.

265 Als solche wurden die Botendienste der Metzger bezeichnet, die bei ihren Reisen zu Märkten gelegentlich private Korrespondenz mitnahmen, aber keine festgelegten Routen oder Fahrpläne hatten.

266 Sprißler, a. a. O., 159 (161); Hesse, Verfassungsmäßigkeit, S. 30; Badura, a. a. O., S. 57 f, 83, 86, 183, 205.

267 Badura, a. a. O., S. 7; Feigenbutz, a. a. O., S. 116.

stellten.[268] Sie unterschieden sich von den Finanzmonopolen durch den Zweck der Förderung und Gestaltung des Postwesens durch den Staat. Zu diesem Zweck verwendete der Staat auch die eingenommenen Gebühren, so daß dieses Monopol kein dem Staat zur finanziellen Ausnutzung überlassenes Alleinrecht darstellte. Im Vordergrund stand nicht die Bedeutung des Post- und Fernmeldewesens als Finanzquelle, sondern die Zurverfügungstellung einer Infrastruktur und von Dienstleistungen im Interesse der Allgemeinheit zu möglichst gleichen und angemessenen Bedingungen.[269]

III. Faktisches und rechtliches Monopol

Im wirtschaftswissenschaftlichen Schrifttum wird darüber hinaus zwischen faktischen und rechtlichen Monopolen unterschieden. Ein rechtliches Monopol liegt vor, wenn das Ausschließlichkeitsrecht gesetzlich abgesichert ist. Aus diesem Grund konnte man im Bereich des Postwesens auch von einem rechtlichen Monopol sprechen.[270] Dieses Ausschließlichkeitsrecht fand seine gesetzliche Gewährleistung in § 2 PostG von 1969.

Das Vorliegen eines faktischen bzw. auch natürlichen Monopols nimmt man an, wenn das Ausschließlichkeitsrecht aus seiner Natur heraus als solches beibehalten werden muß.[271] Den Gegensatz dazu bildet ein Monopol, das allein aus Zweckmäßigkeitserwägungen begründet wird. Bei natürlichen Monopolen scheidet ein funktionstüchtiger Wettbewerb, insbesondere unter Berücksichtigung von sozialpolitischen Zielsetzungen aus.[272] Sofern eine marktbeherrschende Stellung existiert, liegt darin das faktische Monopol begründet, auch wenn es sich aus der rechtlichen Absicherung heraus entwickelt hat.[273] Ob ein natürliches Monopol gegeben ist, entscheidet sich danach, ob mit der Einführung eines Wettbewerbs auf dem bislang monopolisierten Markt, dieser bestehen bleibt oder im Sinne eines sog. Marktversagens zusammenbricht.

Für das Post- und Fernmeldewesen war die Zuordnung als rechtliches oder natürliches Monopol umstritten. Teilweise wurde versucht, aus dem Versor-

---

268 Knauth/Husch, ArchPT 1997, 5 (7).

269 Wiechert JbdBP 1986, 119 (137); Badura, a. a. O., S. 193; Feigenbutz, a. a. O., S. 118.

270 Möschel, Monopole und Wettbewerb, in: Mestmäcker (Hrsg.): Kommunikation ohne Monopole II, S. 397 (397).

271 Windisch, Privatisierung, in: Windisch (Hrsg.): Privatisierung natürlicher Monopole, S. 41.

272 Windisch, a. a. O., S. 56 f.

273 BMPT, Überlegungen, S. 64; Möschel, a. a. O., S. 397 (397); Windisch, a. a. O., S. 41; Weber, Die Stellung deregulierter Kommunikationsmonopole, in: Mestmäcker (Hrsg.): Kommunikation ohne Monopole II, S. 473 (474).

gungsauftrag heraus ein faktisches oder natürliches Monopol zu begründen.[274] Die gemeinwirtschaftliche Zielsetzung erfordere die Beibehaltung des Monopols, da sonst ein Schutz vor dem sog. Rosinenpicken[275] den Unternehmen nicht möglich sei und die Post die wirtschaftlichen Risiken im Ergebnis allein tragen müsse. Eine andere Ansicht nahm jedoch ein rechtliches Monopol an.[276] Dies wurde damit begründet, daß es sich um Dienstleistungen handele, deren Erbringung auch der freien Wirtschaft überlassen werden könne.[277]

IV. Die ökonomische Theorie

Ob ein natürliches Monopol gegeben ist, also ein Marktversagen bei Einführung von Wettbewerbsbedingungen eintritt, wird nur im Einzelfall beurteilt werden können.[278]

Dementsprechend differenziert die ökonomische Theorie[279] im Bereich der Monopole nach der Art des zu erwartenden Markt-versagens. Danach sind zu unterscheiden das natürliche Monopol, die externen Effekte und die öffentlichen Güter.[280] Während das Marktversagen beim natürlichen Monopol seine Ursachen im Produktionsprozeß hat, liegen die Gründe des Marktversagens ansonsten an den Eigenschaften bestimmter Güter.[281] Externe Effekte, also externe Kosten und Erträge, sind gegeben, wenn nicht alle Kosten bei dem Produzenten entstehen.[282] Bei einer Überproduktion werden die Kosten von der Allgemein-

---

274 Dazu Knauth/Husch, a. a. O., 5 (6); Zurhorst, Jbd Postwesens 1969, 275 f; Hermes, Staatliche Infrastrukturverantwortung, S. 316 f.

275 Rosinepicken bedeutet, daß ein Anbieter nur die lukrativen Leistungen erbringt. Auf das Erfordernis eines erschwinglichen Preises und die Versorgung aller Gebiete unabhängig von deren Besiedlungsdichte wird keine Rücksicht genommen. Berger/Knauth, Einführung, in: Berger/Knauth (Hrsg.): Liberalisierung der Postmärkte, S. 13 (14).

276 Altmannsperger, Jbd Postwesens 1969, 236 f; Knauth/Husch, a. a. O., 5 (6).

277 Altmannsperger, a. a. O., 236 f; Knauth/Husch, a. a. O., 5 (6).

278 BMPT, Überlegungen, S. 65; Knieps, Entstaatlichung, S. 19 f, 25, kommt zu dem Ergebnis, daß im Telekommunikationssektor Wettbewerb durchaus funktionsfähig sei. Siehe auch Windisch, Privatisierung, in: Windisch (Hrsg.): Privatisierung natürlicher Monopole, S. 7 ff; Knieps, Dienstleistungspolitik, in: Diederich/Hamm/Zohlnhöfer (Hrsg.): Die Deutsche Bundespost, S. 129 (157); Aukes/Tenzer, JbdDBP 1990, 9 (36) = online, 13,1/1990, I 06.02 (16); Braubach, Deregulierung, S. 32, 33, 39; A. Meier, Versuch einer Standortbestimmung, in: online 16,2/1993, C 210.03 (07 f). A. A. Rabe, ZPT 12/1989, 16 (16).

279 BMPT, Überlegungen, S. 63 f.

280 BMPT, Überlegungen, S. 64.

281 BMPT, Überlegungen, S. 64.

282 BMPT, Überlegungen, S. 65 f.

heit getragen. Für die Telekommunikation zum Beispiel bedeutet dies, daß der Nutzen des einzelnen Teilnehmers darin liegt, daß das Netz entsprechend viele Teilnehmer hat, so daß er selbst anrufen und angerufen werden kann.[283] Um dieses Ziel zu erreichen, also möglichst viele Teilnehmer zu erhalten, kann es für den Netzbetreiber sinnvoll sein, eine zeitweilige Kostenunterdeckung aufrechtzuerhalten. Zunächst wird das Angebot zu günstigen Preisen erstellt, obwohl es sich durch die geringe Teilnehmerzahl noch nicht kompensiert hat. Später kann dann bei gleichbleibenden Preisen wegen der größeren Nutzerzahl erreicht werden, daß eine Kostendeckung eintritt.[284] Das Marktversagen ist dann nur von vorübergehender Dauer.

Von öffentlichen Gütern spricht man, wenn es aufgrund bestimmter Eigenschaften des Gutes nicht zu einem privaten Angebot kommt. Die Güter werden von beliebig vielen Menschen in Anspruch genommen, ohne daß andere ihren Konsum einschränken müssen.[285] Insoweit ist das Post- und Fernmeldewesen auch als öffentliches Gut zu qualifizieren, da die Dienste jedermann zur Verfügung gestellt werden, ohne daß für andere eine Mangelsituation entsteht.

Zu einem meritorischen Gut wird eine Dienstleistung dann, wenn sie über den Markt hergestellt werden könnte; zu einem öffentlichen Gut wird sie, wenn ihre Bedeutung als so wichtig anzusehen ist, daß nur der Staat sie erbringen kann.[286] Mit der Anerkennung der Bedeutung der Daseinsvorsorge im Post- und Fernmeldewesen, aber der Erkenntnis, daß die Leistungserbringung auch durch private Anbieter erfolgen kann, werden die Dienstleistungen im Postbereich zu meritorischen Gütern.[287] Zum öffentlichen Gut wird die Nachrichtenübermittlung dadurch, daß sie ein elementares Bedürfnis des Menschen an Kommunikation trifft und zur effizienten Leistungserbringung außerdem ein gut funktionierendes Nachrichtenübermittlungssystem vorhanden sein muß.

---

283 Siehe dazu Berger/Knauth, Liberalisierung.

284 BMPT, Überlegungen, S. 66; Knieps, Dienstleistungspolitik, in: Diederich/Hamm/Zohlnhöfer (Hrsg.): Die Deutsche Bundespost, S. 129 (133); Thiemeyer, in: Privatisierung öffentlicher Dienstleistungen, S. 85; Graffe/Bilgmann, JbdDBP 1980, 143 (162 f).

285 BMPT, Überlegungen, S. 67; Graffe/Bilgmann, a. a. O., 143 (164).

286 BMPT, Überlegungen, S. 68. In diesem Zusammenhang ist auch die Diskussion um die Aufgaben des Post- und Fernmeldewesens als Staatsaufgabe zu sehen. Graffe/Bilgmann, a. a. O., 143 (162).

287 BMPT, Überlegungen, S. 68; Ossenbühl, in: FS für Lukes, S. 525 (528) differenziert darüber hinaus noch zwischen Monopolen des Bundes gegenüber den Ländern und gegenüber dem Bürger.

V. Begrifflichkeit der Europäischen Union

Die Kommission der Europäischen Union unterscheidet insbesondere in ihrem richtungsweisenden Werk des Grünbuches für einen Binnenmarkt der Postdienste[288] zwischen reservierten und nichtreservierten Bereichen. Unter nichtreservierten Dienstleistungen versteht man diejenigen Leistungen, die im freien Wettbewerb erbracht werden.[289] Dahingehend werden reservierte Dienste so definiert, daß die Bereitstellung dieser Dienste einem oder mehreren Anbietern vorbehalten ist. Die reservierten Dienste sind dabei normalerweise Gegenstand einiger besonderer und ausschließlicher Rechte, die den normalen Betrieb auf dem freien Markt einschränken.[290] Mit dem Privileg des reservierten Dienstes sind in der Regel auch Verpflichtungen im Sinne einer Erbringung von Universaldienstleistungen verknüpft und bestimmte Qualitätsstandards vorgegeben.[291] Ein reservierter Bereich verpflichtet den Anbieter zur Bereitstellung des Dienstes. Im Postsektor ist die Reservierung von Diensten mit der Auflage verknüpft, den Dienst universal im gesamten vom betroffenen Anbieter abgesteckten Gebiet sicherzustellen.[292] Dementsprechend sind nach der europäischen Definition alle Dienstleistungen, die ein Betreiber universal bereitstellen muß, Pflichtdienste, wobei einige dieser Dienste als reservierte Dienste bereitgestellt werden. Daneben gibt es die nichtreservierten Pflichtdienste, die von dem Anbieter, der diese Verpflichtung übernommen hat, im Wettbewerbsbereich des Marktes bereitgestellt werden.[293] Daraus ergibt sich, daß der historisch gewachsene Begriff des Postmonopols nicht notwendigerweise inhaltlich identisch mit dem Begriff des reservierten Bereiches ist. Das Monopol kann, muß aber nicht entsprechend der gesetzlichen Vorgaben mit einer Dienstleistungserbringungspflicht verknüpft sein.

VI. Ergebnis

Wie zuvor aufgezeigt, ist der Begriff des Monopols ein vielschichtiger. Stößt man auf diesen Begriff, so ist danach zu differenzieren, von welcher Warte aus er gebraucht wird. Zu unterscheiden ist zum einen nach dem historischen Kontext und danach, um welchen Sektor es sich handelt. Entscheidend ist aber auch,

---

288 Kommission der Europäischen Gemeinschaften KOM (91) 476 endg., Brüssel, den 11. Juni 1992 - Grünbuch.
289 Grünbuch, S. 33, 40.
290 Grünbuch, S. 39.
291 Grünbuch, S. 39.
292 Grünbuch, S. 40.
293 Grünbuch, S. 40.

ob man eine rechtliche oder wirtschaftliche Betrachtungsweise vornimmt. So kann das Postwesen als sog. Ausschließlichkeitsrecht des Staates im Sinne eines natürlichen Monopols dahingehend verstanden werden, daß Dienstleistungen aus ihrer Natur heraus nur bei bestehendem Monopol effektiv erbracht werden können. Es kann aber auch wegen der Unverzichtbarkeit eines funktionierenden Postwesens für die Allgemeinheit als Verwaltungsmonopol eingestuft werden.

Im Rahmen der vorliegenden Arbeit wird das Postmonopol in seiner Ausprägung als Beförderungsvorbehalt bzw. Exklusivlizenz als ausschließliches Recht eines Anbieters zur Erbringung von Postdienstleistungen verstanden. Die nicht wettbewerbsrechtliche Problematik soll nicht in den Vordergrund gerückt werden. Vielmehr soll untersucht werden, ob auch unter den geänderten Gegebenheiten der Globalisierung und Internationalisierung die Erbringung von Postdienstleistungen unter der Prämisse der Daseinsvorsorgefunktion nicht zwingend die Erbringung von Dienstleistungen unter dem Schutz eines zumindest noch teilweise monopolisierten Bereiches erfordert.

B. Die Umwandlung öffentlicher Unternehmen

Bis zur Postreform II wurde die Post in bundeseigener Verwaltung betrieben. Aufgrund ihrer Staatsnähe waren die bestehenden Ausschließlichkeitsrechte dem Staat zuzuordnen. Auch mit der Postreform I war keine Ablösung vom Staat bewirkt. Das bis dahin bestehende Sondervermögen wurde in drei selbständige Teilsondervermögen aufgespalten, ohne daß der Staat sich aus der Verwaltung zurückzog. Die Konstruktion des Sondervermögens bewirkte allein eine Abkopplung vom allgemeinen Staatshaushalt, nicht aber die Entlassung aus der staatlichen Verwaltung insgesamt.

Nach Art. 143 b Abs. 1 Satz 1 GG werden die drei Teilsondervermögen im Zuge der Postreform II in Unternehmen privater Rechtsform umgewandelt. Nach der Verfassungsänderung steht damit die Umwandlung der bisher öffentlichen Unternehmen und damit deren Privatisierung im Vordergrund. Dieser Wechsel der Organisationsform gewinnt auch an Bedeutung, wenn man sich vergegenwärtigt, daß das der Deutschen Post AG verliehene Ausschließlichkeitsrecht von der staatlichen Verwaltung jetzt auf einen privaten Anbieter übertragen wurde. Staatliche Bindungen zur Kontrolle der ordnungsgemäßen Ausübung dieses Rechts sind im wesentlichen entfallen. Eine unmittelbare Einflußnahme des Staates in Form der bundeseigenen Verwaltung scheidet aus. Vielmehr ist dieser als Nocheigentümer der Aktiengesellschaft auf die Instrumentarien des Aktiengesetzes beschränkt. In diesem Kontext steht auch das Postgesetz von 1997 und das darin normierte Regulierungsinstrumentarium.

I. *Öffentliche Unternehmen als Privatisierungsobjekt*

Steht die Privatisierung öffentlicher Unternehmen zur Debatte, so ist es zunächst erforderlich, den Begriff des öffentlichen Unternehmens von verschiedenen Standpunkten, volkswirtschaftlichen nicht minder wie juristischen, zu erläutern, denn der Begriff "Öffentliches Unternehmen" läßt sich unterschiedlich auslegen.

1. *Begriff des öffentlichen Unternehmens*

Unter einem Unternehmen versteht man Wirtschaftssubjekte mit Autonomie auf wichtigen Gebieten. Um öffentliche Unternehmen von privaten zu unterscheiden, lassen sich verschiedene Kriterien verwenden. Abstellen kann man auf die Einflußnahmemöglichkeiten der öffentlichen Hand auf das Unternehmen, auf die Eigentümerstellung an dem Unternehmen oder auf die öffentliche Aufgabenstellung des Unternehmens.

a) Unterscheidung nach der Zielsetzung des Unternehmens

Bei der Einordnung des Unternehmens nach dessen Zielsetzung lassen sich gemeinwirtschaftliche von eigenwirtschaftlichen Unternehmen trennen. Die gemeinwirtschaftlichen stehen dabei meist in öffentlichem, die eigenwirtschaftlichen überwiegend in privatem Eigentum.[294] Gemeinwirtschaftliche Unternehmen sind Unternehmen, die nicht im privatwirtschaftlichen Interesse, sondern im öffentlichen Interesse tätig werden. Danach sind gemeinnützige öffentliche Unternehmen alle diejenigen öffentlichen Unternehmen, die unter Berücksichtigung gemeinwirtschaftlicher Interessen Einzelbedarf decken.[295] Dazu gehörten Monopolunternehmen der öffentlichen Hand, wie Bundesbahn und Bundespost, solange sie noch in bundeseigener Verwaltung geführt wurden.[296]

b) Unterscheidung nach der Eigentümerstellung

Nach anderer Betrachtungsweise wird nur auf die Eigentümerstellung an dem Unternehmen abgestellt. Danach definieren sich öffentliche Unternehmen als Wirtschaftseinheiten, die sich im unmittelbaren und mittelbaren Eigentum von Gebietskörperschaften des öffentlichen Rechts befinden. Die Beteiligung von

---

294 Loesch, Privatisierung öffentlicher Unternehmen, S. 41.

295 Püttner, Die öffentlichen Unternehmen, S. 25, 33; Schmidt-Aßmann, BB-Beilage 34, 1990, 1 (2); Pausch, Möglichkeiten, S. 46.

296 Königshofen, JbdDBP 1990, 499 (505); Pausch, a. a. O., S. 47.

Bund, Ländern und Gemeinden muß dabei mindestens so groß sein, daß kein privater Anteilseigner bei qualifizierten Kapitalmehrheits- und Stimmenmehrheitsbeschlüssen als Sperrminorität in die unternehmerischen Entscheidungen eingreifen kann. Im Gegensatz dazu stehen die Unternehmen im Eigentum privater Personen.[297]

Beide gegensätzliche Ansatzpunkte kommen aber zumindest bei der Analyse des Status der Bundespost bis zum Jahr 1994 zum gleichen Ergebnis. Mit der Zuordnung zur bundeseigenen Verwaltung einerseits, der Erkenntnis über die Bedeutung von Postdienstleistungen für ein funktionierendes Gemeinwesen, der Daseinsvorsorgefunktion der Post und der bestehenden Monopolrechte andererseits stellten die Deutsche Bundespost bzw. ihre Nachfolgeunternehmen öffentliche Unternehmen dar.

c) Differenzierende Ansicht

Nach anderer Ansicht sind weder das Kriterium der Einflußnahme noch das der Aufgabenerfüllung geeignet, eine klare Definition des Begriffes "Öffentliches Unternehmens" zu liefern.[298] Analysiert man den Begriff Einflußnahme, so ergibt sich, daß diese Art der Untersuchung nur dann zu einem klaren Ergebnis führt, wenn die Leitungsmacht eines Unternehmens bei der öffentlichen Hand liegt. Es kann aber auch sinnvoll sein, ein Unternehmen dann bereits als öffentliches zu qualifizieren, wenn lediglich ein erheblicher Einfluß seitens der öffentlichen Hand vorliegt. Dies ist der Fall, wenn der öffentlichen Hand bestimmte Vetorechte eingeräumt sind. Ein Maß des Anteils oder der des öffentlichen Einflusses, der ausreicht, ein Unternehmen zu einem öffentlichen zu machen, läßt sich nicht spezifizieren.[299] Ähnliche Probleme lassen sich bei der Untersuchung des Kriteriums der öffentlichen Aufgabenstellung erkennen: Bezieht man den Terminus "Öffentliche Aufgabe" auf das Gemeinwohl, so verschiebt sich nur die Diskussionsebene.[300] Letztlich wird eine öffentliche Aufgabenerfüllung nur sinnvoll realisiert, wenn sich der Staat entweder Eigentumsrechte oder aber weitgehenden Einfluß auf die Unternehmensführung vorbehält. Dies ist möglich durch direkte Einflußnahme oder gesetzliche Regulatorien. Meist wird die öffentliche Aufgabenerfüllung mit dem Eigentum des Staates einhergehen.

---

297 Pausch, a. a. O., S. 7; Loesch, a. a. O., S. 41.

298 Zerres, ArchPF 1986, 119 (120).

299 Zerres, a. a. O., 119 (120).

300 Zerres, a. a. O., 119 (120).

d) Eigener Ansatz

Das Problem einer klaren Einordnung rührt weitgehend daher, daß es einen weiten Mischbereich zwischen Staat und Wirtschaft gibt. Der Staat ist nicht mehr nur als Gesetzgeber und Verwaltungsinstanz tätig, sondern seinerseits in den Wirtschaftsbereich stark integriert. Im Folgenden wird daher ausgehend von der Eigentümerstellung bzw. einem umfassenden Einfluß auf die Leitung des Unternehmens unterschieden. Die Ansicht, die mindestens ein Vetorecht des Staates fordert, steht zu dieser Betrachtungsweise keineswegs in Widerspruch, da in diesem Falle bereits ein weitgehender Einfluß gewährleistet ist. Die Bedeutung der öffentlichen Unternehmen in den einzelnen Wirtschaftsbereichen der Bundesrepublik ist sehr unterschiedlich und reicht von einer monopolistischen Stellung bis hin zur praktischen Bedeutungslosigkeit staatlichen Einflusses in einer Vielzahl von Sektoren der industriellen Fertigung, des Groß- und Einzelhandels und bestimmter Dienstleistungen.[301] Daß öffentliche Unternehmen über Monopole verfügen, ist nicht zufällig. Im Falle technischer und natürlicher Monopole ist ein öffentliches Bedürfnis abzuleiten, regulierend auf diese Märkte einzuwirken. Es soll verhindert werden, daß einzelne private Unternehmen die völlige Beherrschung eines knappen Gutes zur Realisierung von Monopolgewinnen ausnutzen können. Zur Verhinderung von Monopolgewinnen sind öffentliche Unternehmen regelmäßig an gemeinwirtschaftliche Grundsätze gebunden.[302]

2. Arten öffentlicher Unternehmen

Sobald ein öffentliches Unternehmen vorliegt, kann weiter nach der Organisationsform differenziert werden. Hier sind grundsätzlich drei Hauptgruppen zu unterscheiden. Die Unternehmen können als Unternehmen des öffentlichen oder des privaten Rechts oder aber gemischtwirtschaftlich organisiert sein.

a) Öffentliche Unternehmen des öffentlichen Rechts ohne eigene Rechtspersönlichkeit

Öffentliche Unternehmen des öffentlichen Rechts ohne eigene Rechtspersönlichkeit sind mehr oder weniger mit der Trägerverwaltung verbunden.[303] Es handelt sich hierbei um die reinen Regiebetriebe einschließlich der fiduziarischen

---

301 Pausch, a.a.O., S. 10.
302 Pausch, a. a.O., S. 62.
303 Loesch, a. a. O., S. 47.

Stiftungen. Außerdem fallen die § 26 BHO/LHO-Betriebe und Eigenbetriebe darunter, die rechtlich als öffentlich-rechtliche Anstalten ohne Rechtspersönlichkeit kaufmännisch tätig werden und entsprechend Rechnung legen.[304] Hierzu zählten auch die bisher autonomen Wirtschaftskörper, die keine eigene, wohl aber eine Teilrechtsfähigkeit besaßen, Deutsche Bundesbahn und Deutsche Bundespost.[305]

b) Öffentliche Unternehmen des öffentlichen Rechts mit eigener Rechtspersönlichkeit

Zu den öffentlichen Unternehmen mit eigener Rechtspersönlichkeit gehören die selbständigen öffentlich-rechtlichen Anstalten. Diese Rechtsform wird insbesondere von Sparkassen, Landesbanken und öffentlichen Versicherungsunternehmen bevorzugt. Auch die selbständigen öffentlich-rechtlichen Körperschaften fallen hierunter. Im Gegensatz zu den Anstalten weisen sie Zwangs- oder freiwillige Mitgliedschaften auf. Hierzu zählen beispielsweise die Zweckverbände, sowie die selbständigen öffentlich-rechtlichen Stiftungen als Zweckvermögen.[306]

c) Öffentliche Unternehmen des privaten Rechts

Ein erheblicher Teil der öffentlichen Unternehmen wird in den Formen des privaten Gesellschaftsrechts betrieben, als Aktiengesellschaft, als Gesellschaft mit beschränkter Haftung und, wenn auch selten, als Kommanditgesellschaft auf Aktien, eingetragener Verein, privatrechtliche Stiftung oder als Genossenschaft.[307] In diesem Fall gewinnt die Bedeutung des Meinungsstreits um die Definition des öffentlichen Unternehmens an Bedeutung, da hier jedenfalls die Rechtsform nicht als entscheidendes Abgrenzungskriterium dienen kann.

d) Gemischtwirtschaftliche Unternehmen

Ein gemischtwirtschaftliches Unternehmen entsteht durch eine partielle Übereignung, wenn ein Teil des Kapitals der öffentlichen Hand gehört und ein anderer sich in Privatbesitz befindet, wobei die Minderheitspartner über eine Kapitalbeteiligung in Höhe einer Sperrminorität verfügen müssen.[308]

304 Loesch, a. a. O., S. 47.
305 Loesch, a. a. O., S. 47, 48.
306 Loesch, a. a. O., S. 47, 48.
307 Loesch, a. a. O., S. 47, 48.
308 Schmidt-Aßmann, a. a. O., 1 (2); Loesch, a. a. O., S. 52.

Nach der Postreform II stellt sich die Frage, ob die drei in Aktiengesellschaften umgewandelten Teilsondervermögen allein schon durch ihre Umwandlung private Unternehmen geworden sind.[309]

Mit dem Poststrukturgesetz von 1989 wurde die Deutsche Bundespost in drei Sondervermögen aufgespalten. In § 1 Abs. 2 PostVerfG heißt es: "Die Deutsche Bundespost gliedert sich in drei Teilbereiche, die als öffentliche Unternehmen geführt werden." Damit war der Status als öffentliche Unternehmen ausdrücklich durch den Parlamentsgesetzgeber festgeschrieben.[310]

Aus der eindeutigen Festlegung des Status der drei Teilsondervermögen im Jahre 1989 als öffentliche Unternehmen[311] könnte man schließen, daß nunmehr mit der Einführung einer privatrechtlichen Aktiengesellschaft private Unternehmen gegeben sind. Hinzu kommt, daß die Qualifizierung als öffentliche Unternehmen aus dem Gesetzestext verschwunden ist. Mit dieser gesetzlichen Feststellung sollte aber in erster Linie unterstrichen werden, daß es sich um Sondervermögen handelte, die eine gewisse Selbständigkeit gegenüber dem Staat begründeten. Eine weitergehende Aussage kann dem nicht entnommen werden. Allein aus der Rechtsform als Aktiengesellschaft können keine eindeutigen Schlüsse gezogen werden. Außer Betracht bliebe dann nämlich die Eigentümerposition.[312] Zu beachten ist also zumindest in der Übergangszeit bis zu einer völligen Aufgabe des staatlichen Einflusses, daß eine Mehrheitsbeteiligung des Bundes besteht. Bezüglich der Deutschen Post AG war sogar ein Verbot der Entäußerung der Kapitalmehrheit für die Dauer von fünf Jahren gegeben, Art. 143 b Abs. 2 Satz 2 GG. Mit dem Ersten Gesetz zur Änderung des Postum-

309 Scholz/Aulehner, ArchPT 1993, 221 (241), der die privatisierten Unternehmen als gemischt-wirtschaftliche Unternehmen qualifiziert und auf die Grundrechtsfähigkeit der Unternehmen zurückgreift.

310 Fangmann/Scheurle, Poststrukturgesetz, § 1 Rn. 18, 19.

311 Gramlich, ArchPT 1993, 51 (51, 52), problematisiert die Einordnung der drei Teilsondervermögen als öffentliche Unternehmen; sieht deren Qualifizierung aber als zutreffend an. Dafür reiche die organisatorisch-haushaltsmäßige Selbstständigkeit als Sondervermögen aus, wenn und soweit eine wirtschaftliche Tätigkeit vorliege. Ein solcher materieller Unternehmensbegriff erfasse auch die von der Telekom erbrachten Dienstleistungen im Telekommunikationssektor. Überdies schreibe das Postverfassungsgesetz vor, daß die DBP-Unternehmen nach betriebswirtschaftlichen Grundsätzen zu führen seien (§ 4 Abs. 1 Satz 6 PostVerfG). Für die Wirtschaftsführung erhalte § 37 Abs. 1 PostVerfG über die Kostendeckung hinaus die Verpflichtung, im Hinblick auf das erforderliche Eigenkapital einen "angemessenen Gewinn" zu erwirtschaften.

312 Vgl. dazu oben.

wandlungsgesetzes[313] vom 18.01.2002[314] und der Einfügung von § 3 Abs. 2 a) PostUmwG ist es dem Bund nunmehr erlaubt, die Kapitalmehrheit an der Deutschen Post AG aufzugeben.

Abzustellen ist auch auf die Intention des Gesetzgebers, die ihn bewogen hat, die Deutsche Bundespost nunmehr in privater Rechtsform in drei Aktiengesellschaften aufzuteilen. Ebenfalls entscheidend sind die nach einer Aufgabe der Anteilsmehrheit noch bestehenden gesetzlichen Einflußmöglichkeiten des Bundes auf die Aktiengesellschaften. Nach dem Willen des Gesetzgebers sollten die Teilsondervermögen in die private Wirtschaft entlassen werden. Mit dem Vorliegen öffentlicher Unternehmen wäre die Loslösung vom staatlichen Einfluß aber wieder in Frage gestellt worden. Während des Übergangsstadiums hingegen spielen jedoch die Beteiligung des Bundes und dessen Regulierungsbefugnisse eine wichtige Rolle. Darüber hinaus kommt den Unternehmen durch die gesetzliche Verleihung von Monopolrechten und die Pflicht zu Erbringung von Universaldienstleistungen eine besondere Stellung zu, die sie noch erheblich von privaten Aktiengesellschaften unterscheidet. Ein Wettbewerb im eigentlichen Sinne ist noch nicht vollständig erreicht. Mit den Einflüssen des Staates, die sich insbesondere auch aus den Mitwirkungsrechten als Mehrheitseigner ergeben, ist eine Rechtsstellung bewirkt worden, die wesentliche Züge von privaten und öffentlichen Unternehmen in sich vereinigt. Während des Übergangszeitraums überwiegen aber die öffentlich-rechtlichen Bindungen, so daß zumindest während dieser Zeit vieles für die Einordnung als öffentliches Unternehmen spricht. Je mehr diese Bindungen aufgelöst werden und der Einfluß des Staates zurückgedrängt wird, um so mehr nähern sich die Aktiengesellschaften rein privaten Unternehmen an. Solange dieser Umwandlungsprozeß noch nicht abgeschlossen ist, befinden sich die Aktiengesellschaften in einer Gemengelage, die am ehesten noch der des gemischtwirtschaftlichen Unternehmens nahekommt. Denn in beiden Fällen bestehen private und öffentliche Eigentumsrechte und Bindungen.[315]

---

313 Gesetz zur Umwandlung der Unternehmen der Deutschen Bundespost in die Rechtsform der Aktiengesellschaft (Postumwandlungsgesetz - Post-UmwG), BGBl. I 1994, S. 2325 (2339).

314 Erstes Gesetz zur Änderung des Postumwandlungsgesetzes vom 18. Januar 2002, BGBl. I 2002, S. 416.

315 Niegel, DVW 6/1992, 5 (5 ff mit genauer Gegenüberstellung der Unterschiede zwischen Sondervermögen, Aktiengesellschaft und Anstalt).

III. Die Bedeutung der Rechtsform der Aktiengesellschaft für den Wettbewerb im Postwesen

Im internationalen Wettbewerbsdruck erhalten die drei Sondervermögen der Deutschen Bundespost allein durch die Rechtsform der Aktiengesellschaft die Chancengleichheit zu privatrechtlich organisierten Wettbewerbern in anderen Ländern. Auch die Finanzierungsprobleme erforderten eine Umwandlung in diese Richtung. Mit den technologischen Veränderungen der Telekommunikation und den hohen Investitionen der Deutschen Telekom AG zum Aufbau einer Telekommunikationsinfrastruktur in den neuen Bundesländern ging ein Rückgang des Eigenkapitals einher.[316] Mit dem Gang an die Börse wurde dieses Problem gelöst. Wenn auch primär die Telekommunikation im Vordergrund der Erwägungen bei der Formulierung des Art. 87 f GG stand, so ist doch der Postdienst nicht minder einem harten Wettbewerbsdruck ausgesetzt. In Anbetracht der weiteren Marktöffnung im europäischen Bereich gilt dies um so mehr. Die Unternehmen sollen befähigt werden, in einem weltweit zunehmend liberalisierten Markt bestehen zu können. Dies dient auch dem Vorteil der Kunden, der Sicherheit der Arbeitsplätze und dem Wirtschaftsstandort Deutschland.[317]

Mit der Umwandlung in eine Aktiengesellschaft entfallen für die Tarifkräfte die Bindungen an das staatliche Personal- und Besoldungsrecht, so daß eine leistungsgerechte und leistungsanreizende Entlohnung eingeführt werden kann, ebenso wie kaufmännische Buchführung und Erfolgsrechnung. Diese Rechtsfolgen sind unabhängig davon, ob der Staat weiterhin die Anteilsmehrheit hält. Die Rechtsform der Aktiengesellschaft bietet die sichere Möglichkeit, sich für das marktmäßige Angebot von Dienstleistungen eine Managementstruktur zu beschaffen.[318] Die Kapitalgesellschaft kann den jeweiligen Verhältnissen und Vorhaben besonders gut angepaßt werden. Sie bietet große Spielräume für unter-

---

316 BT-DRs. 12/8060, S. 174; Fangmann/Lörcher, Telekommunikations- und Postrecht, Art. 143 b Rn. 2. Einher mit der Poststrukturreform ging auch die Deutsche Wiedervereinigung. Als Voraussetzung für den wirtschaftlichen Aufschwung war eine leistungsfähige Infrastruktur im Bereich der Telekommunikation erforderlich. Die nötigen Investitionen (60 Mrd von 1992 bis 1998) konnten nur durch ein Absinken der Eigenkapitalquote auf 20 % erreicht werden. Um die Wettbewerbsfähigkeit zu erreichen, ist aber mindestens eine Quote von 40 % erforderlich. Der Bund kann infolge der Haushaltslage nicht selbst Eigenkapital zuführen. Demenstprechend sah man die Lösung in der Einführung an der Börse, die nur durch die Rechtsform der Aktiengesellschaft bewirkt werden konnte.

317 Fangmann/Lörcher, Telekommunikations- und Postrecht, Art. 143 b Rn. 2; Cox, a. a. O., S. 14.

318 Bullinger, Organisationsformen, in: Mestmäcker (Hrsg.): Kommunikation ohne Monopole II, S. 349 (363); Cox, a. a. O., S. 16.

schiedliche Betätigungsgebiete, die erwünschten Ziele können in die Satzungen oder den Gesellschaftsvertrag aufgenommen werden. Somit bietet die Kapitalgesellschaft unter den privaten Rechtsformen die beste Möglichkeit, ein öffentliches Unternehmen in abgestuften Entwicklungsschritten in ein privates umzuwandeln.

Eine öffentlich-rechtliche Anstalt[319] genießt hingegen nicht ohne weiteres Autonomie und kann dem Weisungsrecht des zuständigen Ministers unterliegen. Selbst wenn der Anstalt Autonomie gewährt wird, kann diese Entscheidung doch jederzeit unter vereinfachten Bedingungen im Vergleich zu privatwirtschaftlichen Unternehmen, die insbesondere auch Grundrechtsschutz genießen, wieder rückgängig gemacht werden.[320] Die Beibehaltung öffentlicher Unternehmen oder die Schaffung einer Bundesanstalt liefe den erklärten Zielen der Postreform entgegen. Wegen seiner Bedeutung sollte die Trennung von politischer Lenkung und unternehmerischer Dienstleistung im Bereich des Post- und Fernmeldewesens soweit wie möglich verwirklicht werden. Schon bei der ersten Postreform des Jahres 1989 wurde eine verhältnismäßig weitgehende Trennung von politischer Lenkung und unternehmerischer Seite erzielt. Dennoch können die Postulate einer vollständigen Trennung allein durch die Schaffung selbständiger juristischer Personen des Privatrechts erreicht werden, da ansonsten stets öffentlich-rechtliche Bindungen bestehen bleiben bzw. weit einfacher wieder hergestellt werden können, als wenn dem Staat eine selbständige Rechtspersönlichkeit gegenüberstände.

C. Begriff und Arten der Privatisierung

Die seit Jahren geführte theoretische Diskussion zur Privatisierungs- und Entstaatlichungsfrage hat bisher keine einheitliche Klärung über jene Aktivitäten gebracht, die mit dem Begriff Privatisierung bezeichnet werden sollen.[321] In der öffentlichen Diskussion sind mit dem Schlagwort Privatisierung oder Reprivati-

---

319 Blanke/Sterzel, KJZ 1993, 278 (292). Danach ist die mit der Postreform II geschaffenen Bundesanstalt das Ergebnis eines Kompromisses. SPD und DPG lehnten zunächst die Form der Aktiengesellschaft ab. Resultat der politischen Verhandlungen war, drei Aktiengesellschaften zu bilden und diese unter dem Dach einer staatlichen Holding in der Rechtsform der selbständigen Anstalt des öffentlichen Rechts anzusiedeln.

320 Bullinger, a. a. O., S. 349 (355, 362).

321 Kraft/Obermann, Privatisierungen in Österreich und in anderen westeuropäischen Ländern, in: Schneider/Hofreither (Hrsg.): Privatisierung und Deregulierung öffentlicher Unternehmen in westeuropäischen Ländern, S. 57; Peine, DÖV 1997, 353 (354).

sierung bzw. mit dem noch gröberen Begriff Entstaatlichung sehr weit auseinandergehende Vorstellungen verbunden.[322] Diese reichen von dem Denkmodell einer Einführung sog. marktwirtschaftlicher Regelmechanismen und staatlicher Rahmensetzung bei der Erfüllung öffentlicher Aufgaben, die weiterhin durch Einrichtungen der öffentlichen Hand wahrgenommen werden, über die Übertragung bisher durch öffentliche Stellen wahrgenommener Aufgaben an private Unternehmen bzw. sonstige private Einrichtungen bis hin zu der Forderung eines konsequenten Abbaus der öffentlichen Leistung der Aufgabe schlechthin.[323] Neben der Erfüllungsverantwortung des Staates ist auch eine Beratungsverantwortung, außerdem eine Organisationsverantwortung sowie eine Einstandsverantwortung in den Fällen einer gesellschaftlichen Schlechterfüllung möglich.[324]

I. Privatisierungsarten, -modelle und -formen

Als Oberbegriff über zahlreiche Privatisierungsformen wird vielfach der Begriff der "Entstaatlichung" verwendet. Dieser Terminus bedeutet, daß der Staat auf den Kern seiner Aufgaben zurückgeführt werden soll und daß seine immer weiter vorgeschobenen Grenzen wieder zurückzustecken sind.[325] Zum anderen wird der Begriff der Entstaatlichung in einem viel engeren Sinne verstanden, so daß auch die Verlagerung öffentlicher Leistungen auf den privaten Bereich allein erfaßt wird.[326] Als übergeordnetes Ziel kann die Entstaatlichung durch sehr verschieden ausgeprägte Maßnahmen angestrebt werden. Neben dem absoluten bzw. relativen Abbau öffentlicher Leistungen[327] wird in diesem Zusammenhang

---

322 Baum: Probleme der Privatisierung öffentlicher Aufgaben, in: Baum u.a.: Privatisierung - ein Gewinn für wen?, S. 18.

323 Baum, a. a. O., S. 19; Schuppert, Die Erfüllung öffentlicher Aufgaben, in: Ipsen: Privatisierung öffentlicher Aufgaben, S. 27.

324 Schuppert, a. a. O., S. 27.

325 Knauss: Privatisierung in der Bundesrepublik Deutschland 1983-1990, S. 55; Fuest/Kroker, Privatisierung öffentlicher Aufgaben, S. 14. Dort findet sich auch eine Übersicht über die Arten der Entstaatlichung.

326 Fuest/Kroker, a. a. O., S. 7. Andere sehen diese Begriffsbestimmung bereits als Privatisierung im eigentlichen Sinne an.

327 Loesch, a. a. O., S. 53; Fuest/Kroker, a. a. O., S. 10: Öffentliche Sach- und Dienstleistungen können verringert werden, sei es, daß die Leistungen in geringerem Umfang oder in schlechterer Qualität dargeboten oder in beiderlei Hinsicht eingeschränkt werden, sei es, daß sie verteuert werden, sei es, daß Leistungseinschränkungen und -verteuerungen kombiniert werden. Zusätzlich können noch Handlungsbeschränkungen und öffentliche Bindungen abgebaut werden. Zu den Vorteilen einer Privatisierung vergleiche die thesenartige Auflistung bei Hamer/Gebhardt, Privatisierungspraxis, S. 54-57, zur Vorgehensweise bei Privatisierungsmaßnahmen ebenda S. 124 f.

häufig das Instrument der Privatisierung als Teilaspekt genannt. Unter dem Sammelbegriff der Privatisierung werden jedoch in der Diskussion die unterschiedlichsten Formen der Übertragung von öffentlichen Leistungen oder von Vermögen auf andere Träger verstanden.[328]

Neben dem Begriff der Entstaatlichung kommt dem Begriff der Privatisierung wesentliche Bedeutung zu. Überwiegend wird ein juristischer Begriff von Privatisierung verwendet, der auf den Wechsel des Eigentümers abstellt. Danach wird durch Privatisierung Vermögen (Eigentum), das von der öffentlichen Hand gehalten wird, in Privateigentum überführt. Wird der Begriff Privatisierung als wirtschaftlicher Terminus verwendet, so kommt es darauf an, wer die Verfügungsberechtigung über wirtschaftliche Güter (Dienstleistungen) hat. In bestimmten Fällen kann auch ohne Eigentümerwechsel insofern eine wirtschaftliche Privatisierung eintreten, so z. B. wenn ein ausschließliches Recht aufgehoben und für den Wettbewerb freigegeben wird.[329] Dem Gegenstand nach sind Privatisierungen danach zu unterscheiden, ob es sich um erwerbswirtschaftliche privatrechtliche Unternehmen bzw. Beteiligungen des Staates oder aber um öffentliche Verwaltungen handelt.[330]

Im Gegensatz zum wirtschaftlichen ist unter dem juristischen Begriff "Privatisierung" allgemein die Überführung bzw. Übereignung von Vermögen oder Leistungen der öffentlichen Hand in das Eigentum und die Verfügungsmacht "anderer"[331] Wirtschaftssubjekte zu verstehen.[332] Ihr Gegenteil ist die vollständige oder teilweise Übertragung bzw. Veräußerung privaten Vermögens an öffentliche Träger, die Sozialisierung, Verstaatlichung, Nationalisierung bzw. die Überführung in Gemeineigentum.

Die Privatisierung umfaßt meist gewinnbringendes Vermögen; für Wirtschaftseinheiten, die mit Verlust arbeiten, werden normalerweise keine Privatisierungsforderungen erhoben. Der Begriff Reprivatisierung wiederum ist nur angemessen, wenn sich das öffentliche Unternehmen zuvor in privatem Eigentum befunden hat.[333]

---

328 Fuest/Kroker, a. a. O., S. 10.

329 Fangmann/Scheurle, Handbuch für Post und Telekommunikation 1990, S. 406.

330 Fangmann/Scheurle, a. a. O., S. 406.

331 Vielfach wird lediglich von einer Aufgabenverlagerung auf private Träger gesprochen und damit in erster Linie die materielle Privatisierung erfaßt, die formale Privatisierung wird demnach auch als unechte Privatisierung bezeichnet.

332 Pausch, a. a. O., S. 22; Gabele, WENIGER STAAT, MEHR PRIVAT? Betriebswirtschaftliche Argumente zu einer aktuellen Streitfrage, S. 2, 10; Loesch, a. a. O., S. 42.

333 Loesch, a. a. O., S. 43.

Es wird zwischen mehr als 15 Privatisierungsbegriffen unterschieden.[334] Die verschiedenen Formen der Privatisierung lassen sich in zwei Hauptgruppen aufteilen: Einerseits die Vermögensprivatisierung, andererseits die Leistungsprivatisierung. Daneben gibt es noch zahlreiche Mischformen. Die Leistungsprivatisierung oder auch Privatisierung im engeren Sinne unterteilt sich wiederum in die formelle oder unechte und die materielle oder echte Privatisierung. Die formelle Art der Privatisierung umfaßt die finanzwirtschaftliche und die rechtliche Form, während man die funktionale und organisatorische Privatisierung der materiellen Privatisierung zuordnet. Die organisatorische Privatisierung unterteilt sich in das Submissions- und das Konzessionssystem.

Teilweise wird auch zwischen Organisationsprivatisierung und Aufgabenprivatisierung unterschieden, wobei letztere der materiellen Privatisierung, die Organisationsprivatisierung jedoch der finanzwirtschaftlichen Privatisierung zuzuordnen ist. Hauptkriterien bei der Unterscheidung sind die Intensität der Übertragung oder Verlagerung.[335]

1. Vorstufen

Als eine Vorstufe oder einen verfahrensmäßigen Vorläufer der Privatisierung kann man die periodische oder doch zumindest wiederkehrende, systematische Sichtung und Überprüfung aller Aufgabenfelder der öffentlichen Verwaltung auf ihre Notwendigkeit und auf die Art ihrer Wahrnehmung durch staatliche Aufgabenträger ansehen. Diese Überlegungen werden mit dem Begriff Aufgabenkritik zusammengefaßt.[336]

Eine weitere Vorstufe ist in den vielfältigen Formen der Dezentralisierung, der autonomen Aufgabenwahrnehmung, der Selbstverwaltung sowie der Verselbständigung von Betriebseinheiten innerhalb der Organisation der öffentlichen Verwaltung zu finden.[337]

2. Kommerzialisierungen

Unter einer Kommerzialisierung versteht man die Einführung marktwirtschaftlicher Regelungsmechanismen bei der Wahrnehmung von Aufgaben durch öf-

334 Bizer, Privatisierung kommunaler Leistungen, S. 2.

335 Siedentopf, Privatisierung öffentlicher Aufgaben - Begriff und Formen, in: Baum u.a.: Privatisierung - Gewinn für wen?, S. 72.

336 Siedentopf, a. a. O., S. 71.

337 Siedentopf, a. a. O., S. 72.

fentliche Stellen, d.h. Inszenierung von Wettbewerb, Abbau von Monopolstellungen und Schaffung von Interessengegensätzen.[338]

Öffentliche Unternehmen sind oft gehalten, sich mit ihrer Preisgestaltung nicht nur nach den Marktgegebenheiten, sondern auch nach anderen Gesichtspunkten zu orientieren. Zur optimalen Deckung eines bestimmten Bedarfs werden bedarfswirtschaftliche Ziele zurückgenommen und Unternehmen verpflichtet, in erster Linie erwerbswirtschaftlich zu arbeiten.[339] Durch diese Verfahrensweise sollen öffentliche Ausgaben und Subventionen eingespart werden, um so die öffentlichen Hauhalte zu entlasten und nur noch die Zusatzkosten oder Gewinnverzichte abzugelten, die dem Unternehmer bei der Erfüllung öffentlicher Aufgaben entstanden sind.

Entgegen einer pauschalen Defizitabdeckung weist die Kommerzialisierung zahlreiche Vorteile auf. So müssen die gemeinwirtschaftlichen Ziele der öffentlichen Unternehmen präzise und die erforderlichen Haushaltsmittel quantifiziert festgelegt werden. Bei größeren Ansprüchen an den gemeinwirtschaftlichen Auftrag sind die öffentlichen Unternehmen gezwungen, die entstehenden Mehrkosten aus ihrem Geschäftskapital zur Verfügung zu stellen. Da durch dieses Verfahren zu einer unternehmerischen Wirtschaftsführung angeregt wird, kommen auch Leistungsprinzip und Konkurrenzmechanismus zur Anwendung, was wiederum eine stärkere Kontrolle der öffentlichen Unternehmen bedingt. Durch die Einführung der gleichen Führungs- und Organisationselemente wie in der privaten Wirtschaft, kann flexibler auf Angebots- und Nachfrageänderungen reagiert werden.[340]

3. Vermögensprivatisierung

Die Vermögensprivatisierung ist die erste Form, bei der eine gewisse Verlagerung von staatlichem Vermögen in private Hand stattfindet. Während sich die Vorstufen einer Privatisierung im wesentlichen im staatlichen Bereich abspielen, wird hier erstmals auch die Privatwirtschaft mit in die Überlegungen einbezogen. Die Vermögensprivatisierung stellt dementsprechend die Verlagerung ausschließlich von Vermögenswerten von der öffentlichen auf die private Hand dar.[341]

---

338 Baum, a. a. O., S. 19.

339 Loesch, a. a. O., S. 45. Loesch hält es für falsch, in diesem Fall den Begriff der Privatisierung zu verwenden. Die Hinwendung zu erwerbswirtschaftlichen Zielen sollte vielmehr als Kommerzialisierung bezeichnet werden.

340 Loesch, a. a. O., S. 46.

341 Schoch, DVBl. 1994, 960 (963); Bauer, VVDStRL 54 (1995), 243 (251).

4. Leistungsprivatisierungen

Die Leistungsprivatisierung ist in verschiedenen Formen denkbar. Unterschieden wird zwischen der formellen oder unechten Privatisierung und der materiellen oder echten Privatisierung.[342] Beide Privatisierungsarten standen Modell für die Postreform II. Sie unterscheiden sich im wesentlichen durch die Intensität der Verlagerung der bislang öffentlichen Aufgabe.

a) Formelle Leistungsprivatisierung bzw. unechte Privatisierung

Bei der formellen oder auch unechten Leistungsprivatisierung findet eine Verlagerung von bisher staatlichen Leistungen auf öffentliche Betriebe mit eigener Rechtspersönlichkeit statt.

Die Aufgaben, die bisher durch öffentliche Träger wahrgenommen wurden, verbleiben auch nach der Übertragung auf verselbständigte öffentliche Einrichtungen, die sowohl organisatorisch als auch haushaltsmäßig vom übrigen Verwaltungssystem abgetrennt sind, weiterhin in öffentlicher Hand. Deren Erfüllung unterliegt nach wie vor staatlicher Kontrolle. Formal ist eine solche Privatisierung deshalb, weil der Staat Aufgabenträger bleibt und die Aufgaben auch weiterhin selbst finanziert. Der Staat macht sich demnach nur die private Rechtsform zunutze, entledigt sich aber nicht der Aufgabe selbst. Rechtliche und finanzielle Verantwortung bleiben bei der öffentlichen Hand ebenso wie die Erstellung der Leistung selbst. Die Veränderung der Organisationsstruktur äußert sich vornehmlich in einer Umwandlung der Rechtsform. Bisher öffentlich-rechtliche Institutionen werden in privatrechtliche Betriebe (insbesondere Eigengesellschaften im kommunalen Bereich) überführt, deren Organisationsform meist die der AG oder der GmbH ist.[343]

Die Vorteile dieser Privatisierungsform werden darin gesehen, daß auf diese Weise kleinere und steuerungsfähigere Verwaltungseinheiten entstehen. Deren Management arbeitet unabhängig und kann dadurch auch flexibler auf sich ändernde wirtschaftliche Rahmenbedingungen reagieren.[344] Außerdem kann auch

342 Dazu unter 5.

343 Fuest/Kroker, a. a. O., S. 12; Siedentopf, a. a. O., S. 72; Eschenbach/Müller/Gabriel, aaO., S. 57; Schoch, Privatisierung der Abwasserbeseitigung und Abfallentsorgung, in: Ipsen, Privatisierung öffentlicher Aufgaben, S. 69; Rückwardt, Wirtschaftlichkeit, S. 22; Loesch, a. a. O., S. 47, 48.

344 Siedentopf, a. a. O., S. 73; Fuest/Kroker, a. a. O., S. 12; Nach Pausch, a. a. O., S. 75 kann die formale Privatisierung unter möglichst weitgehender Ausschöpfung von Rationalisierungsmöglichkeiten ein weit größeres Feld effizienter und marktgerechter Lösungsmöglichkeiten eröffnen als eine rein materielle Privatisierung. Sie-

eine stärkere Orientierung der Aufgabenerfüllung an wirtschaftlichen Kriterien erwartet werden.[345]

Fazit einer solchen formalen Privatisierung: Die innerbetriebliche Struktur wird verändert und das Management orientiert sich verstärkt an wirtschaftlichen Verhaltensweisen.[346]

b) Finanzwirtschaftliche Privatisierung

Bei dieser Art der Privatisierung wird die Finanzierung der öffentlichen Leistung von privater Hand übernommen bzw. in den privaten Sektor verlagert. Die rechtliche Stellung der öffentlichen Hand im Rahmen der Leistungserbringung bleibt hingegen unangetastet.[347] Betroffen hiervon sind insbesondere erwerbswirtschaftliche Unternehmen, die im Gegensatz zu reiner Verwaltungstätigkeit privatisiert werden dürfen[348]

c) Rechtliche Privatisierung bzw. Organisationsprivatisierung

Bei der Organisationsprivatisierung verbleibt die Aufgabe in der Hand des zuständigen Verwaltungsträgers, allein die Durchführung wird einem Privatrechtssubjekt übertragen, das weitgehend in der Hand des Verwaltungsträgers bleibt.[349]

Die öffentliche Hand verlagert die Leistungserbringung in eine privatrechtliche Rechtsform, in welcher diese jedoch beherrschenden Einfluß ausübt, die aus der unveränderten Eigentumsstruktur resultiert.[350] Diese Art der Privatisierung

---

dentopf und Fuest/Kroker sehen in dieser Art der Privatisierung jedoch keine nennenswerte finanzielle Entlastung; die privatrechtliche Organisationsform allein verspricht noch nicht die rationellere oder kostengünstigere oder gar preisgünstigere Leistungserstelllung, die Entlastung der öffentlichen Haushalte oder die Verringerung des Zuschußbedarfs.

345 Baum, a. a. O., S. 19.

346 Kraft/Obermann, a. a. O., S. 57.

347 Fangmann/Scheurle, a. a. O., S. 406; Eschenbach/Müller/Gabriel, a. a. O., S: 57; Osterloh, VVDStRL 54 (1995), 204 (217).

348 Fangmann/Scheurle, a. a. O., S. 406.

349 Stern/Bauer, in: Stern (Hrsg.): Postrecht der Bundesrepublik Deutschland, Teil C, Art. 87 f, Rn. 13; Heuer, DÖV 1995, 85 (86); Scherer, ArchPT 1992, 5 (5); Hengstschläger, VVDStRL 54 (1995), 165 (170). Siehe dort auch zum Begriff der Verwaltungsaufgabe und des Privaten.

350 Eschenbach/Müller/Gabriel, a. a. O., S. 57.

wird teilweise auch als Organisationsprivatisierung[351] bezeichnet, weil hier nur die Organisationsform verändert, nicht aber die Aufgabe selbst verlagert wird.

Die Leistungsprivatisierung zeichnet sich damit abschließend dadurch aus, daß zwischen Aufgabenerfüllung und Aufgabenfinanzierung unterschieden wird. Einer von beiden Teilbereichen wird jeweils in den privaten Sektor oder zumindest auf vom Staat weitestgehend unabhängige Organisationen übertragen. Die Aufgabe verbleibt beim Staat, während sich die Änderungen hauptsächlich auf die organisatorische Ausgestaltung der Aufgabenerfüllung konzentrieren. Die Frage, ob der Staat überhaupt in diesen Bereichen tätig werden soll, stellt sich erst gar nicht. Es geht allein um das Wie der Finanzierung und die Erfüllung der Aufgabe.[352]

5. Materielle Privatisierung bzw. echte Leistungs- oder Aufgabenprivatisierung

Aufgabenprivatisierung bedeutet über diese Änderung im Organisatorischen hinaus zugleich die Überführung der Aufgabe auf das Privatrechtssubjekt. Der private Träger erfüllt die Aufgabe als Unternehmen am Markt.[353] Bei der materiellen Privatisierung geht die gesamte Aufgabenerfüllung auf den privaten Sektor über. Man versteht darunter ganz allgemein die Übertragung von öffentlich wahrgenommenen Versorgungsleistungen oder von Staatsvermögen an private Unternehmen.[354] Damit führt die materielle Privatisierung zu einer wirklichen Verringerung des Leistungsangebots der öffentlichen Verwaltung.[355] Von Aufgabenprivatisierung spricht man in diesem Zusammenhang, weil insbesondere durch die Aufgabenverlagerung in den privaten Sektor diese Verringerung herbeigeführt wird und der Staat sich zumindest teilweise aus der Aufgabenerfüllung und Finanzierung zurückzieht.[356]

---

351 Schoch, a. a. O., 962 (962).

352 Kraft/Obermann, a. a. O., S. 57.

353 Stern/Bauer, a. a. O., Teil C, Art. 87 f, Rn. 13; König, Kritik öffentlicher Aufgaben, S. 71; Schoch, a. a. O., 962 (962); Scholz/Aulehner, ArchPT 1993, 238 (238).

354 Hoffmann-Riem, DVBl. 1996, 225 (226); Baum, a. a. O., S. 19; Kraft/Obermann, a. a. O., S. 57; Osterloh, a. a. O, 204 (210).

355 R. Schmidt, Die Verwaltung 1995, 281 (284); Schoch, a. a. O., S. 69.

356 Schoch, a. a. O., S. 69.

a) Organisatorische Privatisierung[357]

Materielle Privatisierung muß nicht bedeuten, daß sich der Staat völlig aus der Verantwortung zieht. Zur Sicherung eines Leistungsangebots und für eine soziale und gerechte Preisgestaltung kann er sich unmittelbar einen Einfluß auf die private Leistungserstellung erhalten.[358] Die insbesondere regulatorisch wirkenden Maßnahmen des Staates zielen dann auf eine Sicherung der Leistungserbringung. Die Aufgabe selbst wird nicht mehr als staatliche qualifiziert. Die Privatrechtssubjekte, die die Aufgaben wahrnehmen, sind nicht unmittelbar dem staatlichen Einfluß ausgeliefert. Allein mit gesetzgeberischen Maßnahmen und deren Umsetzung durch die (Ordnungs)-Verwaltung können die Ziele einer effektiven Aufgabenerfüllung erreicht werden. Instrumentarien, die der Verwaltung mit dem Erlaß von Verwaltungsvorschriften und Verwaltungsakten an die Hand gegeben sind, fallen zugunsten einer aktiven Teilnahme am Wettbewerb, die ihre Grenze allein in gesetzlichen Vorgaben unter Berücksichtigung von ausreichendem Grundrechtsschutz der Unternehmen findet, weg.

Aufgrund der Gestaltung der Rechtsbeziehungen zwischen Leistungsempfänger, Leistungsersteller und öffentlicher Hand muß unterschieden werden zwischen den Möglichkeiten der Submission und der Konzession.[359]

Beim Submissionssystem verbleiben die Verantwortung und die Kontrollrechte sowie das Ausfallrisiko bei der öffentlichen Hand. Sie bleibt Vertragspartner des Leistungsempfängers, wobei sie neben der finanziellen Verantwortung auch die Verantwortung für die Aufgabenerfüllung trägt.[360]

Nach dem Konzessionssystem trägt die öffentliche Hand nur das Ausfallrisiko. Nicht nur die sachliche Kompetenz, sondern auch die finanzielle Kompetenz geht auf den privaten Rechtsträger über. Der Submissionsgedanke wird weitergeführt, indem der Vertrag über die Leistungserstellung direkt zwischen Leistungsempfänger und privatem Leistungsersteller geschlossen wird.[361] Der Staat hat dann weiterhin Einfluß auf Art und Umfang der Leistungserbringung.[362] Die Konzessionsvergabe bietet zugleich den Vorteil einer möglichen zeitlichen Be-

---

357 Der Begriff der organisatorischen Privatisierung ist nicht gleichbedeutend mit Organisationsprivatisierung. Die unterschiedliche Begrifflichkeit wurzelt in den verschiedenen Ansätzen einer Begriffsbestimmung.

358 Pausch, a. a. O., S. 32; Siedentopf, a. a. O., S. 74.

359 Eschenbach/Müller/Gabriel, a. a. O., S. 59.

360 Scholz/Aulehner, ArchPT 1993, 221 (238); Eschenbach/Müller/Gabriel, a. a. O., S. 58.

361 Eschenbach/Müller/Gabriel, a. a. O., S. 60; Scholz/Aulehner, ArchPT 1993, 221 (239); Siedentopf, a. a. O., S. 74.

362 Fuest/Kroker, a. a. O., S. 13.

fristung, um auf diese Weise die effizienzsteigernde Wirkung des Wettbewerbs zu erhalten und zugleich die Bildung von Monopolstellungen zu verhindern.

Mit der Unterscheidung allein zwischen Ausfallrisiko und Vertragsgestaltung mit dem Bürger könnte man zunächst meinen, daß Submissions- und Konzessionssystem eigentlich aus der typischen Beschreibung für die materielle Privatisierung herausfallen. Dennoch ergibt sich aus der Art der Vertragsgestaltung, daß die Aufgabenerfüllung gerade nicht beim Staat verbleibt, sondern seine Verantwortung allein im Innenverhältnis wirkt, während im Außenverhältnis zum Bürger nur die private Rechtspersönlichkeit handelt und der Staat zunächst nicht in Erscheinung tritt. Bei den Formen der formellen Privatisierung hingegen verbleiben Trägerschaft und Aufgabenerfüllung beim Staat. Dies tritt auch nach außen offen zutage. Im Falle der Einstandspflicht des Staates wird zunächst keine außerhalb des Staates stehende private Rechtspersönlichkeit als Vertragspartner in Anspruch genommen, hinter der erst der Staat für den Fall, daß die Aufgabenerfüllung nicht ordnungsgemäß erfolgt, im Rahmen seiner ihm verbliebenen Letztverantwortung hervortritt.

b) Funktionale Privatisierung

Bei der funktionalen Privatisierung handelt es sich um die weiteste Form der Privatisierung. Nicht nur die finanzielle Kompetenz, sondern auch die Verantwortung und damit Finanzierung für die Leistungserstellung wird an Private übergeben.[363] Die Aufgabenwahrnehmung wird der Selbstregulierung der freien Marktwirtschaft überlassen.[364]

II. Die Form der Privatisierung nach der Postreform II

Die Rechtsform allein sagt nichts über den Umfang der Begrenzungen bzw. des Maßes der Einflußnahme des Staates aus. Auch privatrechtliche Rechtsformen kann man vielfältigen öffentlichen Bindungen unterwerfen.[365] Mit der Schaffung von Eigenbetrieben und gemischtwirtschaftlichen Unternehmen und den unterschiedlichen vertraglichen Ausgestaltungen sind die Grenzen zwischen den einzelnen Arten der Privatisierung fließend.

Aus der Intention des Gesetzgebers hinsichtlich der Umstrukturierung der Deutschen Bundespost ergibt sich Folgendes: Während die CDU/CSU und die FDP das Prinzip einer möglichst weitgehenden Loslösung der Unternehmen vom

---

363 Fuest, Kroker, a. a. O., S. 13; Eschenbach/Müller/Gabriel, a. a. O., S. 60.
364 Siedentopf, a. a. O., S. 74.
365 Loesch, a. a. O., S. 48, 49.

Staat hin zu einer materiellen Privatisierung, also Aufgabenprivatisierung vertraten, fand die SPD-Fraktion eine formelle Privatisierung als Organisationsprivatisierung ausreichend. Dementsprechend sollte die Aufgabe beim Staat verbleiben, während die Durchführung auf Privatrechtssubjekte verlagert werden sollte.[366] Damit wurden die Weichen zu einer materiellen Aufgabenprivatisierung gestellt, die zunächst über eine Organisationsprivatisierung eingeleitet werden sollte.

1. Verfassungsrechtliche Vorgaben

Gestützt wird dieses Ergebnis durch die Auslegung der Art. 87 f und 143 b GG. Diese stellen sich als Regelungen einer eingeschränkten Aufgabenprivatisierung dar.[367] Art. 87 f Abs. 2 Satz 1 GG bietet für beide Privatisierungsarten eine verfassungsrechtliche Grundlage.[368] Für die Aufgabenprivatisierung ergibt sich dies aus dem Umstand, daß "Dienstleistungen" im Bereich des Postwesens und der Telekommunikation als "privatwirtschaftliche Tätigkeiten" durch die aus dem Sondervermögen Deutsche Bundespost hervorgegangenen Unternehmen und durch andere private Anbieter erbracht werden. Diese Regelung stellt keine Beleihung oder Wahrnehmung hoheitlicher Aufgaben durch Private dar, denn speziell die hoheitlichen Aufgaben verbleiben in bundeseigener Verwaltung.[369] Zwar lassen sich gegen die Annahme einer durch die Postreform II durchgeführten Aufgabenprivatisierung die einfachgesetzlich vorgesehenen Sonderrechte der Nachfolgeunternehmen sowie die zunächst bestehende Anteilsmehrheit des Bundes an den Unternehmen anführen, doch sollen diese Rechte in naher Zukunft aufgegeben werden.[370] Aus Art. 87 f Abs. 2 Satz 1 GG und der Formulierung "privatwirtschaftliche Tätigkeit" ergibt sich überdies, daß letztlich

---

366 Stern/Bauer, a. a. O., Teil C, Art. 87 f, Rn. 14; Schwemmle/Sattler, WSI-Mitteilungen 1995, 189 (192); Rottmann, ArchPT 1993, 220 (220). Danach hat die Art der Privatisierung Bedeutung für den Fortbestand der derzeitigen gesetzlichen Privilegierungen der Unternehmen, für ihre Grundrechtsgebundenheit, für ihre unmittelbare Verpflichtung auf das Gemeinwohl sowie für die politische Verantwortlichkeit des Ministers gegenüber dem Parlament nach Art. 65 GG.

367 Stern, DVBl. 1997, 309 (310); Stern/Bauer, a. a. O., Teil C, Art. 87 f , Rn. 14; Schoch, a. a. O., 960 (963); Vogelsang, Zur Privatisierung, S. 28; Sachs-Winthorst, GG Art. 87 f Rn. 1, 25, 27: "Teilaufgabenprivatisierung". R. Schmidt, a. a. O., 281 (283).

368 Stern/Bauer, a. a. O., Teil C, Art. 87 f, Rn. 15.

369 Schwemmle/Sattler, a. a. O., 189 (192); Stern/Bauer, a. a. O., Art. 87 f, Rn. 15. Siehe dort auch die Kommentierung Teil C, Art. 143 b, Rn. 81 ff.

370 Stern/Bauer, a. a. O., Teil C, Art. 87 f, Rn. 15; Schwemmle/Sattler, a. a. O., 189 (192).

auch die Art der Aufgabenwahrnehmung privatrechtlich sein soll.[371] Damit kann Art. 87 f Abs. 2 Satz 1 GG als Gebot zur Aufgabenprivatisierung von Post- und Telekommunikationsdienstleistungen verstanden werden. Unter anderem läßt sich dieses Ergebnis auch durch die Entstehungsgeschichte der Postreform II erklären, nach deren Vorgabe ein wesentlicher Zweck in der Erhöhung der Finanzmittel und der Konkurrenzfähigkeit der Unternehmen gesehen wurde.[372]

2. Befristete Geltung der Ausschließlichkeitsrechte

Die einfachgesetzliche Ausgestaltung der Postreform II im Postneuordnungsgesetz spiegelt damit in Zusammenschau mit der verfassungsrechtlichen Regelung und den Aussagen in den Gesetzesmaterialien die Intention des Gesetzgebers wider, einen gewissen Übergang von der Organisations- zur Aufgabenprivatisierung einzuleiten. Es handelt sich nach der einfachgesetzlichen Ausgestaltung nämlich noch nicht um eine Aufgabenprivatisierung, sondern um eine Organisationsprivatisierung mit Tendenz zur materiellen Privatisierung.

Aus der Befristung der Geltung der im FAG und PostG (§§ 28 FAG a. F. und 31 PostG a. F.) normierten Ausschließlichkeitsrechte ergab sich, daß in naher Zukunft die nunmehr vorliegende Organisationsprivatisierung in eine Aufgabenprivatisierung umschlagen sollte. Damit war der Bestand der Ausschließlichkeitsrechte eher ein Beweis für die Annahme einer noch nicht voll durchgeführten Aufgabenprivatisierung, wenn man diese nicht isoliert, sondern in Zusammenhang mit ihrer vorübergehenden Geltung betrachtete. Erst mit der Aufgabe der Monopole und der darin indizierten vollständigen Marktöffnung ist ein weiterer Schritt in die Richtung einer Aufgabenprivatisierung getan.

3. Aufgabe der Kapitalmehrheit des Bundes

Dieselbe Folgerung ergibt sich auch aus Art. 143 b Abs. 2 Satz 2 GG, wonach die Kapitalmehrheit an der Deutschen Post AG nach Ablauf von fünf Jahren aufgegeben werden kann, während dies bei den beiden anderen Unternehmen bereits vorher möglich war. Dies zeigt, daß der Bund bestrebt war, die ihm noch verbliebenen Rechte an den Unternehmen nicht beizubehalten, sie sollten aber zum Zeitpunkt der Grundgesetznovelle noch in vollem Umfang ausgeübt wer-

---

371 Stern/Bauer, a. a. O., Teil C, Art. 87 f, Rn. 15; Rottmann, a. a. O., 193 (194). Dies entspricht auch der Begründung des Gesetzesentwurfs, wo es heißt: "Das Angebot der Dienstleistungen ist in Zukunft ausschließlich private Tätigkeit, deren Wahrnehmung als Verwaltungsaufgabe in öffentlich-rechtlicher oder in privatrechtlicher Organisationsform ausgeschlossen ist." BT-Drs. 12/6717, S. 3; 12/7269 S. 4.

372 Stern/Bauer, a. a. O., Teil C, Art . 87 f, Rn. 15.

den, so daß unter diesem Gesichtspunkt allein von einer Organisationsprivatisierung die Rede sein kann.[373] Dadurch, daß weder Art. 87 f noch Art. 143 b GG Aussagen darüber treffen, wann der Bund seine Kapitalmehrheiten aufgeben muß, wird es ihm möglich, schrittweise eine Aufgabenprivatisierung zu bewirken.[374] Mit dem Ersten Gesetz zur Änderung des Postumwandlungsgesetzes vom 18.01.2002[375] und der Einfügung von § 3 Abs. 2 a PostUmwG ist ein weiterer wichtiger Schritt in diese Richtung getan. Der Bund kann nunmehr die Kapitalmehrheit am Unternehmen Deutsche Post AG aufgeben. Zur Gewährleistung des Infrastrukturauftrages und zum Schutz vor dessen Aushöhlung durch einen freien Wettbewerb verbleiben dem Bund starke Regulierungsinstrumente, die aber mit dem Wegfall der Kapitalmehrheit und der Aufgabe der Ausschließlichkeitsrechte ebenso wie der Einfluß des Bundes auf die Unternehmensführung abgebaut werden müssen. Die bisher verwirklichte Organisationsprivatisierung stellt sich damit im Lichte des Art. 87 f GG als notwendiges Durchgangsstadium dar, um den Anforderungen an eine Aufgabenprivatisierung gerecht zu werden. Im Umkehrschluß eines Befehls zur Aufgabe der Kapitalmehrheit stand aber auch das Verbot der Aufgabe vor dem 01.09.1999. In Konsequenz dieser Bestimmung stehen nach § 3 Abs. 1 PostUmwG die Aktien an den neu zu bildenden Aktiengesellschaften der Nachfolgeunternehmen somit dem Bund zu. Allein diese einfachgesetzliche Regelung versetzt schon für sich den Bund wie jeden Aktionär einer beliebigen Aktiengesellschaft in die Lage, seine Anteile nach dem Stichtag zu veräußern und sich damit auch letztlich völlig aus der Gesellschaft zurückzuziehen. Der besonderen Bedeutung des Postwesens für die Infrastruktur trägt Art. 143 b Abs. 2 Satz 2 GG Rechnung, welche Regelung als Maßnahme zur Sicherung der Existenz der Deutschen Post AG bis zu einer vollständigen Aufgabenprivatisierung dienen soll. Daraus, sowie aus der Tatsache, daß dem Bund als Mehrheitsgesellschafter ein wesentlicher Einfluß auf die Unternehmenspolitik zukommt, ergibt sich die besondere Stellung der Deutschen Post AG, die sie von einem völlig der Privatwirtschaft überlassenen Unternehmen wesentlich unterscheidet.[376] Mit dieser Vorgehensweise ist die Organisationsprivatisierung als notwendiges Durchgangsstadium zu einer von der Postreform II beabsichtigten Aufgabenprivatisierung festgeschrieben, deren Merkmale gerade in der Übernahme von Dienstleistungen durch Privatisierungssubjekte liegen, die von staatlichen Stellen beherrscht werden.[377] Diese Kriterien werden ergänzt durch die

373 So auch Scherer, CR 1994, 418 (418, 420).

374 Stern/Bauer, a. a. O., Teil C, Art. 87 f, Rn. 15.

375 BGBl. I 2002, S. 416.

376 Stern/Bauer, a. a. O., Teil C, Art. 143 b, Rn. 67 ff.

377 Stern/Bauer, a. a. O., Teil C, Art. 143 b, Rn. 69; Wieland, Die Verwaltung 1995, 315 (318).

Sicherungsfunktion des Art. 143 b GG, durch den die den Unternehmen eingeräumte Sonderstellung erreicht wird. Die Bedeutung der Unternehmen für die Erfüllung des Infrastrukturgewährleistungsauftrages macht eine solche Vorrangstellung erforderlich.

4. Art. 143 b GG als Übergangsregelung

Aus der Übergangsregelung in Art. 143 b Abs. 2 Satz 2 GG betreffend das materiellrechtliche Verbot, die Kapitalmehrheit an dem Nachfolgeunternehmen der Deutschen Bundespost POSTDIENST vor dem Ablauf von fünf Jahren nach Inkrafttreten des Gesetzes aufzugeben, war in erster Linie für die Übergangszeit von einer Organisationsprivatisierung auszugehen, wenn auch aus der Eigentümerstellung allein noch kein ausreichendes Argument für die Art der Privatisierung gezogen werden kann. Dennoch läßt sich aus der Fassung der Norm entnehmen, daß zumindest die Eigentümerstellung als wichtiges Indiz angesehen wird, um eine Aufgabenprivatisierung nur während der Übergangszeit auszuschließen.

Art. 143 b GG ist als Übergangsregelung konzipiert, wie sich aus seiner Stellung im Grundgesetz ergibt. Sie soll keinen endgültigen Zustand herbeiführen, sondern für die Privatisierung, die man sich nicht als einzelnen Akt, sondern als fortschreitende Entwicklung vorstellen muß, das verfassungsrechtliche Fundament für den Übergang der Deutschen Bundespost vom Staatsunternehmen zum Unternehmen in privater Rechtsform bieten. Welcher Zustand auf Dauer gewollt ist, läßt sich damit nicht Art. 143 b GG allein entnehmen. Es bedarf hierzu eines Rückgriffs auf den VIII. Abschnitt des Grundgesetzes, auf Art. 87 f Abs. 2 Satz 1 GG.[378] Art. 143 b GG läßt sich aber hinsichtlich der Privatisierung zumindest entnehmen, daß der gegenwärtig erreichte Stand nicht auf Dauer angelegt ist und eine weitergehende Entstaatlichung erreicht werden soll. Auch Art. 143 b GG kann damit zur Bestimmung des gegenwärtigen Standes bei der Privatisierung herangezogen werden. Art 143 b GG enthält in seinem Abs. 1 neben einem Verfassungsauftrag zur Umwandlung der aus dem Sondervermögen Deutsche Bundespost hervorgegangenen Unternehmen, eine Kompetenznorm, sofern dem Bundesgesetzgeber die ausschließliche Gesetzgebungskompetenz[379]

---

378 Stern, ArchPT 1996, 148 (150).

379 Stern/Bauer, a. a. O., Teil C, Art. 143 b, Rn. 20: Einer Ausgestaltung als Kompetenznorm bedurfte es, da die Umwandlung nicht bereits von Art. 73 Nr. 7 GG erfaßt wird. Es wird nicht die Form und der Inhalt der Dienstleistungen geregelt, sondern allein die Rechtsform des Dienstleistungsträgers festgelegt. Die Umwandlung selbst unterfällt der konkurrierenden Gesetzgebung als Recht der Wirtschaft in Art. 74 Nr. 11 GG. Damit hätte der Gesetzgeber sich an die Vorgaben des Art. 72 Abs. 2 GG

über alle sich aus der Umwandlung ergebenden Angelegenheiten übertragen wird, und weiterhin eine Verfassungsnorm mit materiellrechtlichen Aussagen.[380] Art. 143 b Abs. 1 Satz 1 GG überläßt den Vollzug der Umwandlung dem einfachen Gesetzgeber; er wird im wesentlichen über das Aktiengesetz vollzogen, sofern das Postumwandlungsgesetz keine abweichenden Regelungen trifft (§ 1 Abs. 3 PostUmwG).[381] Art. 143 b Abs. 1 Satz 1 GG selbst fehlt der Vollzugscharakter.

5. Die Umwandlung in Aktiengesellschaften

Mit der Verpflichtung, die drei Teilsondervermögen Deutsche Bundespost POSTDIENST, TELEKOM und POSTBANK in Unternehmen privater Rechtsform umzuwandeln wird letztlich eine materielle Privatisierung angestrebt.[382]

Welcher Zustand auf Dauer gewollt ist, ist mithin Art. 143 b GG nur ansatzweise zu entnehmen. Zu berücksichtigen sind dabei insbesondere die bestehenden Regulierungsinstrumentarien des Staates. Nach Art. 87 f Abs. 2 Satz 1 GG ist es das Ziel der Postreform, eine materielle Privatisierung herbeizuführen. Deutlich wird dies durch die Regelung, daß die Dienstleistungen im Bereich des Postwesens und der Telekommunikation als privatwirtschaftliche Tätigkeiten zu erbringen sind. Jegliche hoheitliche Tätigkeit die Dienstleistungserbringung betreffend ist demnach ausgeschlossen. Dieses Ziel will Art. 143 b Abs. 1 Satz 1 GG nicht umkehren, sondern er will zu dessen Verwirklichung unter Berücksichtigung des Grundsatzes der Einheit der Verfassung beitragen. Art. 143 b Abs. 1 Satz 1 GG schafft als Übergangsregelung die verfassungsrechtliche Grundlage für diesen ersten Schritt in Richtung Aufgabenprivatisierung. Die zunächst bewirkte Organisationsprivatisierung ist notwendiges Durchgangsstadium für dieses weitere Ziel. Art. 143 b Abs. 1 Satz 1 GG ist unter Berücksichtigung der in Art. 87 f GG erklärten Ziele auszulegen und unterstreicht dementsprechend zunächst die von Art. 87 f Abs. 2 GG vorgegebenen Zielvorgaben. Andererseits stellt er aber auch klar, daß mit der Postreform II zunächst nur eine formelle Privatisierung durchgesetzt werden sollte. Bis zu einer Postreform III, die mit dem Postgesetz von 1997 umgesetzt wurde, handelte es sich um eine durch die Übergangsregelung festgeschriebene Durchgangslösung.

---

halten müssen. Um diese Regelung auszuschalten, wurde dem Gesetzgeber in Art. 143 b GG die ausschließliche Gesetzgebung übertragen.

380 Stern/Bauer, a. a. O., Teil C, Art. 143 b, Rn. 18, 20.

381 Zum Postumwandlungsgesetz vgl. Burmeister/Röger, in: Stern (Hrsg.): Postrecht der Bundesrepublik Deutschland, Teil F.

382 Stern/Bauer, a. a. O., Teil C, Art. 143 b, Rn. 26.

Art. 143 b Abs. 1 GG läßt sich außerdem entnehmen, daß er keine verfassungsrechtliche Grundlage dafür bietet, die Nachfolgeunternehmen auf Dauer als öffentliche Unternehmen mit einer Kapitalmehrheit des Bundes zu führen. Art. 143 b Abs. 1 Satz 1 GG schreibt nicht nur zwingend vor, daß die genannten Organisationen in Unternehmen privater Rechtsform umzuwandeln sind, sondern beinhaltet mit dieser Vorschrift gleichzeitig auch ein Verbot jeder Fortführung der Sondervermögen in verwaltungsrechtlichen Formen. In Betracht kommen nur privatrechtliche Rechtsformen, die auch den materiellen Vorgaben des Privatrechts entsprechen. Mit § 1 Abs. 1 PostUmwG hat sich der Gesetzgeber für die Rechtsform der Aktiengesellschaft entschieden, die von Art. 143 b Abs. 1 Satz 1 GG nicht notwendigerweise vorausgesetzt wird.

6. Verleihung der Ausschließlichkeitsrechte

Mit der Postreform II wird dem aus dem Sondervermögen hervorgegangenen Unternehmen der Deutschen Post AG kraft Gesetzes ein ausschließliches Recht verliehen. Aus dieser Vorzugsstellung begründet sich gegenüber der privaten Wirtschaft immer noch eine Monopolstellung. Diese Sonderstellung der Nachfolgeunternehmen führt zu einem gesteigerten Regulierungsbedarf, bewirkt aber, daß die Unternehmen in den ihnen verbliebenen Bereichen mit den verbliebenen Monopolrechten wie bisher weiter tätig sein können. Durch die Umwandlung der Rechtsform allein hat sich nichts geändert, wenn auch die Ausschließlichkeitsrechte nicht mehr so umfassend sind wie zu Zeiten der staatlichen Regie. So ist beispielsweise das Fernmeldemonopol auf das Netz- und Telefondienstmonopol beschränkt worden. Mit der Verleihung kraft Gesetzes wird die weiterhin bestehende Sonderstellung gegenüber privaten Wettbewerbern deutlich, denen die ausschließlichen Rechte nur unter Erfüllung bestimmter Bedingungen verliehen werden können. Solange noch Ausschließlichkeitsrechte bestehen, deren Ausübung der besonderen staatlichen Kontrolle unterliegen, kann von einer Aufgabenprivatisierung nicht gesprochen werden. Gerade mit den hier in Bezug auf die Ausschließlichkeitsrechte getroffenen Regelungen wird das Konzept einer schrittweisen Privatisierung durch die Postreform II unterstrichen. Gerechtfertigt sind die damit einhergehende Ausschlußwirkung für private Konkurrenz unter dem Blickwinkel von Art. 12 Abs. 1 GG allein wegen der Sicherung des Infrastrukturgewährleistungsauftrages, denn in der von Umstrukturierung gekennzeichneten Umwandlungsphase bedarf es einer Sicherung der vom Monopol erfaßten Bereiche. Ist jedoch diese Sicherung durch staatliche Regulierung erreicht, kann die schrittweise Marktöffnung auch in diesen Bereichen erfolgen. Mit Abschluß dieses Prozesses kann erst von einer Aufgabenprivatisierung im

Sinne einer Überführung der bisher staatlich durchgeführten Aufgaben in den privaten Sektor gesprochen werden.

7. *Auffassung von Schütz/Cornils*

Schütz/Cornils[383] sehen in der erfolgten Privatisierung entgegen der Intention des Gesetzgebers, eine Aufgabenprivatisierung zu bewirken, nur die Verlagerung der Erfüllung der Aufgabe der Infrastruktursicherung, die weiterhin staatliche Aufgabe bleibt. Die Verfasser übersehen aber, daß die Reform gerade zwischen hoheitlichen und privatwirtschaftlichen Tätigkeiten differenziert und daß mit der Festschreibung einer Staatszielbestimmung nicht notwendigerweise eine Aufgabe einhergeht, die es zu erfüllen gilt, sondern daß eine Staatszielbestimmung zunächst nur eine Zielvorgabe darstellt, an der sich staatliche Maßnahmen auszurichten haben.[384]

8. *Ergebnis*

Im Hinblick auf die verfassungsrechtlichen Normen und den schrittweisen Prozeß der Privatisierung sind mehrere Phasen zu unterscheiden.

Zunächst ist der Status unmittelbar nach der Postreform II zu betrachten. Im Anschluß daran folgt die Fortschreibung der Reform mit der Postreform III und das Auslaufen der Exklusivlizenz sowie die Aufgabe der Kapitalmehrheit des Bundes an der Deutschen Post AG. Die am Anfang der Reform festzustellende Organisationsprivatisierung mündet sodann in eine eingeschränkte Aufgabenprivatisierung.

In Anlehnung an die bisher aufgeführten Thesen läßt sich die Postreform II deshalb auch als Beispiel einer gleichzeitigen Organisations- und Aufgabenprivatisierung definieren:[385] Als Organisationsprivatisierung insoweit, als sie das Stadium der Loslösung von der staatlichen Verwaltung kennzeichnet, als Aufgabenprivatisierung, als diese als abschließendes Ziel angestrebt wird.

---

383 Schütz/Cornils, DVBl. 1997, 1146 (1147).

384 Dem entspricht es, wenn die Verfasser allein eine Gewährleistungsverantwortung des Staates annehmen, da der Staat entstandene Defizite nicht selbst ausgleichen kann.

385 Scholz, ArchPT 1996, 95 (101), der eine reine Aufgabenprivatisierung annimmt. Fangmann/Lörcher, Telekommunikations- und Postrecht, Teil 1 Art. 87 f GG, Rn. 1.

3. Teil: Verfassungsrechtliche Zulässigkeit von Monopolen im Hinblick auf Art. 86 EGV

Viele Argumente, die bereits zur Begründung der ersten Postreform angeführt wurden, standen auch wieder bei der Postreform II im Vordergrund. Durch die technische Entwicklung insbesondere auf dem Telekommunikationsmarkt, die Wiedervereinigung Deutschlands im Jahre 1989 und vor allem durch die Maßnahmen der Europäischen Union hat die Diskussion um die Neustrukturierung der Deutschen Bundespost seit 1989 zahlreiche neue Impulse erhalten, mit denen es sich im Folgenden auseinanderzusetzen gilt. Im Zentrum der kontroversen Debatte standen die bestehenden Ausschließlichkeitsrechte. Der Streit um deren verfassungsrechtliche Legitimation und deren wirtschaftlichen Nutzen entbrannte von neuem. Durch die Maßnahmen der Europäischen Union auf diesem Sektor wurde die Entwicklung vorangebracht. Zwar war die Aufrechterhaltung der Monopole auch in Deutschland nie ganz unumstritten gewesen. Angesichts des gesetzlich festgesteckten Rahmens war es aber nie zu einer konsequenten Neugestaltung und Abschaffung des Beförderungsvorbehalts gekommen. Erst die Erkenntnis, daß ein funktionierendes Postwesen für den Europäischen Binnenmarkt von besonderem Interesse ist, führte zu einem grundsätzlichen Umdenken.

Das vorliegende Kapitel soll die verfassungsrechtliche Ausgangslage vor den Reformen im Postwesen beleuchten und den Konflikt zwischen Monopol und Erbringung von Dienstleistungen verständlicher machen. Gleichzeitig sollen die Maßnahmen der Europäischen Union betrachtet und in den Kontext zu den nationalen Regelungen gebracht werden.

A. Streit um die verfassungsrechtliche Verankerung von Monopolen im Postwesen

Im Text des Grundgesetzes kamen die Begriffe Fernmeldemonopol und Beförderungsvorbehalt jedenfalls bis zum Inkrafttreten des 41. Gesetzes zur Änderung des Grundgesetzes nicht vor. Mangels ausdrücklicher verfassungsrechtlicher Niederlegung von staatlichen Ausschließlichkeitsrechten bestand Unklarheit, ob die Verfassung das Bestehen solcher Rechte rechtfertige oder doch zumindest billige.

Die Auseinandersetzung um die verfassungsrechtliche Zulässigkeit beschränkte sich im Wesentlichen auf das Fernmeldemonopol. Dieses stand wegen seiner Bedeutung für die Wirtschaft und wegen der technischen Entwicklungen stets im Vordergrund. Die Übertragung der diesbezüglich angeführten Argumente auf die Zulässigkeit des Beförderungsvorbehaltes ist jedoch möglich. Beide, Fernmeldemonopol und Beförderungsvorbehalt, waren bis zur Postreform I der Deutschen Bundespost als Einheit und damit dem Staat zur Verwaltung zugewiesen und beide Ausschließlichkeitsrechte standen in demselben gesetzlichen Kontext. Damit kann für den Beförderungsvorbehalt im Ergebnis nichts anderes gelten als für das Fernmeldemonopol. Erst mit der Postreform I wird eine differenzierte Betrachtungsweise im Hinblick auf den unterschiedlichen Verlauf der Umgestaltung und der gesetzlichen Regelungen erforderlich.

I. Meinungsstand in der Literatur

Das Meinungsspektrum hinsichtlich der verfassungsrechtlichen Zulässigkeit von Monopolrechten im Bereich des Postwesens reicht von der Annahme der Verfassungswidrigkeit bis hin zu einer verfassungsrechtlichen Verpflichtung zur Aufrechterhaltung der bestehenden Ausschließlichkeitsrechte.[386] Im folgenden sollen die wesentlichen Meinungsströmungen kurz skizziert werden.

1. Verfassungsrechtliche Verankerung

Teilweise erblickte man in Art. 73 Nr. 7 und 87 Abs. 1 GG a. F. eine verfassungsrechtliche Verankerung des Fernmeldemonopols, welches sich grundsätzlich der Disposition des Gesetzgebers entziehe. Der Bundespost sei durch die genannten Grundgesetzvorschriften die Besorgung des Fernmeldewesens aufgegeben worden.[387] Unter Rückgriff auf den Begriff des Fernmeldewesens wurde dieses der Bundespost als Staatsaufgabe zugeordnet und inhaltlich mit der überkommenen Substanz des einfachen Gesetzesrechts zum Fernmeldewesen ausgefüllt. Das einfachgesetzlich geregelte Fernmeldemonopol wurde so auf die Verfassungsebene hochgezogen.[388]

Für diese Auffassung sprach, daß es allgemein als zulässig angesehen wird, zur Auslegung verfassungsrechtlicher Begriffe auf das bei Erlaß des Grundgesetzes geltende einfache Gesetzesrecht, das sog. vorgefundene Recht, zurückzu-

386 Schatzschneider, MDR 1988, 529 f; ders., NJW 1989, 2371 (2372); Hesse, Verfassungsmäßigkeit des Fernmeldemonopols, S. 50 f; Meckel/Krohnthaler, Das Bundesministerium, S. 39 f.

387 Ossenbühl, in: FS für Lukes, S. 525 (526, 533, 537). Nach Ossenbühl kann damit Art. 73 Nr. 7 GG kein aufgabenrechtlicher Gehalt entnommen werden. Püttner, Die öffentlichen Unternehmen, S. 105.

388 Wiechert, JbdBP 1986, 119 (124); Kirchhof, DVBl. 1984, 657 (658).

greifen.[389] So zog das Bundesverfassungsgericht zur Bestimmung des Fernmeldewesens den Begriff der Fernmeldeanlage in § 1 FAG heran.[390]

2. Die Kernbereichstheorie und freie Gestaltungsmöglichkeit des Gesetzgebers

Eine differenziertere Meinung will das Postmonopol nicht in vollem Umfang als verfassungsrechtlich verankert ansehen. Nur ein Kernbereich soll verfassungsrechtlich abgesichert sein. Dessen Umfang bestimmt sich nach der Funktionsfähigkeit der Bundespost.[391] Diese Ansicht sah sich auf die Überlegung gestützt, daß durch Art. 87 Abs. 1 GG a. F. nicht nur die Einrichtung der Bundespost als solche, sondern auch ihre Funktionsfähigkeit verfassungsrechtlichen Rang erhalten habe.[392] Eine verfassungsrechtlich garantierte Funktionsfähigkeit der Bundespost setze aber voraus, daß auch das Bestehen der dafür notwendigen Mittel grundsätzlich verfassungsrechtlich abgesichert sei. Auch insoweit erlange daher das bei Erlaß des Grundgesetzes vorgefundene einfache Gesetzesrecht Bedeutung, soweit es im Fernmeldewesen zur Sicherung der Funktionsfähigkeit bei Inkrafttreten des Grundgesetzes schon seit rund 60 Jahren ein Monopol vorsehe.[393]

Nach anderer Ansicht wiederum sollte es im Belieben des Gesetzgebers stehen, ob und mit welchen Monopolen er die Bundespost ausstattet.[394]

3. Ablehnung einer verfassungsrechtlichen Verankerung von Monopolrechten

Sofern eine verfassungsrechtliche Festschreibung von Postmonopolen abgelehnt wird, geschieht dies durch einen Rückgriff auf den Wortlaut des Grundgesetzes. Eine grundgesetzliche Zuweisung von Aufgaben, die nicht von der Natur der Sache und vom materiellen Inhalt her dem Staat vorbehalten sei, könne angesichts der grundrechtlich verbürgten allgemeinen Handlungsfreiheit keine monopolisierende Zuweisung sein, wenn dies nicht verfassungsrechtlich ausdrücklich normiert ist.[395]

---

389 Wiechert, a. a. O., 119 (124). Siehe dazu auch Köbele, Fernmeldewesen und Telematik, S. 67 f.

390 BVerfGE 46, 120 (143).

391 Lerche, Fernmeldemonopol, S. 78 f.

392 Lerche, a. a. O., S. 78 f.

393 Roßnagel/Wedde, DVBl. 1988, 562 (564); Ossenbühl, a. a. O., S. 525 (538); Wiechert, a. a. O., 119 (125).

394 Schatzschneider, NJW 1989, 2371 (2372).

395 Ossenbühl, a. a. O., S. 525 (526); ders. Bestand und Erweiterung, S. 28; Arndt, ArchPF 1970, 3 (9); Hesse, Die Verfassungsmäßigkeit, S. 44, 47; Schatzschneider,

Das Bundesverfassungsgericht hat sich hinsichtlich der Ausschließlichkeitsrechte der Deutschen Bundespost nicht explizit geäußert. In der Direktruf-Entscheidung wird von der Erörterung der Bedeutung des Fernmeldemonopols der Bundespost gerade abgesehen.[396]

In einigen Entscheidungen hat das Bundesverfassungsgericht aber, die materiell-rechtliche Wirkung von Kompetenznormen betreffend,[397] auch zur verfassungsrechtlichen Zulässigkeit von anderen staatlichen Monopolen Stellung genommen.[398] So hat es den Art. 105 Abs. 1, 106 Abs. 1, 108 Abs. 1 GG eine grundsätzliche Anerkennung und eine Billigung der Struktur der dort geregelten Finanzmonopole entnommen.[399] Indem das Grundgesetz in Art. 105 Abs. 1, 106 Abs. 1 und 108 Abs. 1 GG Zuständigkeiten im Bereich des Finanzwesens regelt, läßt es nach Ansicht des Bundesverfassungsgerichts zugleich erkennen, daß es Finanzmonopole als besondere Form der Erhebung von Abgaben dem Grunde nach anerkennt. Damit sind diejenigen Beschränkungen der freien wirtschaftlichen Betätigung des einzelnen, die sich aus der vom Grundgesetz angetroffenen Struktur der Monopole notwendig ergeben, im Prinzip hingenommen und gebilligt.[400]

Privatisierung, S. 27 f; Wiechert, a. a. O., 119 (124); Badura, Das Verwaltungsmonopol, S.267.

396 BVerfGE 46, 120 (136) - Direktrufentscheidung; Ossenbühl, a. a. O., S. 525 (527). Allerdings wird die Entscheidung als Beleg für die Verneinung eines verfassungsrechtlich gewährleisteten Fernmeldemonopols in Anspruch genommen.

397 Ossenbühl, a. a. O., S. 525 (531); Scholz/Aulehner, ArchPT 1993, 103 (124).

398 Scholz/Aulehner, ArchPT 1993, 103 (124). So entnahm das Gericht im Apothekenurteil dem Art. 74 Nr. 19 GG einen Beweis dafür, daß das Grundgesetz Zulassungsregeln nicht schlechthin hat ausschließen wollen, BVerfGE 7, 377 (401). Zur Wehrpflicht entschied es, daß die Verfassung mit der Kompetenzbestimmung des Art. 73 Nr. 1 GG a.F. zugleich klarstelle, daß ein Bundesgesetz, das die allgemeine Wehrpflicht im Rahmen dieser Verfassungsnorm einführt, dem Grundgesetz insoweit auch materiell nicht widerspricht. Das Gericht entnahm Art. 87 a Abs. 1 Satz 1 GG einen Verfassungsauftrag, der auch das Gebot umfaßt, das innere Gefüge der aufzustellenden Streitkräfte so zu gestalten, daß sie ihren militärischen Aufgaben gewachsen sind. BVerfGE 28, 36 (47). So spricht das Bundesverfassungsgericht der Einrichtung und Funktionsfähigkeit der Bundeswehr eine verfassungsrechtlichen Rang zu, da die Art. 12 a Abs. 1, 73 Nr. 1 und 87 a Abs. 1 Satz 1 GG die Wehrpflicht zur verfassungsrechtlichen Pflicht gemacht und eine verfassungsrechtliche Grundentscheidung für die militärische Verteidigung getroffen haben. BVerfGE 28, 243 (261).

399 BVerfGE 14, 105 (111); Scholz/Aulehner, ArchPT 1993, 103 (124).

400 BVerfGE 14, 105 (111); 41, 205 (218); Mayer, Die Bundespost, S. 73, 74.

Auch Art. 74 Nr. 11 GG wurde im Hinblick auf die Anerkennung der bestehenden landesrechtlichen Gebäudeversicherungsmonopole eine materielle Wirkung beigemessen.[401] Zum Arbeitsvermittlungsmonopol stellte das Gericht dann fest, daß dieses einen gewissen Fremdkörper in der freien Wirtschaft darstelle. Hinsichtlich der verfassungsrechtlichen Rechtfertigung dieses Monopols traf das Gericht jedoch keine Aussage.[402] Eine klare Aussage gibt es aber wiederum hinsichtlich des Feuerversicherungsmonopols. Finanzmonopole dieser Art sind nach dem Bundesverfassungsgericht von der Verfassung grundsätzlich gebilligt und leiten sich aus den Zuständigkeitsvorschriften her.[403] Hinsichtlich der Billigung von Monopolen sind aber die Berufsfreiheit der potentiellen Anbieter und die allgemeine Handlungsfreiheit der Abnehmer zu beachten.[404] Bei Eingriffen in die Berufsfreiheit des Art. 12 Abs. 1 GG erfolgt eine Prüfung anhand der Dreistufentheorie, ob die Monopoleinrichtung durch das dem entsprechend erforderliche Gemeinwohlinteresse gerechtfertigt ist.[405] Im Hinblick auf die allgemeine Handlungsfreiheit des Art. 2 Abs. 1 GG hat es festgestellt, daß es darauf ankommt, ob überwiegende Gründe des Gemeinwohls die Einführung eines Monopols rechtfertigen oder gar gebieten.[406]

Die Entscheidungen des Bundesverfassungsgerichts bezüglich der verfassungsrechtlichen Verankerung von staatlichen Monopolen sind nicht einheitlich. Es läßt sich allenfalls eine Tendenz erkennen, daß das Gericht bei Vorliegen einer Kompetenznorm dazu neigt, auch einfachgesetzlich festgeschriebene Monopole zumindest als verfassungsrechtlich gebilligt anzusehen, wenn diese auch in der Verfassung nicht ausdrücklich festgeschrieben worden sind.

III. Ergebnis

Anhand des dargestellten Meinungsstandes, insbesondere unter Berücksichtigung der Stellungnahmen des Bundesverfassungsgerichts zeigt sich, daß der Verfassung selbst die Erforderlichkeit von staatlichen Ausschließlichkeitsrechten nicht zu entnehmen ist. Allenfalls mag man mit dem Bundesverfassungsgericht

---

401 Scholz/Aulehner, ArchPT 1993, 103 (124).

402 BVerfGE 41, 205 (218). Das Gericht sieht in Art. 74 Nr. 12 und Art. 87 Abs. 3 Satz 1 GG a. F. nur die verfassungsrechtliche Grundlage für die Errichtung von Bundesanstalten überhaupt. Die nähere Ausgestaltung bleibt dem Gesetzgeber überlassen. Zu beachten ist in diesem Zusammenhang aber Art. 12 GG, der nicht durch die Erklärung zur hoheitlichen Aufgabe ausgeschaltet werden kann.

403 BVerfGE 41, 205 (218).

404 BVerfGE 21, 245 (249); 41, 205 (218); 46, 120 (136).

405 BVerfGE 46, 120 (145).

406 BVerfGE 21, 245 (249) - Arbeitsvermittlungsmonopol.

von einer möglichen Billigung eines bereits bei Schaffung des Grundgesetzes auf einfachgesetzlicher Grundlage bestehenden Monopols ausgehen. Angesichts der verfassungsrechtlichen Offenheit stellt sich dennoch bei jedem Monopol die Frage der verfassungsrechtlichen Zulässigkeit. Seine Existenz ist nicht aus sich heraus ohne weiteres allein unter Rückgriff auf die Normen der Verfassung gerechtfertigt. Vielmehr bedarf es zur Klärung der Frage, ob ein Monopol verfassungsrechtlich zulässig ist, einer gesonderten Untersuchung anhand der Art des Monopols, dessen gesamtpolitische Bedeutung und der verfassungsrechtlichen Grundwerte und -rechte, die es tangiert.

B. Die verfassungsrechtliche Zulässigkeit von Monopolen

Da die Verfassung die Monopole der Post in Art. 87 Abs. 1 S. 1 GG a. F. nicht explizit festschrieb, stellte sich deshalb die weitere Frage, ob sie verfassungsrechtlich zulässig waren.

Unabhängig davon, ob man der Verfassung die Existenz eines Monopols entnehmen kann, ist dieses an den Verfassungswerten, insbesondere den Grundrechten zu messen. Auch die vom einfachen Gesetzgeber in Inhalt und Grenzen festgelegten Ausschließlichkeitsrechte können, wenn sie verfassungsrechtlich im Hinblick auf ihre bloße Existenz auch nicht zu beanstanden sind, wegen ihres Einflusses auf den Wettbewerb nicht schrankenlos aufrechterhalten und ausgedehnt werden.

Sofern nach den Postreformen II und III, dem Postgesetz von 1997, die Ausschließlichkeitsrechte bestehen geblieben sind, ist aber besonderes Augenmerk darauf zu richten, daß sich der Verfassungsgesetzgeber nunmehr endgültig für den freien Wettbewerb im Postsektor entschieden hat. Diese Wertentscheidung des Verfassungsgesetzgebers kann bei der Überprüfung der Monopole zu einem anderen Ergebnis führen bzw. eine zusätzliche Begründung für den Fortbestand der Ausschließlichkeitsrechte erfordern als es noch vor den Postreformen möglich gewesen wäre.

Gesetzlich begründete Verwaltungsmonopole, deren Gegenstand wirtschaftliche Tätigkeiten sind, bilden im System einer grundsätzlich freien Wirtschaft "einen gewissen Fremdkörper".[407] Eine Verfassungswidrigkeit kann sich jedoch erst dann ergeben, wenn Private in einer mit Art. 2 Abs. 1 und Art. 12 Abs. 1 GG nicht zu vereinbarenden Weise von der Betätigung ausgeschlossen sind. Bei Art. 87 Abs. 1 S. 1 GG a. F. war daneben zu beachten, daß der Bundespost ein ge-

407 BVerfGE 21, 245 (249); Steiner, in HdbStR III § 81 Rn. 37.

samt- und leistungsstaatlicher Auftrag zukam.[408] Mit der Feststellung, daß Art. 87 Abs. 1 S. 1 GG a. F. die bestehenden Verwaltungsmonopole nicht per se schützte, ergab sich, daß jedes Monopol gesondert geprüft werden mußte. In diese Verfassungsprüfung waren sowohl die Gründe des Gesetzgebers für die Einrichtung eines Monopols, wie insbesondere der gesamtstaatliche Auftrag der Bundespost, als auch die nachteiligen Wirkungen des Ausschließlichkeitsrechts für Private einzubeziehen.[409]

I. Standpunkt der Rechtsprechung

Aus der Rechtsprechung des Bundesverfassungsgerichts ergibt sich, daß die Verfassung Monopole nicht per se als verfassungswidrig ansieht. Ältere, bei Inkrafttreten des Grundgesetzes vorgefundene Monopole können verfassungsrechtlich legitimiert sein.[410] Da die Monopole der Deutschen Bundespost bereits vor dem Grundgesetz geltendes Recht waren, scheidet demgemäß eine Verletzung des Grundgesetzes aus.[411] Dieser Umstand vermag insbesondere einen Eingriff in den Schutzbereich des Art. 12 Abs. 1 GG zu rechtfertigen.

Das Bundesverfassungsgericht stellte folglich in seinem ersten Fernsehurteil[412] fest, daß dem Bund die Befugnis zustehe, die Errichtung und den Betrieb von Rundfunksendeanlagen zu regeln. Auch die Begrenzung der Zuständigkeit der Post auf den sendetechnischen Teil des Rundfunks, das heißt die Übermittlung und Ausstrahlung der sendefertigen Signale bis zum Empfänger, jedoch nicht für die Studiotechnik, wurde bestätigt. Gleichzeitig wurde das Betreiben der Sender durch die Post, die zur Ausstrahlung des ZDF-Programms bestimmt waren, vom Bundesverfassungsgericht gebilligt.[413] Im Jahre 1977 hatte sich das Bundesverfassungsgericht mit der Direktrufverordnung zu befassen.[414] Es stellte fest, daß das Fernmeldeanlagengesetz auch neue Übertragungstechniken, zum

---

408 Steiner, a. a. O., § 81 Rn. 37.

409 Hesse, a. a. O., S. 55, 92; Steiner, a. a. O., § 81 Rn. 38. Nach Steiner hält das Netzmonopol grundsätzlich einer verfassungsrechtlichen Prüfung stand. Anders soll es für den Endgerätebereich sein. Neue Telekommunikationsdienste sollen nur vom Fernmeldemonopol erfaßt werden, wenn dies mit Art. 2 und 12 GG vereinbar ist.

410 BVerfGE 14, 105 (111) zum Branntweinmonopol.

411 Wiechert, a. a. O., 119 (138); Ossenbühl, a. a. O., S. 525 (527); Schmelz, Postmonopol und Ablieferungen, S. 260; Ladeur, CR 1989, 514 (515); Hesse, a. a. O., S. 74 f; v. Danwitz, Verfassungsfragen der gesetzlichen Exklusivlizenz der Deutschen Post AG, S. 83.

412 BVerfGE 12, 205.

413 BVerfGE 12, 205 (240, 225 f); Hesse, a. a. O., S. 31, 33; Sprißler, ArchPF 1991, 159 (172).

414 BVerfGE 46, 120 - Direktruf.

Beispiel auf digitalem Weg, mitumfasse. Zum Umfang des Monopols wurde ausgeführt, daß sich dieser nicht auf den unmittelbaren Netzbereich, Leitung und Anschluß, beschränke, sondern auch für die die Übertragung erst ermöglichenden Endeinrichtungen gelte.[415]

Mit seinen Feststellungen in den soeben zitierten Entscheidungen hat das Bundesverfassungsgericht damit auch unter Berücksichtigung des geschichtlichen Kontext, die Existenz des Monopols unter verfassungsrechtlichen Gesichtspunkten grundsätzlich inzidenter gebilligt.

II. Der Beförderungsvorbehalt im Lichte der Art. 12 Abs. 1 und 2 Abs. 1 GG

Der Beförderungsvorbehalt wurde, gemessen an den Grundrechten, nie ernsthaft in Zweifel gezogen. Der Streit entzündete sich im wesentlichen an den Kompetenznormen des Grundgesetzes. Bereits die Anwendung der Grundrechte auf Verwaltungsmonopole überhaupt war lange Zeit umstritten, so daß eine inhaltliche Prüfung zunächst ausblieb.[416] Erst mit der Anerkennung der Geltung der Grundrechte auch in den Bereichen, die der Staat zur hoheitlichen Aufgabe erklärt hatte,[417] waren die staatlichen Ausschließlichkeitsrechte einer Kontrolle ausgesetzt.[418]

1. Der Beförderungsvorbehalt als Eingriff in den Schutzbereich des Art. 12 Abs. 1 GG

Mit seiner Entscheidung zum Arbeitsvermittlungsmonopol hat das Bundesverfassungsgericht klargestellt, daß staatliche Monopole an Art. 12 Abs. 1 GG zu messen sind.[419] Nach der Rechtsprechung des Bundesverwaltungsgerichts hingegen sind ausschließliche Rechte, die von vornherein staatliche Monopole sind, nicht dem Prinzip der Gewerbe- und Unternehmerfreiheit und damit dem Maßstab des Art. 12 GG unterstellt. Dies gilt unabhängig davon, ob es sich um ein vom Grundgesetz vorgefundenes oder ein später geschaffenes Monopol handelt.[420]

---

415 BVerfGE 46, 120 (140 f).

416 Knauth/Husch, ArchPT 1997, 5 (7); Stern, ArchPT 1998, 309 (315); Stern/Bauer, in: Stern (Hrsg.), Postrecht der Bundesrepublik Deutschland, Teil C, Art. 73 Nr. 7, Rn. 41; Schliesky, DÖV 1999, 78 (80).

417 BVerfGE 7, 377 (329 ff); 21, 245 (248).

418 BVerfGE 21, 245 f; 21, 271 f; BVerwGE 39, 159 f; 62, 224 f.

419 BVerfGE 21, 245 (248).

420 BVerwGE 96, 302 (307) - Spielbankenentscheidung.

Sieht man in der Einrichtung eines staatlichen Ausschließlichkeitsrechts begriffsnotwendig eine Einschränkung der Berufsfreiheit, so läßt sich diese durchaus aus der Verfassung heraus rechtfertigen.[421] Eine solche Rechtfertigung kann zunächst bereits darin gesehen werden, daß das Grundgesetz den Beförderungsvorbehalt als existierend voraussetzt und damit billigt. Die Tatsache, daß der Verfassungsgesetzgeber in Kenntnis der Existenz dieses Ausschließlichkeitsrechts hierzu keine Regelung erlassen hat, spricht für deren verfassungsrechtliche Zulässigkeit.[422]

Will man allein diesen Umstand nicht als Rechtfertigung ausreichen lassen, so ist mit der Rechtsprechung des Bundesverfassungsgerichts an den spezifischen Prüfungsmaßstab des Art. 12 Abs. 1 GG anzuknüpfen.

Nach der Dreistufentheorie[423] ist der Grundsatz der Verhältnismäßigkeit zu prüfen und die Rechtfertigung der Einschränkung in der Berufsausübung anhand vernünftiger Gründe des Gemeinwohls zu sehen.[424]

Ein funktionierendes Postwesen ist als überragend wichtiges Gemeinschaftsgut zu qualifizieren. Maßgebend ist, daß das Postwesen eine entscheidende Voraussetzung für das Funktionieren der gesamten Wirtschaft ist.[425] Um die Funktionsfähigkeit des Postwesens aufrechtzuerhalten, ist es erforderlich, dessen wirtschaftliche Leistungsfähigkeit zu gewährleisten. Ein Umstand, der die Aufrechterhaltung eines Monopols gebieten kann. Das im Gegensatz zum Postwesen ertragreichere Fernmeldewesen, wurde zu den Zeiten, als beide Bereiche noch unter dem Dach der Deutschen Bundespost als Staatsverwaltung betrieben wurden, vielfach zur Finanzierung des Postwesens herangezogen. Der Bundespost oblag es, im Rahmen der bestehenden Betriebspflicht und dem Infrastrukturauftrag in vielen Bereichen nicht kostendeckende Leistungen anzubieten. Die dort zu verzeichnenden Defizite galt es in anderen gewinnbringend arbeitenden Dienstleistungsbereichen wieder auszugleichen. Der Erhalt des Monopols für den gesamten Bereich des Post- und Fernmeldewesens bedeutete somit durch die Möglichkeit des internen Finanzausgleichs die Gewährleistung der finanziellen Leistungsfähigkeit des Postwesens. Durch ein umfassendes Monopol konnte ein sog. Rosinenpicken, also die Erbringung allein von lukrativen Leistungen durch

---

421 Vgl. dazu oben I. 2. zur Auffassung des Bundesverfassungsgerichts.

422 v. Danwitz, Verfassungsfragen der gesetzlichen Exklusivlizenz der Deutschen Post AG, S. 87.

423 BVerfGE 7, 377 - Apothekenurteil.

424 Wiechert, a. a. O., 119 (140). Vgl. oben II. 2.

425 So für die Deutsche Bahn, BVerfGE 11, 168 (184); 16, 147 (169); 38, 61 (87 f); 40, 196 (218) und für die Energieversorgung BVerfGE 30, 292 (324).

private Wettbewerber verhindert werden. Des weiteren wurde die Möglichkeit geschaffen, defizitäre Leistungen mittels finanzieller Zuschüsse aus gewinnbringenden Bereichen finanzieren zu können. So wurde gewährleistet, daß auch Leistungen erbracht wurden, die zwar keine Gewinne erbrachten aber als unerläßlich für ein funktionierendes Postwesen und eine flächendeckende Grundversorgung zu erschwinglichen Preisen angesehen wurden.

3. Konsequenzen für die gesetzliche Exklusivlizenz

Mit der Schaffung des Art. 143 b Abs. 2 Satz 1 GG ergibt sich die verfassungsrechtliche Billigung der Exklusivlizenz, die den Beförderungsvorbehalt abgelöst hat, unmittelbar aus der Verfassung. Diesbezüglich bedarf demnach die Frage, ob sich eine Billigung der bei Entstehung des Grundgesetzes vorgefundenen Ausschließlichkeitsrechte allein daraus ergibt, daß eine entsprechende Kompetenznorm existiert, für den Postdienst keiner Entscheidung mehr.[426] Da sich die Exklusivlizenz mit dem althergebrachten Beförderungsvorbehalt deckt bzw. diesen noch unterschreitet, ist sie gemessen an Art. 12 Abs. 1 GG unter Bezugnahme auf die vorstehenden Ausführungen ohne weiteres auch als gerechtfertigt anzusehen.[427]

Nach wie vor sind Postdienstleistungen als Universaldienstleistungen überragend wichtige Gemeinschaftsgüter, deren Erbringung es zu sichern gilt. Dies kommt insbesondere darin zum Ausdruck, daß mit dem Infrastrukturgewährleistungsauftrag des Art. 87 f Abs. 1 GG ausdrücklich ein Verfassungsauftrag an den Gesetzgeber in das Grundgesetz aufgenommen worden ist. Diese Grundentscheidung steht im Kontext mit den Feststellungen der Organe der Europäischen Gemeinschaft zur Bedeutung des Postwesens für die Schaffung eines europäischen Binnenmarktes. So hat die Europäische Kommission beispielsweise in ihrem Vorschlag für eine Richtlinie des Europäischen Parlaments und des Rates zur Änderung der Richtlinie 97/67/EG im Hinblick auf die weitere Liberalisierung des Marktes für Postdienste in der Gemeinschaft festgehalten, daß der Postsektor eine Schlüsselinfrastruktur des Kommunikationsbereiches von großer wirtschaftlicher und sozialer Bedeutung darstellt. Die Ineffizienz dieses Sektors hat negative Folgen für das Wirtschaftswachstum und die Beschäftigung. Starke Verbraucher- und Geschäftsinteressen sprechen daher für eine Sicherstellung einer breiten Palette von hochwertigen Postdiensten und -produkten.[428] Darüber

426 BVerfGE 41, 205 (218 f) zum Versicherungswesen gemäß Art. 74 Nr. 11 GG a. F.
427 v. Danwitz, Verfassungsfragen der gesetzlichen Exklusivlizenz der Deutschen Post AG, S. 85.
428 KOM (2000) 319 endg., S. 3.

hinaus kommt den Postdiensten eine soziale Rolle zu. Sie dienen dem sozialen Zusammenhalt in der Gemeinschaft.[429]

Nichts anderes kann für das Postwesen auf nationaler Ebene gelten und bewirken somit eine Rechtfertigung der Beibehaltung des Postmonopols in seiner heutigen Ausgestaltung als Exklusivlizenz. Gleichzeitig beleuchten die gemeinschaftsrechtlichen Betrachtungen die Dimension, die dem Postwesen für die Fortentwicklung des europäischen Binnenmarktes zukommt, die auch vom nationalen Verfassungsgesetzgeber in zunehmendem Maße zu beachten ist.

C. Problematik von Monopolrechten in wirtschaftlicher Hinsicht

So wie der Beförderungsvorbehalt bringt die Exklusivlizenz der Deutschen Post AG einen Wettbewerbsvorteil in dem relativ statischen Bereich der Briefpost. Dies gilt, auch wenn man berücksichtigt, daß dieser Markt im Inland stagniert und nennenswerte Umsatzsteigerungen in Zukunft nicht zu erwarten sind. So waren im Jahre 2001 keine Umsatzzuwächse im Bereich des Briefdienstes zu verzeichnen. Im ersten Halbjahr 2002 stieg der Umsatz der Deutschen Post AG gegenüber dem ersten Halbjahr 2001 nur um 0,1 Prozent.[430]

Die Deutsche Post AG unterhält nach wie vor ein umfassendes Filialnetz. Dieses ermöglicht es ihr, weiterhin ein umfangreiches Dienstleistungsangebot über den reservierten Bereich hinaus bereitzustellen. Sie kann aus ihrer jahrzehntelangen Tradition als Nachfolger der Deutschen Bundespost POSTDIENST, ihrem staatlichen Ursprung als bekanntester Anbieter auf dem Markt für Postdienstleistungen und Inhaber der Exklusivlizenz Kunden aquirieren.[431] Des weiteren verfügt sie mit der Exklusivlizenz über eine ständige und sichere Einnahmequelle. Nach den Erhebungen der Europäischen Kommission erwirtschaftet die Deutsche Post AG in dem reservierten Tätigkeitsbereich höhere Erträge, als für die Erfüllung der öffentlichen Dienstleistungsverpflichtung tatsächlich notwendig sind.[432] Diese tatsächlichen Vorteile kann sie auch für die Erbringung von im Wettbewerb stehenden Dienstleistungen nutzbar machen, sofern dem nicht europäisches und nationales Recht entgegenstehen. Bereits zu den Zeiten als Postdienst, Postbank und Fernmeldewesen als Einheit begriffen

429 KOM (2000) 319 endg., S. 4.
430 RegTP 3/2002, S. 3.
431 Bekanntmachung der Kommission, ABl. EG Nr. C 39 vom 06.02.1998, S. 8 Nr. 2.6; KOM (2000) 319 endg., S. 17.
432 Bekanntmachung der Kommission, ABl. EG Nr. C 306 vom 23.10.1999, S. 25 (25, 28, 29).

und organisiert wurden, konnten Gewinne in einem Sektor genutzt werden, um Verluste in einem anderen Bereich auszugleichen.[433]

Gerade im Hinblick auf die mit dem Ersten Gesetz zur Änderung des Postgesetzes vom 02.09.2001 erfolgte Verlängerung der gesetzlichen Exklusivlizenz bis zum 31.12.2007[434] erhält die Frage der Verwendung von Gewinnen beispielsweise vom Briefsektor in den Frachtsektor unter dem Aspekt der sog. Quersubventionierung im Sinne einer Verschiebung unternehmensinterner Finanzmittel besondere Bedeutung. Diesen Aspekt gilt es auch unter dem Gesichtspunkt der Zulässigkeit staatlicher Beihilfen nach Europäischem Gemeinschaftsrecht zu beleuchten.

I. Finanzierungsproblematik - Einbindung in den Staatshaushalt als Sondervermögen

Die gesetzliche Verabschiedung des Haushaltsplans ist zwangsläufig ein schwerfälliges und einiger Vorlaufzeit bedürfendes Verfahren. Im schnellebigen Bereich der Nachrichtenübermittlung können neue technische Möglichkeiten oder neue Kommunikationsbedürfnisse langfristige Finanzplanungen gegenstandslos oder kurzfristig abänderungsbedürftig machen. Die haushaltsrechtlichen Kontrollmechanismen sind aber für eine schnellen Veränderungen unterliegende unternehmerische Betätigung nicht geeignet. So sind beispielsweise Ausgaben, die nicht im Haushaltsplan vorgesehen sind, im Regelfall ausgeschlossen;[435] einmal bewilligte Ausgaben hingegen sind, wenn sie nicht verfallen sollen, auszugeben und können nicht gespart werden, womit eine flexible Reaktion auf die Veränderungen des Marktes praktisch unmöglich gemacht wird.[436]

Mit der Finanzierung der Post als Teil der unmittelbaren Staatsverwaltung aus dem allgemeinen Staatshaushalt ließ sich ein Betriebsergebnis nur schwer feststellen. Jeder Zwang fehlte, Gewinne zu erwirtschaften. Korrespondierend dazu entfiel auch der Zwang, unangenehme und unpopuläre Rationalisierungsmaßnahmen treffen zu müssen. Folglich konnte diese Verfahrensweise für den

---

433 Stern/Bauer, a. a. O., Teil C, Art. 87 f, Rn. 21. Zur historischen Entwicklung dieses Prinzips vgl. Wieland, Die Verwaltung 1995, 315 (319 f).

434 BGBl. I 2001, S. 2271.

435 Schlick, Ziele und Möglichkeiten, S. 45; Mayer, a. a. O., S. 123; König, VerwArch 1988, 241 (255), der Bundespost und Bundesbahn wegen der finanziellen Defizite als nicht privatisierungsfähig ansieht.

436 Fuest/Kroker, Privatisierung öffentlicher Aufgaben, S. 15; Maunz, in: FS für Scupin, S. 615 (618); Mayer, a. a. O., S. 124. Mit der Postreform sollen die Tarife sich mehr und mehr an die tatsächlichen Kosten annähern. Vgl. Tenzer, ZPT 1/1990, 4 (6).

Postbenutzer und Steuerzahler unter Umständen teurer sein als ein Verfahren, in dem die Post ihre ausgewiesenen finanziellen Lücken nicht aus dem Staatshaushalt deckte.

Entsprechend diesen Feststellungen war es auch ein erklärtes Ziel der europaweiten Reformen, die traditionelle organisatorische Verbindung von politischer Steuerung und unternehmerischer Dienstleistung aufzuheben und den verselbständigten Dienstleistungsunternehmen eine weitgehende wirtschaftliche Autonomie zu gewähren.[437]

Mit der Abkoppelung des Postwesens vom allgemeinen Staatshaushalt und der fortschreitenden Privatisierung wurde aber auch ein Spannungsverhältnis geschaffen. Diesem sieht sich insbesondere auch die Deutsche Post AG ausgesetzt, die allein gemäß § 52 PostG n. F.[438] zur Erbringung von Universaldienstleistungen verpflichtet ist. Zum einen muß sie als Inhaber der Exklusivlizenz und Inhaber eines Marktanteils von nahezu 95 % dem verfassungsrechtlichen und gemeinschaftsrechtlichen Postulat nach einer flächendeckenden Versorgung von Postdienstleistungen gerecht werden. Zum anderen ist sie wie jeder Anbieter auch von nicht reservierten Postdienstleistungen dem Wettbewerb ausgesetzt und muß sich im Zuge der fortschreitenden Liberalisierung mehr und mehr wirtschaftlichen Gegebenheiten anpassen.

Dieses Dilemma zeigt sich an folgendem Beispiel: Zu den Zeiten, als die Post noch in den allgemeinen Staatshaushalt eingebunden war, verfügte sie über ein umfassendes Filialnetz von rund 24.000 Filialen bundesweit. Im Rahmen der Privatisierung hat die Deutsche Post AG dieses Netz auf rund 16.000 Filialen reduziert. Dies erfolgte nicht zuletzt im Hinblick auf die hohen Kosten, die die Bereitstellung von Personal und Gebäuden mit sich bringt. Andererseits ist sie gemäß § 2 Abs. 1 PUDLV[439] verpflichtet, dem Qualitätsmerkmal der ausreichenden bundesweiten Dichte an ein Filialnetz Genüge zu tun.

II. Zwang zur Eigenwirtschaftlichkeit

Das Monopol der Deutschen Post AG erstreckt sich auch auf rentable Dienste. Es beinhaltet nicht nur einen Ausschluß anderer Dienstleistungserbringer von

---

437 Bullinger, Organisationsformen, in: Mestmäcker (Hrsg.), Kommunikation ohne Monopole II, S. 349 (354); Maunz, a. a. O., S. 615 (618).

438 Zweites Gesetz zur Änderung des Postgesetzes vom 30.01.2002, BGBl. I 2002, S. 572.

439 Postuniversaldienstleistungsverordnung (PUDLV) vom 15.09.1999, BGBl. I 1999, S. 2418.

dem reservierten Bereich.[440] In der Regel bewirkt die Schaffung von Monopolen auch die Möglichkeit, einen verlustbringenden Dienst mit Einnahmen aus dem reservierten Bereich finanzieren zu können, wenn die Dienstleistung nicht aus dem Angebot herausgenommen werden kann.[441] Neben der unmittelbar mit dem Monopol verbundenen Wirkung der Wettbewerbsverhinderung kommt deshalb der Frage besondere Bedeutung zu, wie weit die finanzielle Unterstützung mit Gewinnen aus dem reservierten Bereich anderer nicht rentabler Dienste im reservierten und nicht reservierten Bereich zulässig ist. Dies gilt um so mehr, wenn man sich vor Augen führt, daß im Postwesen seit jeher die Verschiebung interner Finanzmittel über die Instrumente des Finanz- und Verlustausgleichs erfolgte und es nicht darauf ankam, ob die Erbringung eines Dienstes mittels der mit ihm erzielten Gewinne finanziert werden konnte.

1. Finanzausgleich

Im Bereich des Postwesens waren schon zu den Zeiten der behördenmäßigen Struktur Stimmen laut geworden, die Post- und Fernmeldewesen organisatorisch voneinander trennen wollten. Der Interessengegensatz von Leistungsangebot zum Wohle der Allgemeinheit und ertragswirtschaftlichen Überlegungen wurde schon lange gesehen. Ansatzpunkt für die damalige Kritik war allerdings nicht primär die Abschaffung von Wettbewerbsverzerrungen[442] in einem liberalisierten Bereich, wie sie heute im Rahmen der Privatisierung im Vordergrund steht. Vielmehr wurde nach Meinung der Kritiker[443] durch die Möglichkeit des internen Finanzausgleichs verhindert, daß das Postwesen durch Schaffung neuer Dienste selbst dafür Sorge tragen mußte, gewinnbringend und eigenwirtschaftlich Dienstleistungen anzubieten.[444] Das Postverfassungsgesetz sah deshalb in § 4 Abs. 1 Satz 4 vor, daß im Rahmen des Finanzausgleichs die Grenzen der wirtschaftlichen Möglichkeiten der Unternehmen zu beachten waren. Jedes Unternehmen sollte grundsätzlich kostendeckend geführt werden, ohne daß die

---

440 Bekanntmachung der Kommission, ABl. EG Nr. C 39 vom 06.02.1998, S. 8, Nr. 2.7.

441 Mestmäcker, Recht und Organisation, in: Mestmäcker (Hrsg.): Kommunikation ohne Monopole II, S. 13 (115).

442 Regierungskommission Fernmeldewesen, Neuordnung, S. 137.

443 Regierungskommission Fernmeldewesen, a. a. O., S. 137.

444 Blankart, in: Windisch (Hrsg.), Privatisierung natürlicher Monopole, S. 205 (206). Nach Blankart läßt sich diese These durch die Beispiele der Postanstalten in Schweden und Großbritannien belegen.

Möglichkeit des Finanzausgleichs zwischen den Unternehmen gänzlich ausgeschlossen war, wie es § 37 PostVerfG vorsah.[445]

2. Verlustausgleich

Neben der Beschränkung des Finanzausgleichs, diente auch die Einführung von Bilanzierungsgrundsätzen der Förderung der Wettbewerbsfähigkeit der Unternehmen.

Mit den ersten Reformen im Postwesen wurde das Instrument des Gewinn- und Verlustausgleichs im Verhältnis der Aktiengesellschaften untereinander gemäß §§ 10, 34 BAPostG zunächst ebenfalls beibehalten. Danach konnte die Bundesanstalt für Post und Telekommunikation wie eine Finanzholding den Verlust einer Aktiengesellschaft aus Dividenden ausgleichen.

Dieser Verlustausgleich war an den gemeinschaftsrechtlichen Beihilfevorschriften orientiert und erlaubte einen Verlustausgleich nur dann, soweit ein unter marktwirtschaftlichen Bedingungen handelnder Kapitalgeber einen solchen vornehmen würde.

§ 10 BAPostG stellte ein Relikt der früheren finanzwirtschaftlichen Einheit der Deutschen Bundespost dar, die zuvor in der Regelung des § 37 Abs. 2 PostVerfG ihren Niederschlag gefunden hatte.[446]

Damit griffen die Gesetze den in der Wirtschaftsverfassung in Art. 114 Abs. 2 Satz 1 GG niedergelegten Grundsatz der Wirtschaftlichkeit als Maßstab der Rechnungsprüfung auf.

Das Grundgesetz selbst hat inzident ein verfassungsrechtliches Postulat der Haushaltsführung aufgestellt und mit Verfassungsrang ausgestattet. Wirtschaftlich im Sinne diese Gebotes handelte, wer bestrebt ist, die verfügbaren Mittel im Sinne einer Nutzenmaximierung bzw. Kostenminimierung einzusetzen.[447]

---

445 Weinkopf/Neu, ArchPT 1991, 422 ff; Michalski, WSI-Mitteilungen 1995, 526 (528); Badura, ArchPT 1996, 318 (318); Hermann-Fähnrich, Neuordnung in: online 13,1/1990,I.04.03 (12); Knieps, Dienstleistungsmonopole, in: Diederich/Hamm/ Zohlnhöfer: Die Deutsche Bundespost, S. 129 (136, 137); Schulte-Braucks, Europäisches Telekommunikationsrecht, in Scherer (Hrsg.): Telekommunikation und Wirtschaftsrecht, S. 1 (20 f), im Hinblick auf die europäischen Vorgaben. Bei den verbleibenden Monopolleistungen soll ein Als-ob-Wettbewerbsverhalten praktiziert werden; Tenzer, a. a. O., 4 (6); Schlick, Ziele und Möglichkeiten, S. 46: "versteckte Subventionen". ASU (Hrsg.): Mehr Marktwirtschaft im Postwesen, S. 49: "Gießkannen-Subventionen".

446 Fangmann/Lörcher, Telekommunikations- und Postrecht, § 10 BAPostG, Rn. 1, 5.

447 R. Schmidt, in: FS für Lerche, S. 965 (975); Heuer, DÖV 1995, 85 (86, 89 f), der der vorherrschenden Auffassung, daß private Rechtsformen wirtschaftlicher seien,

3. Quersubventionierung

Mit dem Begriff der Quersubventionierung werden Verhaltensweisen von Unternehmen erfaßt, durch die die auf einem bestimmten räumlichen oder sachlichen Markt anfallenden Kosten der dort erbrachten Leistungen ganz oder teilweise auf einen anderen räumlichen oder sachlichen Markt abgewälzt werden, um auf dem begünstigen Markt Leistungen zu einem nicht kostendeckenden Preis anbieten zu können.[448] Dies bedeutet unter anderem dann eine Wettbewerbsverzerrung, wenn hierdurch andere Anbieter mit Kampfpreisen vom Markt, in dem Wettbewerb herrscht, verdrängt werden sollen.

Der Beschränkung von Wettbewerbsverzerrungen aufgrund der Quersubventionierung diente bereits § 7 Satz 2 PTRegG (vormals § 37 Abs. 4 Satz 2 PostVerfG), wonach der Bundesminister für Post und Telekommunikation die Quersubventionierung regulieren konnte. § 7 PTReg bezieht sich auf den unternehmensinternen Ausgleich zwischen Monopol- und Wettbewerbsdiensten.[449] Entscheidend für ein Einschreiten des Ministers war die Kostenunterdeckung als Indiz für das Bestehen wettbewerbswidriger Kampfpreise.[450] Sachlich gerechtfertigt war eine Kostenunterdeckung dann, wenn diese durch Gemeinwohlverpflichtungen verursacht war.[451]

Auch § 10 PostG will mit seinem Postulat der Transparenz und Nachvollziehbarkeit der finanziellen Beziehungen der marktbeherrschenden Unternehmen eine Verfälschung des Wettbewerbs, wie er durch Quersubventionierung entstehen kann, entgegenwirken.[452]

§ 10 PostG schreibt in seinem Absatz 2 den Grundsatz der getrennten Rechnungsführung fest. Danach haben Unternehmen, die auf einem Markt für Postdienstleistungen marktbeherrschend sind, die Nachvollziehbarkeit der finanziellen Beziehungen zwischen Postdienstleistungen innerhalb des lizenzierten Be-

---

kritisch gegenübersteht. Siehe dazu auch Ehlers, Verwaltung in Privatrechtsform, S. 351; Zurhorst, JbdDBP 1985, 9 (10).

448 Definition der Kommission in der Bekanntmachung über die Anwendung der Wettbewerbsregeln auf den Postsektor und über die Beurteilung bestimmter staatlicher Maßnahmen betreffend Postdienste, ABl. EG Nr. C 39 vom 06.02.1998, S. 2 (10, Nr. 3.1.). V. Danwitz, in: Badura/v. Danwitz/Herdegen/Sedemund/Stern (Hrsg.), Beck'scher PostG Kommentar, PostR, EuGrdl., Rn. 49.

449 Schroeder, in: Stern (Hrsg.), Postrecht, Teil I, Postregulierungsgesetz, § 7 Rn. 1.

450 Riehmer, Organisation, in: Mestmäcker (Hrsg.): Kommunikation ohne Monopole II, S. 369 (384); Mestmäcker, Recht und Organisation, in: Mestmäcker (Hrsg.): Kommunikation ohne Monopole II, S. 13 (95); dazu im einzelnen Schroeder, a. a. O., Rn. 18 f.

451 BT-Drs. 11/2854, S. 47.

452 Habersack, a. a. O., S. 7.

reichs durch Schaffung eines eigenen Rechnungslegungskreises zu gewährleisten. Dasselbe gilt für die finanziellen Beziehungen zwischen Postdienstleistungen im lizensierten und Postdienstleistungen im nicht lizenzierten Bereich. § 10 Abs. 2 PostG führt damit den in Absatz 1 aufgestellten Grundsatz der strukturellen Separierung fort. Dieser besagt, daß Unternehmen, die auf anderen Märkten als einem Markt für Postdienstleistungen marktbeherrschend sind, Postdienstleistungen in einem oder mehreren rechtlich selbständigen Unternehmen erbringen müssen, denen wesentliche unternehmerische Entscheidungsbefugnisse zustehen.

Als weiteres wichtiges Regulativ der Quersubventionierung sehen die §§ 19 ff PostG die Entgeltregulierung als ex-ante Preiskontrolle vor, auf die noch näher im Zusammenhang mit der Bedeutung der Finanzierungsfunktion der Exklusivlizenz für den Universaldienst einzugehen sein wird.[453]

III. Quersubventionierung nach europäischem Recht

Zu den Zeiten, als das Post- und das Fernmeldewesen noch als Behörde zusammengefaßt waren bzw. als Teilsondervermögen existierten, sahen die geltenden Gesetze zunächst nach wie vor die Quersubventionierung im Sinne eines Finanzausgleichs des gewinnbringenden Telekommunikationsbereiches zugunsten des Postwesens vor, § 37 PostVerfG.[454] Auch mit der Grundentscheidung für eine Liberalisierung des Postsektors ist es nach den gemeinschaftsrechtlichen Vorgaben[455] nach wie vor möglich, daß der Universaldienst durch die Erträge anderer Dienstleistungen unterstützt werden darf, um so dessen Funktionsfähigkeit zu gewährleisten und sicherzustellen, daß alle Kunden die Dienste, die als notwendig zu erbringend angesehen werden, zu erschwinglichen Preisen nutzen können.

1. Haltung der Kommission

Die Kommission sieht in ihrem Grünbuch[456] die Problematik der Legitimierung einer Quersubventionierung, die durch eine klare politische Leitentscheidung zu erfolgen hat. Grundsätzlich erkennt sie die Quersubvention an, berücksichtigt aber auch, daß es zu Wettbewerbsverzerrungen bei Subventionen des nichtreservierten Bereiches durch Dienste aus dem reservierten Bereich kommen kann, ohne daß diese noch durch die Universaldienstverpflichtung gerechtfertigt wä-

453 Vergleiche 2. Kapitel, Exklusivlizenz und Universaldienst.
454 Grünbuch, S. 133.
455 Grünbuch, S. 133.
456 Grünbuch, S. 132 f.

ren.[457] Unabhängig davon wird ein weiterer Aspekt dieses Problems beleuchtet, nämlich der, daß es zur Sicherung der Tarifeinheit im Raum notwendigerweise zur Subvention in geographischer Hinsicht kommen kann.[458]

In der Bekanntmachung der Kommission über die Anwendung der Wettbewerbsregeln auf den Postsektor und über die Beurteilung bestimmter staatlicher Maßnahmen betreffend Postdienste vom 06.02.1998[459] griff die Kommission die Problematik der Quersubventionierung auf. Diese könne zu Wettbewerbsverzerrungen dahingehend führen, daß Wettbewerber durch Angebote ausgeschaltet würden, die nicht auf Effizienz und Leistungsfähigkeit, sondern auf Quersubventionen zurückzuführen seien. Für die weitere Entwicklung des Postwesens sei deshalb deren Vermeidung unerläßlich.[460]

Die Kommission unterscheidet verschiedene Arten der Quersubvention. So entstehe keine Wettbewerbsverzerrung, wenn reservierte Dienste durch Einkünfte aus anderen reservierten Diensten subventioniert werden, da hier kein Wettbewerb möglich sei. Diese Art der Subvention könne notwendig sein, um der Verpflichtung zur Bereitstellung eines Universaldienstes für jedermann zu gleichen Bedingungen nachzukommen.[461] Für unzulässig erachtet die Kommission hingegen die Subventionierung von liberalisierten Diensten durch Abwälzung der Kosten auf reservierte Bereiche, da hier die Ausnützung der marktbeherrschenden Stellung nicht auszuschließen sei. Außerdem würden die Benutzer der unter das Monopol fallenden Dienste mit Kosten belastet, die in keinem Verhältnis zu der erbrachten Leistung stünden.[462] In diesen Fällen hält die Kommission die Quersubvention ausnahmsweise dann für zulässig, wenn hiermit keine Diskriminierung verbunden ist oder es sich um Dienstleistungen handelt, die sozial, gesundheitlich und wirtschaftlich benachteiligten Personen zugute kommen.[463]

In ihrem Vorschlag für eine Richtlinie des Europäischen Parlaments und des Rates zur Änderung der Richtlinie 97/67/EG im Hinblick auf die weitere Liberalisierung des Marktes für Postdienste in der Gemeinschaft vom 30.05.2000[464]

---

457 Grünbuch, S. 134.
458 Grünbuch, S. 134.
459 Bekanntmachung der Kommission, ABl. EG Nr. C 39 vom 06.02.1998, S. 2 ff.
460 Bekanntmachung der Kommission, ABl. EG Nr. C 39 vom 06.02.1998, S. 10 Nr. 3.1.
461 Bekanntmachung der Kommission, ABl. EG Nr. C 39 vom 06.02.1998, S. 10 Nr. 3.2.
462 Bekanntmachung der Kommission, ABl. EG Nr. C 39 vom 06.02.1998, S. 10 Nr. 3.3. und 3.4.
463 Bekanntmachung der Kommission, ABl. EG Nr. C 39 vom 06.02.1998, S. 10 Nr. 3.4.
464 KOM (2000) 319 endg.

greift die Kommission diese Haltung auf und fordert die Beibehaltung einer streng getrennten Kontenführung für reservierte und nicht reservierte Dienste sowie eine Aufstellung der Zusatzkosten, die sich aus der zwingenden Bereitstellung des Universaldienstes ergeben. Sie stellt das Postulat auf, daß die Universaldienstleistungen, die dem Wettbewerb unterliegen, kostendeckend zu erbringen sind. Liberalisierte Dienste außerhalb dieses Bereichs sollen nicht mit Einnahmen aus dem reservierten Bereich quersubventioniert werden. Eine Quersubventionierung liberalisierter Dienste, die im Rahmen der Universaldienstpflichten zu erbringen ist, soll nur zulässig sein, wenn sie unverzichtbar ist, um die Zusatzkosten des Universaldienstes zu decken.[465]

In ihrem geänderten Vorschlag für eine Richtlinie des Europäischen Parlaments und des Rates zur Änderung der Richtlinie 97/67/EG im Hinblick auf die weitere Liberalisierung des Marktes für Postdienstleistungen in der Gemeinschaft vom 21.03.2001[466] sieht die Kommission ihre Haltung zur Quersubvention im Hinblick auf die Beschwerden gegen einige Betreiber bestätigt.[467] Sie schlägt demgemäß - wie bereits bei ihrem ersten Änderungsvorschlag zur Postdiensterichtlinie - die Aufnahme eines weiteren Gedankenstrichs zu Art. 12 der Postdiensterichtlinie vor, nach dessen Inhalt die Quersubventionierung von Universaldiensten, die nicht in den reservierten Bereich fallen, mit Einnahmen aus Diensten im reservierten Bereich unzulässig sind. Ausgenommen sind hingegen die Fälle, in denen dies unverzichtbar ist, um spezifische Universaldienstverpflichtungen zu erfüllen.[468]

2. Haltung des Europäischen Gerichtshofes

Im Hinblick auf die besondere Aufgabe der Postdienste und den zu Art. 86 EGV auch durch den Europäischen Gerichtshof entwickelten Grundsätzen im Urteil Corbeau vom 19.05.1993 ist eine Quersubventionierung generell noch als zulässig anzusehen.[469] In diesem Urteil hatte sich der Gerichtshof mit der Frage der Zulässigkeit der Verleihung des ausschließlichen Rechts auf Einsammlung, Beförderung und Zustellung jeder beliebigen Briefsendung an die Belgische Régie des Postes, einer juristischen Person des öffentlichen Rechts auseinander zu setzen. Im Rahmen der Prüfung der Anwendbarkeit der gemeinschaftsrechtlichen Wettbewerbsregeln stellte er unter anderem fest, daß davon auszugehen sei, daß die Verpflichtung des mit der Wahrnehmung des Postdienstes Betrauten zur Er-

---

465 KOM (2000) 319 endg., S. 22, 31.
466 KOM (2001) 109 endg.
467 KOM (2001) 109 endg., S. 12.
468 KOM (2001) 109 endg., S. 14.
469 EuGH, Slg. 1993, I-2533; v. Danwitz, a. a. O., EuGrdl., Rn. 54.

bringung seiner Dienstleistungen unter wirtschaftlich ausgewogenen Bedingungen die Möglichkeit eines Ausgleichs zwischen den rentablen und den weniger rentablen Tätigkeitsbereichen voraussetze und folglich eine Beschränkung auf wirtschaftlich rentable Bereiche rechtfertige.[470]

Er begründete dies und die Zulässigkeit der Einräumung ausschließlicher Rechte wie folgt: Wenn es einzelnen Unternehmen gestattet wäre, mit dem Inhaber ausschließlicher Rechte in den Bereichen ihrer Wahl zu konkurrieren, in denen diese Rechte bestehen, würden sie nämlich in die Lage versetzt, sich auf wirtschaftlich rentable Tätigkeiten zu konzentrieren. Dort könnten sie dann günstigere als die von den Inhabern der ausschließlichen Rechte angewandten Tarife bieten, da sie im Unterschied zu diesen wirtschaftlich gesehen nicht gezwungen seien, einen Ausgleich zwischen den in den unrentablen Bereichen entstandenen Verlusten und den in rentableren Bereichen erzielten Gewinnen vorzunehmen.[471]

Mit seiner Entscheidung zur Deutschen Post vom 10.02.2000 schrieb der Gerichtshof seine Rechtsprechung dahingehend fort, daß es für die Zulässigkeit der Quersubventionierung ausreiche, daß die Dienstleistung von allgemeinem wirtschaftlichen Interesse nicht unter finanziell ausgewogenen Bedingungen erbracht werden könne, weil das Unternehmen für diese Leistung kein kostendeckendes Entgelt erhalte. In diesem Fall dürfe das Unternehmen diesen Dienst mit Gewinnen aus anderen Dienstleistungen finanzieren.[472]

Mit seiner Entscheidung zu TNT Traco[473] vom 17.05.2001, bei der es ebenfalls um die Anwendung der Wettbewerbsregeln auf ein nationales Postunternehmen ging, hat der Gerichtshof seine Rechtsprechung zur Quersubventionierung bestätigt. Diese ist dann zulässig im Sinne des Art. 86 Abs. 2 EGV, wenn sie zur Sicherung der Dienstleistung von allgemeinem wirtschaftlichen Interesse erforderlich ist und die Entwicklung des Handelsverkehrs nicht in einem Ausmaß beeinträchtigt, das dem Interesse der Gemeinschaft zuwiderläuft.[474]

Festzuhalten bleibt demnach, daß die Quersubventionierung für sich genommen nicht rechtsmißbräuchlich ist. Erst wenn durch sie Kampfpreise finanziert werden, ist die Grenze des Zulässigen überschritten.[475]

---

470 EuGH, Slg. 1993, I-2533, Ziffer 17.
471 EuGH, Slg. 1993, I-2533, Ziffer 18.
472 EuGH, Slg. 2000, I-825, Ziffer 25 f.
473 EuGH, EuZW 2001, 408.
474 Grave, EuZW 2001, 709 (710); Storr, DÖV 2002, 357 (360).
475 Grave, EuZW 2001, 709 (710); Storr, DÖV 2002, 357 (360 f).

3. Aufrechterhaltung der Quersubventionierung

Der Argumentationsstrang der Eigenwirtschaftlichkeit zur Erreichung einer effektiven Leistungserbringung ist nunmehr ein wenig in den Hintergrund getreten. Er darf allerdings nicht vollständig außer acht gelassen werden. Es stellt sich darüber hinaus die Frage, ob die Quersubventionierung tatsächlich eine Fortentwicklung des Postwesens verhindert oder nicht vielmehr sichergestellt wird, daß für die Nutzer bedeutsame aber im Ergebnis kostenintensive oder verlustbringende Leistungen überhaupt erbracht werden können. Mit der Liberalisierung der Postdienste ist der Aspekt der Quersubventionen als einer Erscheinungsform des Mißbrauchs einer marktbeherrschenden Stellung in den Vordergrund getreten. Denn es entstehen Wettbewerbsverzerrungen, wenn Wettbewerber durch Angebote ausgeschaltet werden, die nicht auf die Effizienz der Leistungserbringung einschließlich etwaiger Verbundvorteile zurückzuführen sind, sondern auf derartige Kostenverlagerungen.[476] Aber nicht jede Form der Quersubvention ist Mißbrauch einer marktbeherrschenden Stellung. So ist beispielsweise jede Form der Mischkalkulation als eine Ausprägung der Quersubvention unter wirtschaftlichen Gesichtspunkten nicht zu beanstanden. Außerdem ist zu beachten, daß die Einräumung eines Monopols auch die Verpflichtung beinhaltet, nicht kostendekkende Leistungen im Rahmen der Universaldienstverpflichtung erbringen und finanzieren zu müssen. Zur Erhaltung der Funktionsfähigkeit des in diesen Bereichen nicht wirtschaftlich denkend dürfenden Monopollisten mag deshalb das Instrument der Quersubvention ein adäquates und vertretbares Mittel darstellen. Gerade im Postwesen, dessen Erbringungsstrukturen durch den Umstand gekennzeichnet sind, daß reservierte Marktsegmente und nicht reservierte Bereiche nebeneinander bestehen, ist die Möglichkeit von Wettbewerbsverfälschungen im Wege der sog. Quersubventionierung unmittelbar einleuchtend.[477]

Zwischen diesen unterschiedlichen Gesichtspunkten gilt es eine Lösung zu finden. Bei einer unternehmensinternen Kostenverlagerung sind darum sämtliche Begleitumstände zu würdigen, um so die wettbewerbsrechtliche Lage abschätzen zu können. Deshalb bedarf es zunächst einer Unterscheidung nach der Art der Dienste, die eine Subventionierung auslösen.

Dabei kann es zum einen zu einer Finanzierung von reservierten Diensten durch andere reservierte Dienste kommen. In einem solchen Fall fehlt jede wettbewerbsrechtliche Relevanz allein auf Grundlage der Quersubventionierung, da diese Bereiche dem Wettbewerb generell entzogen sind.[478] Ihre Relevanz für den

476 Grünbuch, S. 111; v. Danwitz, a. a. O., Rn. 49.
477 Grünbuch, S 111 f; v. Danwitz, a. a. O., Rn. 49.
478 v. Danwitz, a. a. O., EuGrdl., Rn. 50.

Wettbewerb liegt in der Existenz des reservierten Bereichs als solchem. Des weiteren ist der Bereich abzugrenzen, in dem reservierte Dienste mit Einkünften aus liberalisierten Tätigkeitsbereichen subventioniert werden. Auch in diesem Fall steht eine Wettbewerbsverzerrung nicht zu besorgen, da in dem subventionierten reservierten Bereich kein Wettbewerb existiert und allenfalls zu Ungunsten des mit einem reservierten Bereich ausgestatteten Wettbewerbers eine Verschiebung vom liberalisierten zum reservierten Bereich stattfindet.[479]

Anders stellt sich die Rechtslage allerdings dann dar, wenn die Kosten der Leistungserbringung von liberalisierten Bereichen auf reservierte abgewälzt werden.[480] Vorliegend geht die Europäische Kommission im letztgenannten Fall grundsätzlich von einem wettbewerbswidrigen Verhalten aus.[481] Dagegen steht die Rechtsprechung des Europäischen Gerichtshofes im Hinblick auf die besondere Aufgabe der Postdienste und die zu Art. 86 EGV entwickelten Grundsätzen im Urteil Corbeau, wonach eine Quersubventionierung generell als zulässig angesehen wird,[482] wenn sie zur Sicherung der Dienstleistung von allgemeinem wirtschaftlichen Interesse erforderlich ist und die Entwicklung des Handelsverkehrs nicht in einem Ausmaß beeinträchtigt, das dem Interesse der Gemeinschaft zuwiderläuft.

IV. Ergebnis

Neben der Bewältigung der Finanzierungsprobleme sollte mit der Liberalisierung des Postwesens ebenfalls erreicht werden, daß die staatliche Bürokratie, die nach feststehenden Regeln entscheidet, durch ein wirtschaftliches Management ersetzt wird, das sich an den Gegebenheiten des Marktes orientiert.[483] Die bürokratische Verwaltung zeichnet sich dadurch aus, daß staatliche Aufgaben nach festen Regeln durch fest angestellte Beamte im Rahmen der festgelegten Haushaltsgrundsätze erledigt werden. Effizienz ist nicht entscheidend, zudem eine leistungsanreizende Besoldung nicht erfolgt. Dementsprechend wird auf Markt-

---

479 v. Danwitz, a. a. O., Rn. 50.

480 v. Danwitz, a. a. O., EuGrdl., Rn. 51.

481 Bekanntmachung der Kommission, ABl. EG Nr. C 39 vom 06.02.1998, S. 10, Nr. 3. 4.

482 EuGH, Slg. 1993, 2533 (2569, Rn. 16-19).

483 Ungerer/Costello (Hrsg.): Telekommunikation, S. 39, 40, 55; Pausch, Privatisierungsmöglichkeiten, S. 79; Wiegand, Von der Mangelverwaltung, in: GÖW (Hrsg.): Postreform, S. 47 (53); Bullinger, Organisationsformen, in: Mestmäcker (Hrsg.), Kommunikation ohne Monopole II, S. 349 (360); Blanke/Sterzel, KJZ 1993, 278 (282); Heuer, a. a. O., 85 (88), der in der Flucht aus dem öffentlichen Recht keine taugliche Form sieht, um den erkannten Mißständen entgegenzuwirken, sondern eine Reform innerhalb des Dienstrechts befürwortet.

entwicklungen und den technischen Fortschritt allenfalls mit einer gewissen Verzögerung reagiert.[484] Um die Post über die Erfüllung von Infrastrukturaufgaben hinaus in die Lage zu versetzen, sich auf Wettbewerbsmärkten aktiv betätigen zu können, sollten flexiblere Strukturen geschaffen werden, die es ermöglichen, neben innovativen Wirkungen auch die Verbreiterung des Angebots zu verwirklichen und einen höheren Gewinndruck zu erreichen.[485]

Insbesondere die Telekommunikationsmärkte sind dadurch geprägt, daß sich technisch bedeutsame Entwicklungen in den letzten Jahren abgespielt haben oder noch bevorstehen.[486] Angesichts dieses Entwicklungspotentials gehören die Kommunikationsmärkte zu den Märkten mit dem weitaus größten zu erwartenden Wachstum. Als Bindeglied zwischen Industrie, Dienstleistungssektor und Verbraucher werden Kommunikationsleistungen gerade in Anbetracht des raschen technologischen Wandels der Übertragungs- und Vermittlungstechniken und der steigenden Abhängigkeit der Arbeitsplätze von der Telekommunikation für die gesamtwirtschaftliche Entwicklung und den künftigen Wohlstand eine Schlüsselrolle spielen.[487] Insoweit bildete auch der Telekommunikationsmarkt

---

484 ASU (Hrsg.), a. a. O., S. 49; Bullinger, a. a .O., S. 349 (360). Zu beachten bei einer Privatisierung sind insbesondere die Schranken des Art. 33 Abs. 4 GG. Dieser wird bei der Postreform II durch das sog. Beleihungsmodell in Art. 143 b Abs. 3 GG gewahrt. Siehe dazu Schmidt, in FS Lerche, S. 976 ff; Scholz/Aulehner, ArchPT 1993, 221 (253); Monopolkommission, Sondergutachten 20, S. 43 ff; Blanke/Sterzel, a. a. O., 278 (281 f): siehe dort auch zum Entwicklungsstand in den neuen Bundesländern. Zur Produktivitätsmessung vergleiche Detjen/Echter, JbdDBP 1985, 264 ff.

485 Riehmer, a. a. O., S. 369 (370); Arnold, Telekommunikation im Umbruch, in: Scherer (Hrsg.): Telekommunikation und Wirtschaftsrecht, S. 41 (42); Scholz/Aulehner, ArchPT 1993, 221 (232); Wagner, ZPT 10/1989, 42 (43); Rückwardt, Wirtschaftlichkeit, S. 4, 39; Hengstschläger, VVDStRL 54 (1995), 165 (166), der auch darauf hinweist, daß dieses Argument an Überzeugung verliert, wenn man allein die gewinnbringenden Bereiche privatisiert, bei denen allein nur ein entsprechendes Interesse der Privatwirtschaft besteht.

486 Köbele, a. a. O., S. 36: Insbesondere mit der Einführung von Integrated Services Digital Network, dem sog. ISDN, hat die Entwicklung im Telekommunikationswesen einen großen Anschub erfahren. Siehe auch zur Bedeutung als Zukunftsmarkt Tenzer, a. a. O., 4 (7); Wagener, Die Neuordnung, in: Grande/Kuhlen/Lehmbruch/Mäding (Hrsg.): Perspektiven, S. 70 (70, 71); Aukes/Tenzer, JbdDBP, 9 (15) = online 13,1/1990, I.06.02 (05; Zumwinkel, ZPT 7/1990, 4 f; Michalski, a. a. O., 526 (528); Kluth, Telekommunikation, S. 5 f.

487 Weber, Die Stellung deregulierter Kommunikaitonsmonopole, in: Mestmäcker (Hrsg.), Kommunikation ohne Monopole II, S. 473 (476, 477). Zur technischen Entwicklung: Übergang der analogen zur digitalen Übermittlung, die Möglichkeiten des Signalempfangs von Direktsatelliten und die Breitbandkommunikation, Spoerr/Deutsch, DVBl. 1997, 300 (300).

den Impuls für die Umwandlung der Post, während die "gelbe" Post hierzu bisher wegen ihres als geringer einzustufenden Entwicklungspotentials weniger Anlaß bot.

Mit dem Wachstum, welches aber auch dieser Sektor in den letzten Jahren erfahren hat[488] und der Bedeutung für die Entwicklung des Europäischen Binnenmarktes, erhalten wettbewerbsrechtliche Grundsätze für das Postwesen eine neue Dimension.

Nicht mehr nur der Bereich der Telekommunikation tendiert aufgrund seiner technologischen Innovationen und ökonomischen Entwicklung zu einer weitreichenden Internationalisierung, die es erforderlich macht, daß Dienstanbieter auch auf ausländischen Märkten flexibel agieren können.[489] Ansatzpunkte für eine Neuordnung im Postwesen sind demnach jetzt ebenso wie in der Telekommunikation die Internationalisierung und Globalisierung der Postmärkte. Dies zeigt sich an der Expansion, die die Deutsche Post AG bei ihren Auslandsgeschäften verzeichnet. Mit der Schaffung der Global Mail GmbH, einer Tochtergesellschaft im Konzern Deutsche Post World Net, konnte die Deutsche Post AG erfolgreich auf ausländischen Postmärkten Fuß fassen. Der Umsatz im Briefbereich für den Zeitraum vom 01.01. bis zum 30.09.2001 liegt bei 959 Millionen Euro und für den gleichen Zeitraum des Folgejahres bei 906 Millionen Euro. Dieser Trend wird sich auch in Zukunft fortsetzen. So hat die Deutsche Post

488 Zwischenbericht des Unternehmens Deutsche Post World Net vom 1. Januar bis 30. September 2002.

489 Hoffmann-Riem, Öffentliches Wirtschaftsrecht, Rn. 38; König: Kritik öffentlicher Aufgaben, S. 47; Büchner, DZWir 1995, 120 (121); Aukes/Tenzer, a. a. O., 9 (17); Michalski, a. a. O., 526 (527). Die nationalen Post- und Fernmeldeorganisationen dienten nach traditionellem Verständnis allein der Wahrnehmung der Daseinsvorsorge, also einem vorrangig nationalen Interesse. Dementsprechend gehörten Tätigkeiten im Ausland nicht zu ihren Aufgaben. Dazu Bullinger, a. a. O., S. 349 (365); Gramlich, ArchfVölkerR 1990, 406 (412); Blanke/Sterzel, a. a. O., 278 (282). Auch wenn der bislang in bundeseigener Verwaltung betriebenen Bundespost eine Tätigkeit im Ausland durch Tochtergesellschaften oder im Rahmen völkerrechtlicher Verträge nicht grundsätzlich verwehrt war, so kann die Kooperation für privatwirtschaftliche Unternehmen doch leichter sein, da insbesondere rein staatliche Interessen nicht die entscheidende Rolle spielen, sondern wirtschaftspolitische Zwecke für die Zusammenarbeit und Tätigkeit im Ausland von Bedeutung sind. Dazu Bullinger, a. a. O., S. 349 (366); Gramlich, a. a. O., 406 (414); Riehmer, a. a. O., S. 369 (370). Zum Marktverhalten: Staab, JbdDBP 1980, 101 f. Zur Problematik der Tochtergesellschaften vergleiche Fangmann, CR 1989, 647 (650); Scholz/Aulehner, ArchPT 1993, 103 (136); zur Lage nach dem Postverfassungsgesetz: Gramlich, a. a. O., 406 ff.

Global Mail von der britischen Regulierungsbehörde Postcomm eine Lizenz zur Beförderung von Postsendungen innerhalb Großbritanniens erhalten.[490]

Diesen neuen Herausforderungen muß das Postgesetz mit seinen Instrumentarien ebenso gerecht werden wie der Forderung nach einem funktionierenden Unversaldienst und den Anforderungen des Gemeinschaftsrechts im Hinblick auf die Schaffung des europäischen Binnenmarktes.

D. Einfluß der Europäischen Union auf die Entwicklung nationalen Postrechts[491]

Von grundlegender und maßgeblicher Bedeutung für die Postreformen I bis III erwiesen sich die gemeinschaftsrechtlichen Impulse und Vorgaben. Die europarechtlichen Maßnahmen stellten die Existenz staatlicher Ausschließlichkeitsrechte in Frage und bewirkten so letztlich die völlige Umgestaltung des Postwesens in den Ländern der Europäischen Union. Das Grundgesetz ist nicht mehr ausschließlicher Prüfungsmaßstab für die Rechtmäßigkeit von Verwaltungsmonopolen. Es gelten die Regeln des Vertrages der Europäischen Gemeinschaften über den freien Warenverkehr, den Abbau von Handelsmonopolen, die Dienstleistungsfreiheit[492] und das Wettbewerbsrecht. Bei der Prüfung der europarechtlichen Zulässigkeit von nationalen Ausschließlichkeitsrechten und den ihnen gesetzten Grenzen muß von den Grundlagen und Zielen der Gemeinschaft und ihres Rechts ausgegangen werden. Im Unionsvertrag ist der Grundsatz einer offenen Marktwirtschaft mit freiem Wettbewerb als ordnungspolitische Leitlinie der Gemeinschaft und der Mitgliedsstaaten festgeschrieben (Art. 4, 98, 105 Abs. 1 EGV).

Allerdings müssen die Mitgliedsstaaten die Möglichkeit behalten, den Belangen des Gemeinwohls, insbesondere der Daseinsvorsorge und des sozialen Ausgleichs Rechnung zu tragen. Im Bereich von Monopolen trägt dieser Forderung Art. 86 Abs. 2 Satz 1, 2. Halbsatz EGV Rechnung.

Neben der durch den Vertrag vorgezeichneten allgemeinen ordnungspolitischen Leitentscheidung für eine Liberalisierung der bestehenden Monopole im Bereich des Postwesens durch eine privatwirtschaftliche Erbringung von Postdienstleistungen und die Schaffung einer staatlichen Gewährleistungsverantwortung für die flächendeckende Grundversorgung durch einen Universaldienst,

---

490 Deutsche Post World Net, Nachrichten-Börse 4/2002, S. 7.
491 Knauth/Husch, ArchPT 1997, 5 (14).
492 Dazu v. Danwitz, a. a .O., EuGrdl., Rn. 25 f; Mestmäcker, a. a. O., S. 13, (119).

hat die Gemeinschaft mit den Richtlinien 97/67/EG und 2002/39/EG[493] bereits gemeinsame Vorschriften über die Entwicklung des Binnenmarktes der Postdienste und dessen Harmonisierung getroffen.

I. Anwendbarkeit der Wettbewerbsregeln der Art. 82 ff EGV

Entscheidende Norm für die Anwendbarkeit der wettbewerbsrechtlichen Regelungen ist Art. 86 EGV.[494] Während Art. 86 Abs. 1 EGV sich an die Mitgliedstaaten richtet, ist Art. 86 Abs. 2 EGV an die betroffenen Unternehmen adressiert. Mit der Anwendung des Wettbewerbsrechts wird der Kommission nach Art. 85 EGV zugleich die Möglichkeit eröffnet, bei einem Mißbrauch der Monopolstellung entsprechende Maßnahmen zu ergreifen.

Bei der Deutschen Post AG handelt es sich um ein Unternehmen im Sinne des Art. 86 EGV. Nach den Definitionen des Europäischen Gerichtshofes[495] sind dies alle organisierten Einheiten, die Produkte oder Leistungen auf dem Markt gegen Entgelt anbieten. Dabei spielt weder die Organisationsform eine Rolle noch das Kriterium, ob es sich um ein öffentliches oder privatrechtliches Unternehmen handelt.[496] Wie bereits für ihre Vorgänger[497] ergibt sich die Unternehmenseigenschaft im Sinne des EGV für die Deutsche Post AG aus der Tatsache, daß sie Dienstleistungen, nämlich die Beförderung von Sendungen gegen Entgelt anbietet und dabei zumindest teilweise im Wettbewerb steht.[498]

In diesem Sinne hat für die Belgische Régie des Postes auch der Europäische Gerichtshof im Urteil Corbeau entschieden. Danach stellte die Belgische Régie des Postes ein Unternehmen im Sinne des Art. 86 EGV dar.[499] Hinsichtlich des Postwesens in Deutschland kann dies nunmehr allenfalls deshalb zweifelhaft sein, weil der Status als öffentliches Unternehmen nach deutschem Recht mit der Postreform II anders als nach der Postreform I nicht mehr im Gesetz festgeschrieben ist. Entscheidend ist aber nicht die Einordnung nach nationalem Recht. Es kommt auch nicht darauf an, ob man zur Begründung der öffentlichen Unternehmenseigenschaft nach europäischen Maßstäben auf die Rechtsform oder auf

---

493 ABl. EG Nr. L 15 vom 21.01.1998, S. 14 ff; ABl. EG Nr. C 110 E/04 vom 07.05.2002, S. 37 f.

494 Art. 86 EGV n. F.

495 EuGH 1991, Slg. I, 5973 (5979, Rn. 16); Mestmäcker, a. a. O., S. 13 8122, 139.

496 Everling, ArchPT 1996, 22 (25); Haar, Marktöffnung in der Telekommunikation, in: Mestmäcker (Hrsg.): Kommunikation ohne Monopole II, S. 527 (552).

497 Everling, a. a. O., 22 (26); Badura, ZGR 1997, 291 (297).

498 Everling, a. a. O., 22 (25).

499 Everling, a. a. O., 22 (26); Fangmann/Lörcher, Telekommunikations- und Postrecht, Art. 143 b Rn. 12; Rottmann, ArchPF 1989, 3 (5, 6).

die Anteilseigner abstellt. In derartigen Zweifelsfällen kommt die Regelung des Art. 86 Abs. 2 EGV zur Anwendung, die die Anwendbarkeit der Normen des EGV auf solche Unternehmen ausdehnt, die eine marktbeherrschende Stellung innehaben. Abzustellen ist allein auf die mit der gesetzlichen Einräumung von Monopolen begründete marktbeherrschende Stellung der Aktiengesellschaften, die für den Briefbereich bei der Deutschen Post AG unzweifelhaft besteht.

II. Zulässigkeit von Ausschließlichkeitsrechten

Art. 86 Abs. 1 EGV i.V. m. Art. 295 EGV erlaubt es den Mitgliedstaaten grundsätzlich, öffentliche Unternehmen einzurichten und zu unterhalten. Dennoch unterliegen die Unternehmen den Bestimmungen des Vertrages ebenso wie private Unternehmen. Sie dürfen ihren Status und Einfluß nicht dazu benutzen, sich der Geltung der Wettbewerbsregeln zu entziehen. In Ausprägung des Art. 10 Abs. 2 EGV haben die Mitgliedstaaten demnach alle Maßnahmen zu unterlassen, die die Verwirklichung der Ziele des Vertrages gefährden können.[500] Dementsprechend kann natürlich auch die Unterhaltung und Errichtung von Unternehmen mit Ausschließlichkeitsrechten dann unzulässig sein, wenn sie diesen eben benannten Zweck gefährden. Daneben ist zu beachten, daß Ausschließlichkeitsrechte, wie sie in § 51 PostG der Deutschen Post AG eingeräumt werden, die grenzüberschreitende Erbringung von Dienstleistungen durch Wettbewerber erheblich einschränken und insoweit der Grundsatz der Verhältnismäßigkeit besonderes Gewicht erhält.[501]

Die Dienstleistungsfreiheit kann aber auch Ausnahmen haben, wie sich aus den Art. 45, 38 EGV ergibt. Diese Regelungen sind jedoch nach der Rechtsprechung restriktiv zu handhaben.[502] Sie zeigen jedoch, daß Monopole grundsätzlich zulässig sein können.

Die Deutsche Post AG wie auch ihre Vorgänger gehören nach wie vor zu den Unternehmen, denen besondere oder ausschließliche Rechte gewährt werden.[503] Deren nicht per se ausgeschlossene Zulässigkeit nach europäischem Recht hängt

---

500 Everling, a. a. O., 22 (26); Badura, ZGR 1997, 291 (295); Mestmäcker, a. a. O., S. 13 (119).

501 v. Danwitz, a. a. O., EuGrdl., Rn. 26 f.

502 EuGH Slg 1975, 297 (307 Rn. 6); 1982, 1665 (1707 f Rn. 7 f); 1989, 4035 (4060, Rn. 13); 1991, 273 (294, Rn. 3 f).

503 Everling, a. a. O., 22 (26); Fangmann/Lörcher, Telekommunikations- und Postrecht, Art. 143 b Rn. 12: Danach kommt Art. 86 EGV gegenüber den Unternehmen mit Monopolstellung eine Schutzfunktion zu, solange die EG keinen Rechtsakt zur Liberalisierung bezüglich Netzinfrastruktur und Telefondienst beschließt und solche Rechtsakte nicht sofort umzusetzen oder zu beachten sind.

damit davon ab, ob ein Mißbrauch der Monopolstellung gegeben ist. Mit der Gewährung von Ausschließlichkeitsrechten setzt der Staat seine hoheitliche Stellung ein, um den Wettbewerb einzuschränken. Eine solche Strategie wird aber nur dann zum Mißbrauch, wenn die staatliche Maßnahme nicht im öffentlichen Interesse liegt und mit ihr wirtschaftliche Ziele verfolgt werden.[504]

Aus dieser Überlegung heraus stellt sich die Aufrechterhaltung eines Universaldienstes der Post durch den Staat als durch das öffentliche Interesse gerechtfertigt dar. Daß die Europäische Union die Erbringung von Postdienstleistungen als notwendig ansieht und auch eine flächendeckende Grundversorgung für erforderlich hält, deren Aufrechterhaltung gegebenenfalls unter Einschränkung der primärrechtlichen Grundfreiheiten und des Wettbewerbs auf dem Binnenmarkt erfordert, zeigt sich mit der Schaffung der noch näher darzustellenden Postdiensterichtlinie. Diese versucht das Spannungsfeld zwischen freiem Wettbewerb und Einschränkung der Freiheit des Binnenmarktes zu harmonisieren, indem sie reservierte Bereiche vorsieht, deren Vorhandensein aber an enge Voraussetzungen knüpft, die nicht zuletzt vom Grundsatz der Verhältnismäßigkeit bestimmt sind.

III. Standpunkt des Europäischen Gerichtshofes im Urteil Corbeau

Der Europäische Gerichtshof hat neben der Einordnung des belgischen Postdienstes als öffentlichen Unternehmen nach europäischem Recht auch zu der Zulässigkeit der Gewährung von Ausschließlichkeitsrechten in diesem Bereich mit seinem Grundsatzurteil Corbeau Stellung genommen.[505]

Nachdem ihm der Sachverhalt im Vorabentscheidungsverfahren durch die Strafkammer in Lüttich vorgelegt worden war, hatte sich der Gerichtshof in seinem Grundsatzurteil Corbeau mit der Frage auseinanderzusetzen, ob die in Belgien geltenden Gesetze vom 26.12.1956 über den Postdienst und von 06.07.1971 über die Schaffung der Régie des Postes, die dieser, einer juristischen Person des öffentlichen Rechts, das ausschließliche Recht auf Einsammlung, Beförderung und Zustellung jeder beliebigen Briefsendung im gesamten Königreich verleihen

---

504 Everling, a. a. O., 22 (28). Nach Everling ist diese so verstandene Rechtsprechung vergleichbar mit der zur ordre-public-Klausel im Bereich des Art. 30 EGV, dem Warenverkehr. Die Beurteilung des öffentlichen Interesses bleibt danach dem Mitgliedstaat überlassen und wird nur durch den vom Gerichtshof zu beurteilenden Grundsatz der Verhältnismäßigkeit begrenzt. V. Danwitz, a. a. O., EuGrdl., Rn. 34, S. 95 ff, 105 ff zu den Bergriffen des relevanten Marktes und der marktbeherrschenden Stellung etc.

505 EuGH, Urteil vom 19.05.1993 - in C-320/91 Strafverfahren gegen Paul Corbeau in EuGH, Slg. 1993, 2533 f.

und verknüpft sind mit einer strafrechtlichen Sanktion für jeden Verstoß gegen dieses ausschließliche Recht, mit den Regeln des Vertrages der Gemeinschaft vereinbar sind.[506]

So erkennt der Gerichtshof an, daß es Art. 82 Abs. 2 Satz 1 EGV[507] den Mitgliedstaaten erlaubt, den Unternehmen, die mit der Erbringung von Dienstleistungen von allgemeinem wirtschaftlichen Interesse betraut worden sind, auch ausschließliche Rechte zu verleihen, die der Anwendung der Wettbewerbsregelungen des Vertrags zuwiderlaufen können. Derartige Wettbewerbsbeschränkungen oder -ausschlüsse müssen aber erforderlich sein, um die Erfüllung der besonderen Aufgabe sicherzustellen, die den Unternehmen übertragen worden sind.[508] Zugleich hat der Gerichtshof entschieden, daß die Sammlung, Beförderung und Verteilung von Postsendungen zugunsten sämtlicher Nutzer im gesamten Hoheitsgebiet eines Mitgliedstaates und zu einheitlichen Gebühren in gleichmäßiger Qualität sowie ohne Rücksicht auf Sonderfälle und die Wirtschaftlichkeit jedes einzelnen Vorgangs eine Aufgabe im Sinne von Art. 82 Abs. 2 Satz 1 EGV darstellt, die eine Freistellung von Wettbewerbsvorschriften des Vertrages rechtfertigt.[509]

Der Gerichtshof stellt die Bedeutung des Art. 86 Abs. 2 EGV[510] heraus. Dieser soll einen Ausgleich zwischen den Interessen der Gemeinschaft an der Einhaltung der Wettbewerbsregeln nach Art. 86 Abs. 1 EGV und der Wahrung der Einheit des Gemeinsamen Marktes mit denen des Mitgliedstaates schaffen.[511] Nach der Rechtsprechung des Gerichtshofes erbringt die belgische Régie des Postes eine Dienstleistung von allgemeinem wirtschaftlichen Interesse.

Entscheidend ist, inwieweit die Beschränkung des Wettbewerbs erforderlich ist, um es dem Inhaber des ausschließlichen Rechts zu ermöglichen, seine im allgemeinen Interesse liegende Aufgabe unter wirtschaftlich tragbaren Bedingungen zu erfüllen. Das zitierte Urteil erkennt an, daß das Erfordernis der Rentabilität als Rechtfertigung für die Gewährung von Ausschließlichkeitsrechten möglich ist. Ein Mißbrauch liegt erst dann vor, wenn es sich um von Dienstleistungen von allgemeinen Interesse abtrennbare Dienstleistungen und über den

506 EuGH, Slg. 1993, 2533 (2533 Rn. 3, 4, 5).
507 Vormals Art. 86 Abs. 2 Satz 1 EGV.
508 EuGH, Slg. 1993, 2533 (2568 Rn. 14).
509 EuGH, Slg. 1993, 2533 (2568 Rn. 15).
510 Vormals Art. 90 Abs. 2 EGV.
511 Everling, a. a. O., 22 (28, 29). Damit legt Abs. 2 die Voraussetzungen fest, unter denen die Gewährung von Ausschließlichkeitsrechten durch das seit dem Urteil Sacchi geforderte nicht wirtschaftliche öffentliche Interesse gerechtfertigt ist. Die Verleihung von Ausschließlichkeitsrechten stellt in diesem Sinne verstanden, stets eine Wettbewerbsbeschränkung dar. Everling sieht damit die Aussage, daß Ausschließlichkeitsrechte eingeräumt werden könnten, in ihr Gegenteil verkehrt.

herkömmlichen Postdienst hinausgehende Leistungsangebote handelt. Außerdem dürfen diese Dienstleistungen das wirtschaftliche Gleichgewicht der vom Inhaber des ausschließlichen Rechts übernommenen Dienstleistungen von allgemeinem Interesse nicht in Frage stellen.[512]

IV. Maßnahmen[513] der Europäischen Union im Bereich des Postwesens

Wie sich unter anderem aus den bereits angesprochenen Regeln des europäischen Wettbewerbsrechts ergibt, liegt der Verfassung der Europäischen Union ein ordnungspolitisches Konzept zugrunde, das eine Verfälschung des Wettbewerbs innerhalb des Binnenmarktes verhindern soll. Dieser in Art. 3 lit. g EGV niedergelegte allgemeine Grundsatz wird bestärkt durch Art. 4 Abs. 1 EGV, der die Mitgliedsstaaten zu einer offenen Marktwirtschaft mit offenem Wettbewerb verpflichtet.[514] Dem widersprechen die noch bestehenden Ausschließlichkeitsrechte nur dann, wenn ein Mißbrauch vorliegt. Ihr Vorhandensein bedarf dennoch nach der Konzeption des europäischen Rechts immer einer besonderen Rechtfertigung.

Die Liberalisierung der Postdienste ist ein wesentlicher Bestandteil der Verwirklichung des Europäischen Binnenmarktes. Bereits im Jahre 1988 sollte die Europäische Kommission auf Aufforderung des Parlamentes Vorschläge für eine Binnenmarktverwirklichung auf dem Postsektor ausarbeiten.[515] Auf dem Weg zu einer Verwirklichung des Binnenmarktes im Bereich der Postdienste sind deshalb seit dem Jahr 1988 die verschiedensten Rechtsakte der Kommission ergangen,[516] um auf der Grundlage von Art. 86 Abs. 3 EGV Dienstleistungsmonopole und besondere Rechte öffentlicher Unternehmen aufzuheben. Eine durchgängige Marktöffnung sollte nach einem Beschluß des Rates der Europäischen Union[517]

---

512 Everling, a. a. O., 22 (29).

513 Übersicht bei Büchner, DVW 2/1992, 5 (6). Zu den Phasen vgl. Ungerer, Europäische Telekommunikationspolitik, in: Witte (Hrsg.): Telekommunikation, S. 28 (29 f).

514 BMPT, Überlegungen, S. 88; Gramlich, NJW 1994, 2785 (2787); Fangmann/Lörcher, a. a. O., Art 143 b, Rn. 12; Schatzschneider, a. a. O., S. 43; J. Müller, Dienstleistungsmonopole, S. 86, 87.

515 ABl. EG Nr. 12 C vom 16.01.1989, S. 69.

516 Gramlich, NJW 1994, 2785 (2786); Deipenbrock, Die Deutsche Bundespost, S. 45 f; Doll/Heun/Lohman CR 1992, 363 f, 416 f, 492 f, 561 f, 622f.

517 Postministerrat: Entschließung des Rates vom 7. Februar 1994 über die Entwicklung der Postdienste in der Gemeinschaft (94/C 48/02), ABl. EG Nr. C 48 vom 16.02.1994, S. 3 f.

bis Ende des Jahres 1997 bewerkstelligt werden.[518] Die Leitlinien des Rates sahen in Übereinstimmung mit der Kommission die Notwendigkeit einer Universaldienstgewährleistung zugunsten aller Benutzer, die Notwendigkeit der Absicherung der wirtschaftlichen und finanziellen Leistungsfähigkeit des Universaldienstes durch einen reservierten Bereich und eine stufenweise voranschreitende Liberalisierung der Postmärkte vor.[519]

1. Grünbuch über die Entwicklung des Binnenmarktes für Postdienste[520]

Im Juni des Jahres 1992 wurde nach dem 1988 veröffentlichten Grünbuch für den Bereich der Telekommunikation das für die Entwicklung des Binnenmarktes der Postdienste bestimmende Grünbuch zur "gelben" Post der Öffentlichkeit übergeben.

Dem Grünbuch folgten die "Leitlinien für die Entwicklung der gemeinschaftlichen Postdienste",[521] die ebenso wie die Entschließung des Rates von Anfang des Jahres 1994 über die Entwicklung der Postdienste in Europa[522] die Forderungen des Grünbuchs im wesentlichen aufgriffen. Ziel der Maßnahmen der Europäischen Union war es insbesondere, einen gemeinschaftsweiten Universaldienst zu vertretbaren Preisen sicherzustellen sowie die Liberalisierung der Postmärkte zu bewirken.

Ende des Jahres 1995 legte die Europäische Union dann einen "Vorschlag für eine Richtlinie des Europäischen Parlaments und des Rates über gemeinsame Vorschriften für die Entwicklung der Postdienste und die Verbesserung der Dienstequalität in der Gemeinschaft"[523] sowie den "Entwurf einer Bekanntmachung über die Anwendung der Wettbewerbsregeln auf den Postsektor und speziell über die Beurteilung bestimmter staatlicher Maßnahmen betreffend Postdienste"[524] vor. Die Entwicklung schloß dann zunächst mit der sog. Postdiensterichtlinie von 1998, der Richtlinie "über gemeinsame Vorschriften für die Entwicklung des Binnenmarktes der Postdienste der Gemeinschaft und die Verbes-

---

518 Gramlich, NJW 1994, 2785 (2786); Haar, a. a. O., S. 527 (553); Scherer CR 1994, 418 (419).
519 ABl. EG Nr. C 48 vom 16.02.1994, S. 3 f.
520 Kommission der Europäischen Gemeinschaften: Grünbuch über die Entwicklung des Binnenmarktes für Postdienste, KOM (91) 476 endg., Brüssel, den 11. Juni 1992.
521 Kommission der Europäischen Gemeinschaften: KOM (93) 247, Mitteilung der Kommission an den Rat und das Europäische Parlament.
522 ABl. EG Nr. C 48 vom 16.02.1994, S. 3 f.
523 ABl. EG Nr. C 322 vom 02.12.1995, S. 22 f.
524 ABl. EG Nr. C 322 vom 02.12.1995, S. 3 f.

serung der Dienstequalität" ab,[525] die im Jahre 2002 die Preis- und Gewichtsgrenzen die reservierbaren Dienste betreffend novelliert wurde.[526]

a) Die Bedeutung des Grünbuchs

Im Sinne seiner Einleitung war das Grünbuch als "Diskussionsgrundlage" zu betrachten und es sollte die "Aussprache über den Postsektor der Gemeinschaft eröffnen".[527] Zur Erreichung dieses Zweckes bot es eine umfassende Bestandsaufnahme der Situation im Jahre 1992, Überlegungen zu den Zielsetzungen der Gemeinschaft im Postsektor und zur Notwendigkeit von Maßnahmen der Gemeinschaft in diesem Zusammenhang sowie Überlegungen zur Strategie für die Erreichung der gesetzten Ziele und zeigt detaillierte Alternativen auf.[528] Es fußte auf der Erkenntnis, daß der Postsektor für das wirtschaftliche und soziale Leben in der Gemeinschaft von großer Bedeutung ist.[529] Zentraler Leitgedanke des Grünbuchs bei der Festlegung der gebotenen Maßnahmen war die Aufrechterhaltung bzw. Entwicklung eines universalen Postdienstes mit flächendeckenden Abhol- und Zustelldiensten in der ganzen Gemeinschaft, allgemein tragbaren Preisen und zufriedenstellender Qualität. Abgesehen von dieser grundlegenden Anforderung sollten die Wahlmöglichkeiten der Staaten möglichst wenig eingeschränkt werden.[530]

In seiner Bestandsaufnahme verwies das Grünbuch darauf, daß ein Handlungsbedarf bestand, da erhebliche Schwankungen in der Qualität des Universaldienstes bestünden.[531] Infolge der unterschiedlichen Entwicklung in den einzelnen Mitgliedstaaten, der verschiedenen Definition eines Universaldienstes und den daraus resultierenden Kompatibilitätsproblemen bedurfte es der Harmonisierung.[532] Die Kommission ging davon aus, daß die Post das bedeutendste Medium der Massenkommunikation für alle Unternehmen bleiben würde, die im In- und Ausland große Mengen einzelner Mitteilungen übermitteln müßten.[533]

Das Grünbuch bildete damit auch tatsächlich den Auslöser für weitere rege Diskussionen um die Neuordnung der Postmärkte in Europa und die Grundlage

525 ABl. EG Nr. L 15 vom 21.01.1998.
526 ABl. EG Nr. C 110 E/01 vom 07.05.2002, S. 37 f.
527 Grünbuch, S. 1, 29.
528 Grünbuch, S. 1, 4 f.
529 Grünbuch, S. 1, 31 f, 36 f.
530 Grünbuch, S. 1.
531 Grünbuch, S. 32 ff.
532 Grünbuch, S. 2, 3.
533 Grünbuch, S. 85.

für die bereits aufgezählten weiteren Rechtsakte der Gemeinschaft im Bereich eines Binnenmarktes des Postwesens.[534]

Mit den Grünbuch-Vorschlägen der Kommission lagen Leitlinien vor, die die Umsetzung in bindende Richtlinien ermöglichten. Dieses Grünbuch gab den Rahmen vor, in dem sich die Politik und die zukünftigen Maßnahmen der Gemeinschaft und ihrer Mitglieder zu bewegen hatten. Das Grünbuch hatte anders als die Rechtsetzungsakte der Gemeinschaft, wie Richtlinien und Verordnungen, keine unmittelbar verpflichtende Wirkung.

Seine Bedeutung darf aber allein deshalb, weil es kein Rechtsetzungsakt ist, nicht unterschätzt werden. Mit dem Grünbuch über die Entwicklung des Binnenmarktes für Postdienste vom 11.06.1992 hatte die Europäische Union eine Diskussionsgrundlage für den Wettbewerb im Postdienst aufgestellt, die auf den Abbau der staatlichen Monopole in diesem Bereich abzielte.[535]

Die Weichen in eine bestimmte Richtung waren gestellt.[536] Eckpfeiler für die zukünftige Entwicklung waren der hohe Stellenwert des Postwesens für den Ausbau der bestehenden Kommunikationsstrukturen in der Gemeinschaft und die zu verbessernde Qualität der grenzüberschreitenden Postdienste.[537]

Die mit dem Grünbuch angefachte öffentliche Diskussion war Anlaß für die Kommission, zunächst in der Mitteilung über die Leitlinien für eine Entwicklung der Postdienste in der Gemeinschaft den Stand der Diskussion zusammenzufassen.[538] Auf der Grundlage dieser Dokumente konnte der Rat in seiner Entschließung über die Entwicklung der Postdienste in der Gemeinschaft politisch maßgebliche Prioritäten setzen und die Hauptziele der Entwicklung definieren.[539]

b) Inhaltliche Ausgestaltung

aa) Bestandsaufnahme

Das Grünbuch beinhaltete zunächst eine umfangreiche Bestandsaufnahme der verschiedenen Systeme und Rechtsgrundlagen des Postwesens in den Mitgliedstaaten unter Einbeziehung der wirtschaftlichen und betrieblichen Dimension der Erbringung von Postdienstleistungen, vor allem der Kosten und der Rentabilität,

---

534 Gramlich, NJW 1994, 2785 (2787); Emmerich, Ordo 44 (1993), 55 (67 f.); v. Danwitz, a. a. O., EuGrdl., Rn. 2.

535 Basedow, EuZW 1996, 143 f.; Gramlich, DVW 6/1992, 8 f.; Büchner, CR 1996, 581 (584).

536 v. Danwitz, a. a. O., EuGrdl., Rn. 3.

537 Grünbuch, S. 195 ff.

538 KOM (93) 247 endg.

539 Entschließung vom 07.02.1994, Abl. EG Nr. C 48 vom 16.02.1994, S. 3 f.

sowie der sozialen Bedeutung von Postdienstleistungen aus Kundensicht[540] und aus der Beschäftigtenperspektive.[541] Gerade diese umfassende Zusammenstellung macht die enorme Bedeutung des Grünbuchs unabhängig von seinem rechtlichen Charakter als bloße Vorgabe von Leitlinien aus.[542] Mit der Darstellung der verschiedenen Alternativen einer vollständigen Liberalisierung, einer vollständigen Harmonisierung bis hin zu der Ausgewogenheit zwischen einer weiteren Öffnung des Marktes und der Stärkung des Universaldienstes und der Entscheidung für diesen Mittelweg,[543] machte die Kommission deutlich, daß sie gerade nicht zur Verwirklichung eines europäischen Binnenmarktes eine Liberalisierung um jeden Preis verlangte, sondern daß sie als oberstes Ziel die funktionierende Grundversorgung anerkannte.

Für die hier primär interessierenden Bereiche der Monopole und der flächendeckenden Versorgung der Bevölkerung mit Postdienstleistungen beinhaltete das Grünbuch bereits wichtige Orientierungspunkte. So stellte es fest, daß bereits 1992 ein Monopol für den Paketdienst in keinem Mitgliedstaat mehr bestand und in nur drei der damals 12 Mitgliedstaaten ein solches für den Expreßdienst eingerichtet war, während Briefe bis zu einem bestimmten Gewicht oder Preis im Inlandsdienst in jedem Land als Monopoldienstleistungen ausgestaltet waren.[544]

Mittelpunkt der Vorschläge der Kommission war die Schaffung einer gemeinschaftsrechtlichen Universaldienstkonzeption.[545] Die Kommission stellte fest, daß die Gewährleistung eines flächendeckenden Universaldienstes zu tragbaren Preisen auf ihrem Hoheitsgebiet von allen Mitgliedstaaten als wichtigstes Ziel angesehen wurde.[546] Eben deshalb hatten diese ihren Postverwaltungen die Verpflichtung auferlegt, diese Leistungen anzubieten und zur finanziellen Stützung reservierte Dienste geschaffen.[547] Im Rahmen der bestehenden Monopole traf die Kommission auch für den zu erbringenden Universaldienst wichtige Feststellungen im Sinne einer Bestandsaufnahme. So sollten im Rahmen der bestehenden Briefmonopole alle reservierten Dienste vom Anbieter des Universal-

540 Grünbuch, S. 70, 105 f. Für die potentiellen Benutzer ist es demnach wichtig, daß alle potentiellen Adressaten über das Universaldienstnetz erreichbar sind. Allen Kunden ist an einem günstigen Preis-/Leistungsverhältnis gelegen. Für das Universaldienstsystem bedeutet das: Angemessener Dienst, leichte Zugangsbedingungen und einfache Gebührenstrukturen. Die Großkunden erwarten Flexibilität und im Bedarfsfall auf ihre individuellen Ansprüche zugeschnittene Dienstleistungen.

541 Grünbuch, S. 109 ff, 160 ff.

542 v. Danwitz, a. a. O., EuGrdl., Rn. 3.

543 Grünbuch, S. 6, 7.

544 Grünbuch, S. 33.

545 Grünbuch, S. 198 ff, 205 ff, 228 ff.

546 Grünbuch, S. 41, 110.

547 Grünbuch, S. 41, 110.

dienstes in seinem Arbeitsgebiet angeboten werden. Neben diesen Briefdiensten waren die Verwaltungen gehalten, oft auch andere Dienste anzubieten, wie etwa Paketdienste bis zu einem bestimmten Gewicht, obwohl diese bereits damals in den Wettbewerbssektor gehörten.[548] Die reservierten Dienste stellten insoweit einen Schutz dar, da so die Wettbewerber daran gehindert wurden, sich auf wenig kostenintensive und rentable Bereiche allein zu konzentrieren, das sog. Rosinenpicken, und den Postverwaltungen nur den unrentablen Teil des Marktes übrig zu lassen.[549]

Bei den nicht reservierten Diensten konkurrierten die Postverwaltungen bereits mit privaten Anbietern. Zu diesem Sektor gehörten die sog. Expreßdienste, Speditionsunternehmen und internationale Kurierdienstunternehmen.[550]

Besonderes Augenmerk richtete die Kommission auf den Bereich der Gebühren bzw. Entgelte. Die Gebühren mußten für alle transparent sein. Sie unterschied zwischen einem an der Gewinnspanne orientierten Konzept und zentralen Subventionen.[551] In dem an der Gewinnspanne orientierten Konzept sah die Kommission die Gefahr eines erheblichen Preisanstiegs für dünn besiedelte Gebiete und damit für die Tarifeinheit im Raum.[552] Die Tragbarkeit des Dienstes für alle wäre nicht mehr gewährleistet gewesen. Die Bürger, die zufällig in den hinsichtlich der Postversorgung kostenintensiven Gebieten der Gemeinschaft lebten, würden dadurch in unzulässiger Weise diskriminiert. Würde man dem Problem durch weniger intensive Bedienung dieser Gebiete begegnen, so führte dies vom Grundsatz des Universaldienstes immer weiter weg.[553]

Es sollte jedoch auch notwendig sein, daß alle Postverwaltungen alle eingelieferten Sendungen annehmen. Dementsprechend mußte durch eine Finanzierung gewährleistet sein, daß das System flexibel genug war, um Spitzen- und Niedrigauslastungen zu verkraften. In Spitzenzeiten ließen sich unter Umständen Einbußen bei der Qualität der Dienstleistung nicht vermeiden. Dennoch sollte im allgemeinen der Leistungsstandard aufrecht erhalten werden.[554] Als wünschenswert wurde angesehen, wenn der Universaldienst für Standardbriefe als Hauptziel mit dem Nebeneffekt einherging, daß auch andere Dienste universal durch die intensive Ausnutzung der Infrastruktur für Briefdienste angeboten werden könnten.[555] Besonderer Beobachtung bedurfte dann aber, daß bei einer

---

548 Grünbuch, S. 33.
549 Grünbuch, S. 110.
550 Grünbuch, S. 33, 34.
551 Grünbuch, S. 110, 111.
552 Grünbuch, S. 110, 126 f.
553 Grünbuch, S. 111.
554 Grünbuch, S. 111.
555 Grünbuch, S. 111.

Benutzung des Netzes für reservierte Dienste durch nicht reservierte Dienste eine unzulässige Quersubventionierung[556] zu besorgen war.[557]

Die Kommission erkannte im Rahmen der zu erhebenden Entgelte an, daß die Infrastruktur des Universaldienstes im Gegensatz zum Telekommunikationsbereich keine physische Vernetzung aufwies, daß aber dennoch erhebliche Netzkosten anfielen, die sich im Volumen nicht veränderten. Um einen Universaldienst zu einem tragbaren Preis anbieten zu können, sah sie es deshalb als wichtig an, daß im Universaldienst ein großer Durchsatz und damit ausreichende Einnahmen erreicht würden, um die wirtschaftliche Lebensfähigkeit des Netzes zu gewährleisten.[558] Die Tarifeinheit im Raum als Einheitsgebühr beruhte darauf, daß die jeweiligen Kosten für Abholung und Zustellung zwischen verschiedenen Orten "gemittelt" werden sollten. Die Alternative dazu wäre eine strikte Kalkulation der Kosten zuzüglich Gewinnspanne für die verschiedenen Gebiete gewesen. Dadurch hätte eine Fülle verschiedener Preise entstehen können, die wahrscheinlich die Bürger benachteiligt hätte, die in kostenintensiv zu versorgenden Gebieten lebten.[559]

Der bei der Tarifeinheit im Raum zugrunde gelegte Mittelwert ist höher als die tatsächlichen Kosten in den kostengünstigen Gebieten, wie städtischen Ballungsräumen. Er liegt aber unter den Kosten insbesondere der Zustellung in ländlicheren oder dünner besiedelten Gebieten. In letzteren sind Postdienstleistungen gewöhnlich mit höheren Kosten verbunden, da hier die Verkehrsmengen geringer und die Wege weiter sind.[560] Die Anwendung des Durchschnittsverfahrens birgt jedoch auch wieder die Gefahr der sog. Rosinenpickerei, wenn andere Betreiber auf dem Markt zugelassen werden und sich ihre Gebiete frei nach wirtschaftlichen Überlegungen aussuchen können.[561] Mit den reservierten Diensten wird somit gleichsam gewährleistet, daß infolge der Möglichkeit der Kalkulation der Preise außerhalb des Wettbewerbs eine Tarifeinheit im Raum verwirklicht werden kann.[562] Durch die Universaldienstverpflichtung und die Normierung der Tarifeinheit im Raum allein wird aber der nachteilige Effekt eines Monopols, daß infolge der Existenz nur eines Anbieters und dem Zwang allein diesen in Anspruch nehmen zu können, zu hohe Preise im Hinblick auf den Ort der Inanspruchnahme verlangt werden, nicht ausgeschlossen. Hinzukommen muß die staatliche Überprüfung als drittes Element, um zu verhindern, daß der Einheitsta-

556 Vgl. dazu oben C.
557 Grünbuch, S. 111.
558 Grünbuch, S. 36.
559 Grünbuch, S. 126.
560 Grünbuch, S. 127.
561 Grünbuch, S. 128.
562 Grünbuch, S. 129.

rif beliebig hoch festgesetzt wird. Dies kann mittels der durch das Gesetz gegen Wettbewerbsbeschränkungen (GWB) angebotenen Instrumentarien geschehen.

bb) Vorschläge des Grünbuchs

Die Kommission schlug in ihrem Grünbuch insbesondere vor, sog. reservierte Bereiche einzurichten, die dem jeweiligen Universaldiensteanbieter durch die Vergabe ausschließlicher oder besonderer Rechte vorbehalten sein sollten. Hierdurch sollte gegebenenfalls eine Quersubventionierung möglich aber auch zulässig sein.[563] Im Sinne einer Tarifeinheit im Raum, die verstanden wird als Ausrichtung des Preises unabhängig von Entfernung und Standort des Nutzers,[564] zog die Kommission auch diesen Weg der Finanzierung in Betracht.

Fest steht jedoch, daß bereits im Jahre 1992 erkannt wurde, daß gehandelt werden mußte, um ein "Europa der zwei Geschwindigkeiten zu verhindern".[565] Die Kommission stellte zunächst die Forderung auf, daß die Aufsichts- von den Betriebsfunktionen entsprechend dem aufgezeigten Trend getrennt werden müßten.[566] Zudem sollte eine einheitliche Definition des Universaldienstes und des reservierten Bereiches erfolgen.[567] Dies sollte zunächst dadurch bewirkt werden, daß für alle Mitgliedstaaten ein reservierbarer Bereich festgelegt wird. Nach dem Vorschlag der Kommission sollte dieser reservierte Bereich Zeitungen, Zeitschriften oder Bücher, Pakete, Expreßsendungen und Wurfsendungen nicht umfassen.[568] Dadurch wurde ein weiterer Gestaltungsspielraum für die Mitgliedstaaten geschaffen, der gleichzeitig eine Orientierungshilfe für die einzelnen Leistungsarten und Dienste[569] bot und die Voraussetzungen für eine Harmonisierung im Binnenmarkt der Postdienste schaffte. Mittels dieses Universaldienstes sollte entsprechend der zentralen Zielvorstellung der Postpolitik der Gemeinschaft allen Unionsbürgern der gleiche Zugang zu Postdiensten verschafft werden. Damit sollte die Sicherung des wirtschaftlichen Fortbestandes eines auf Gleichheit, Universalität, Kontinuität und Anpassung beruhenden Leistungsangebotes gewährleistet werden.

563 Grünbuch, S. 200 ff, 214 ff.
564 Grünbuch, S. 53.
565 Grünbuch, S. 188.
566 Grünbuch, S. 189, 195.
567 Grünbuch, S. 190, 200.
568 Grünbuch, S. 202.
569 Grünbuch, S. 214 ff.

2. Die Postdiensterichtlinie 97/67/EG vom 15.12.1997[570]

Vor Verabschiedung der Richtlinie standen die von der Kommission und vom Rat verabschiedeten Leitlinien für die Entwicklung der gemeinschaftlichen Postdienste.[571] Die Kommission stellte darin fest, daß in den zentralen Fragen Einigkeit bestehe, so daß der von ihr gewählte Mittelweg einer Marktöffnung im Bereich der Postdiensterbringung und einer Stärkung des Universaldienstes auf einer Mehrheit beruhte.[572] Auch der Rat ging in seinen Leitlinien von der Notwendigkeit einer Universaldienstgewährleistung, die durch die Einrichtung von reservierten Bereichen abzusichern sei, und einer stufenweise voranschreitenden Liberalisierung der Postmärkte aus.[573] Ergebnis dieser Entwicklung war die Richtlinie 97/67/EG, die am 15.12.1997 verabschiedet wurde, nachdem der von der Europäischen Kommission vorgelegte Entwurf von Parlament und Rat nochmals Änderungen erfuhr und ein Vermittlungsverfahren notwendig wurde.[574] So konnte die Richtlinie nach Art. 25 am 10.02.1998 in Kraft treten. Gemäß Art. 24 war sie binnen eines Jahres in innerstaatliches Recht umzusetzen. Nach Art. 27 sollte sie am 31.12.2004 außer Kraft treten, sofern bis dahin gemäß Art. 7 Abs. 3 keine abweichenden Beschlüsse gefaßt worden seien.

Diese Richtlinie wurde durch die Richtlinie vom 07.05.2002 fortgeschrieben.[575] Diese sieht eine zeitlich gestaffelte Fortsetzung der Liberalisierung des Marktes für Postdienste durch Absenkung der Preis- und Gewichtsgrenzen für reservierbare Dienste bis zum Jahr 2007 vor.

a) Bedeutung der Postdiensterichtlinie

Die grundsätzlich zeitlich befristete Geltung der Richtlinie bis zum 31.12.2004 bringt deutlich zum Ausdruck, daß sie gemäß dem Erwägungsgrund Nr. 8 eine Maßnahme zur schrittweisen und kontrollierten Liberalisierung der Marktstrukturen unter gleichzeitiger Verwirklichung des Binnenmarkts im Postwesen darstellt. Die zeitliche Beschränkung, die Revisionsklausel des Art. 7 Abs. 3 und die allgemeine Berichtsklausel in Erwägungsgrund 23 lassen das Ziel noch deutli-

---

570 Abl. EG NR. L 15 vom 21.01.1998, S. 14 ff.

571 KOM (93) 247 endg. vom 02.06.1993 und Abl. EG Nr. C 48 vom 16.02.1994, S. 3 f.

572 KOM (93) 247 endg., S. 7 f.; Anhang II, S. 8 f.

573 Entschließung vom 07.02.1994 über die Entwicklung der Postdienste in der Gemeinschaft, Abl. EG Nr. C 48 vom 16.02.1994, S. 3 f.

574 Zum Gesetzgebungsverfahren und den in diesem Verfahren geäußerten unterschiedlichen Standpunkten vgl. v. Danwitz, a. a. O., EuGrdl., Rn. 6, 7 m.w.N.

575 Abl. EG Nr. C 110 E/04 vom 07.05.2002, S. 37 f.

cher erkennen, daß ein gestufter Liberalisierungsprozeß in Gang gesetzt worden ist, der in letzter Konsequenz zu einer abschließenden Wettbewerbsöffnung führen wird. Diese wird weitere regulatorische Maßnahmen der Europäischen Gemeinschaft überflüssig machen. Bis dahin ist es jedoch ein weiter Weg.

Die Richtlinie will die Entwicklung des Binnenmarktes fördern und gleichzeitig eine Verbesserung der Dienstequalität erreichen. Mit den Erwägungsgründen 1 bis 10 wird deutlich gemacht, daß die Postdienste für den europäischen Binnenmarkt eine besondere Relevanz genießen, so daß es der Schaffung einheitlicher Rahmenbedingungen bedarf. Die Erwägungsgründe 11 bis 23 befassen sich darüber hinaus mit der erkannten Notwendigkeit eines Universaldienstes im Sinne einer Grundversorgung auch durch Schaffung reservierter Bereiche. Daneben beinhaltet die Richtlinie Normen ab Erwägungsgrund 26, die sich ähnlich wie die Konzeption des neuen Postgesetzes mit dem Lizenzierungsverfahren und dessen Voraussetzungen befassen. Oberste Maxime ist die Harmonisierung der in den Staaten der Europäischen Union bestehenden nach unterschiedlichen Vorgaben agierenden Postmärkte. Mit der Zielsetzung der Schaffung eines gemeinsamen Binnenmarktes für Postdienste und der mit allen Regelungen umfassend angestrebten Liberalisierung stellt die Richtlinie eine klassische Harmonisierungsrichtlinie dar, die Rahmenbedingungen festhält, in deren Grenzen die Staaten einen Gestaltungsspielraum ausfüllen können.[576]

b) Die Richtlinie und der Bestand von Monopolrechten

Mit der Schaffung eines Universaldienstes, dessen Funktionsfähigkeit durch die Einrichtung von reservierten Bereichen und damit durch Dienste gesichert werden kann, die allein durch einen oder eine bestimmte Zahl von Anbietern im Sinne des klassischen Monopolbegriffs als ausschließliche Rechte erbracht werden dürfen, hat die Richtlinie den bisher als Beförderungsvorbehalt gesicherten Bereich grundsätzlich, wenn auch in anderer Ausgestaltung, seinem Grundgedanken nach aufgefaßt.

Laut Art. 7 und 8 der Richtlinie und dem darin beschriebenen Kreis der reservierbaren Dienste ist nunmehr für die Mitgliedstaaten eine verbindliche Obergrenze an Dienstleistungen festgesetzt worden, die den Universaldienstanbietern vorbehalten sein dürfen. Anders als bisher ist die Einräumung eines reservierten Bereichs an die Erbringung bestimmter Dienstleistungen geknüpft, die als unerläßlich für eine flächendeckende Grundversorgung angesehen werden. Neben der zumindest befristeten Anerkennung der bestehenden Postmonopole und der

576 v. Danwitz, a. a. O., EuGrdl., Rn. 10.

Festschreibung einer Obergrenze der Reservierbarkeit in der Richtlinie ist den Mitgliedstaaten eine Beschränkung dieser Monopole anheim gestellt.

Mit der Festlegung von Dienstleistungen, die in den reservierten Bereich fallen, ist ein neues Streitfeld mit Abgrenzungsschwierigkeiten geschaffen, nämlich das der Marktabgrenzung, die nunmehr eindeutig geregelt werden muß.[577] Die Richtlinie hat sich zunächst in Art. 7 Abs. 1 zur Abgrenzung für eine Kombination von Preis- und Gewichtskriterien entschieden, nämlich Briefsendungen von weniger als 350 Gramm und einem Preis unter dem Fünffachen des öffentlichen Tarifs für eine Briefsendung der ersten Gewichtsklasse.[578]

Neben den in der Richtlinie bezeichneten Diensten, die zwingend liberalisiert sind, ist unabhängig davon erforderlich, daß sich die nicht liberalisierten Dienste gemäß Art. 7 Abs. 1, 2 der Richtlinie als notwendig für die Aufrechterhaltung des Universaldienstes erweisen. Im Sinne des Begriffverständnisses der Richtlinie bedeutet dies, daß ein spezifischer Finanzierungszusammenhang zwischen Reservierung von Marktsegmenten und der Erbringung von Universaldienstleistungen besteht und dieser Zusammenhang quantifizierbar ist.[579]

Die Richtlinie vom 07.05.2002 zur Änderung der Richtlinie 97/67/EG sieht eine weitere stufenweise Liberalisierung der reservierbaren Bereiche durch die Absenkung der Gewichts- und Preisgrenzen in diesen Bereichen vor. So liegt die Gewichtsgrenze bis zum 31.12.2005 bei 100 Gramm und danach bei 50 Gramm.

3. *Zusammenfassung*

Die Europäische Union zeigt durch ihre Postpolitik, wie sie im Grünbuch und in der Postdiensterichtlinie manifestiert ist, daß sie von dem Bestehen von postalischen Ausschließlichkeitsrechten ausgeht und diese grundsätzlich anerkennt. Sie berücksichtigt die Dimension des Binnenmarktes, der nur verwirklicht werden kann, wenn eine Harmonisierung stattfindet. Dies bedeutet aber nicht begriffsnotwendig eine Abschaffung der bestehenden ausschließlichen Rechte, denn als weitere wichtige Maxime für das Funktionieren des Binnenmarktes gilt des Bestehen eines Universaldienstes, der gegebenenfalls die Aufrechterhaltung von Monopolen erforderlich machen kann. Der freie Wettbewerb kann und muß hinter der als wichtiges Ziel erkannten flächendeckenden Grundversorgung zu tragbaren Preisen zurückstehen. Infolge der verschiedenen Begriffsbestimmungen[580] und der verschiedenen ordnungspolitischen nationalen Vorgaben[581] be-

577 v. Danwitz, a. a. O., EuGrdl., Rn. 11.
578 Dazu im einzelnen Art. 7 der Richtlinie und v. Danwitz, a. a. O., EuGrdl., Rn. 12.
579 v. Danwitz, a. a. O., EuGrdl., Rn. 12.
580 Grünbuch, S. 44 ff.
581 Grünbuch, S. 52 ff.

darf es aber auch insoweit der Festlegung von Standards und der Definition von Diensten.

Damit gilt es hervorzuheben, daß die Europäische Union weder durch ihre Vorgaben in den primärrechtlichen Regeln, noch durch die weiteren Rechtsetzungsakte eine Abschaffung von ausschließlichen Rechten vorschreibt, solange diese probates Mittel zum Erhalt eines Universaldienstes sind, der allen Kunden gleichen Zugang gewährt.

2. Kapitel:Der Infrastrukturgewährleistungsauftrag des Art. 87 f Abs. 1 GG

Neben der Privatisierung und Neuorganisation im Bereich des Postwesens durch die Postreform II stellt die Schaffung des sogenannten Infrastrukturgewährleistungsauftrages in Art. 87 f Abs. 1 GG eines der Kernstücke der Reform dar. Der Begriff des "Infrastrukturgewährleistungsauftrages" ist kein verfassungsrechtlicher Begriff. Es handelt sich um eine im Zuge der Postreform entstandene Wortschöpfung,[1] die als prägnante Umschreibung mit einem Wort all die Regelungen umfassen soll, die der Sicherung einer Grundversorgung der Allgemeinheit mit Post- und Telekommunikationsdienstleistungen dienen.

Art. 87 f Abs. 1 Satz 1 GG umschreibt die Verpflichtung des Bundes zur Sicherung der Infrastruktur im Bereich des Postwesens als hoheitliche Aufgabe wie folgt: "Nach Maßgabe eines Bundesgesetzes, das der Zustimmung des Bundesrates bedarf, gewährleistet der Bund im Bereich des Postwesens und der Telekommunikation angemessene und ausreichende Dienstleistungen."[2] Hatte der Bund bis zur Reform von 1994 die Dienstleistungen gemäß Art. 87 Abs. 1 Satz 1 a.F. GG selbst in bundeseigener Verwaltung zu erbringen, so ist diese Erfüllungsverantwortung nunmehr einer Infrastrukturgewährleistungsverantwortung[3] gewichen. Verfassungsrechtlich sind Umfang und Inhalt des Infrastrukturgewährleistungsauftrages nicht festgelegt. Die Ausgestaltung obliegt gemäß Art. 87 f Abs. 1, Halbsatz 1 GG dem Bundesgesetzgeber. Mit dem am 01.01.1998 in Kraft getretenen Postgesetz[4] hat der Gesetzgeber diesen Auftrag auf eine einfachgesetzliche Grundlage gestellt. Insbesondere die §§ 5 f, 11 f, 15 f und 19 f PostG mit den Regelungen über die Lizenzvergabe, den Universaldienst, die Ausgleichsabgabe und die Entgeltregulierung aber auch die Erteilung einer Exklusivlizenz an die Deutsche Post AG in § 51 PostG sind dazu bestimmt, die ver-

1 Zum Begriff der Infrastruktur Scholz/Aulehner, ArchPT 1993, 221 (224). Danach meint Infrastruktur in der Regel die Gesamtheit der staatlichen und privaten, materiellen, institutionellen und personellen Einrichtungen und Gegebenheiten, die für eine ausreichende Daseinsvorsorge und für die wirtschaftliche Entwicklung eines Raumes unabdingbar sind und dem regionalen sowie sektoralen Ausgleich der Faktorpreise sowie der Erhöhung des gesamtwirtschaftlichen Wachstums dienen sollen.

2 BGBl. I 1994, S. 2245 f Gesetz zur Änderung des Grundgesetzes vom 30.08.1994.

3 Stern, DVBl. 1997, 309 (313); Stern/Dietlein, ArchPT 1998, 309 (313).

4 BGBl. I 1997, S. 3294 f.

fassungsrechtlichen, im einzelnen unbestimmten Vorgaben des Infrastrukturgewährleistungsauftrages umzusetzen.

A. Der Infrastrukturgewährleistungsauftrag als Staatszielbestimmung

Bevor man sich der einfachgesetzlichen Ausfüllung des Infrastrukturgewährleistungsauftrages zuwendet, bedarf die Frage der Klärung, um welche Art von Norm es sich bei Art. 87 f Abs. 1 GG handelt und wie sie sich in den Kontext des verfassungsrechtlichen Regelungskanons einfügt. Jede einfachgesetzliche Bestimmung im Bereich des Postwesens muß sich an der verfassungsrechtlichen Vorgabe des Art. 87 f Abs. 1 GG als Ausgangspunkt für eine Festlegung der Versorgung mit Dienstleistungen im Postsektor messen lassen. Bereits die Einordnung der Norm gibt wichtige Hinweise darauf, wie groß der Gestaltungsspielraum und die Verpflichtung des Staates zum Tätigwerden sind. Sie bietet einen ersten Ansatzpunkt zur Klärung der Frage, welche Instrumente ihm an die Hand gegeben sind, um gegebenenfalls in Rechte Dritter eingreifen zu können, ohne den Boden des verfassungsrechtlich Zulässigen zu verlassen.

Im Ergebnis verleiht Art. 87 f Abs. 1 GG der Gewährleistung flächendeckend angemessener und ausreichender Versorgung mit Dienstleistungen im Bereich des Postwesens Staatszieleigenschaft.[5] Als solche wird sie als Ausprägung des Sozialstaatsprinzips verstanden.[6] Dieses Ergebnis ist jedoch nicht unumstritten und bedarf deshalb einer eingehenderen Betrachtung.

I. Ablehnung der Einordnung als Staatszielbestimmung[7]

Zunächst soll der Einordnung als Staatsziel entgegenstehen, daß die gesetzlich statuierte Verpflichtung des Bundes tiefgreifender sei als bei einem "bloßen" Staatsziel.[8] Staatsziele seien mit den Programmsätzen des Grundgesetzes ver-

---

5 BT-Drs. 12/7269, S. 5; Rottmann, ArchPT 1994, 193 (194); Stern, DVBl. 1997, 309 (313); Stern/Bauer, in: Stern (Hrsg.): Postrecht der Bundesrepublik Deutschland, Teil C., Art. 87 f, Rn. 17, 24; Sachs-Windthorst, GG, Art. 87 f, Rn. 14; Tettinger, NVwZ 2000, 633 (634).

6 BT-Drs. 12/7269, S. 5; Gramlich, ArchPT 1995, 189 (195); Krölls, GewArch 1995, 129 ff; Stern, ArchPT 1996, 148 (149); Stern/Bauer, a. a. O., Teil C., Art. 87 f, Rn. 17; Schmidt-Bleibtreu/Klein, GG, Art. 87 f, Rn. 3; MDHS-Lerche, GG, Art. 87 f, Rn. 73; Sachs-Sachs, GG, Art. 20, Rn. 51; Herdegen, in: Badura/v. Danwitz/Herdegen/Sedemund/Stern: Beck'scher PostG-Kommentar, VerfGrdl., Rn. 31.

7 Müller-Using, ArchPT 1995, 46 f.

8 Müller-Using, a. a. O., 46 (46).

wandt und könnten keine individuellen Ansprüche begründen.[9] Für die Festlegung von Individualansprüchen durch Art. 87 f Abs. 1 GG spreche jedoch die Wortwahl des Verfassungsgesetzgebers als Festschreibung "staatlicher Gewährleistung".[10] Parallel zu den Gewährleistungen und Verbürgungen in den Grundrechten ergebe sich, daß der Bund selbst zur Ausfüllung des Infrastrukturgewährleistungsauftrages verpflichtet sei.[11] Die Einstandspflicht des Bundes solle dann greifen, wenn eine bestimmte Infrastruktur von den Unternehmen nicht erbracht oder aufrechterhalten werden könne.[12] Der Bund halte hohe Aktienanteile an der Deutschen Post AG. Ihn treffe damit eine Mitverantwortung an deren wirtschaftlichem Erfolg. In seiner Doppelrolle als Mehrheitsaktionär und Adressat des Infrastrukturgewährleistungsauftrages habe er die Möglichkeit, auf die Unternehmensstruktur maßgeblichen Einfluß auszuüben. Dieser Einfluß müsse dahingehend ausgeübt werden, daß bei einer Interessenkollision zwischen wirtschaftlichem Erfolg des Unternehmens und Nutzerinteressen zugunsten einer optimalen Leistungserbringung zu entscheiden sei.[13]

II. Staatszieleigenschaft des Infrastrukturgewährleistungsauftrages[14]

Zutreffend ist, daß Staatsziele nicht zur Begründung von Individualansprüchen dienen und wegen ihrer unbestimmten inhaltlichen Ausgestaltung nur in Ausnahmefällen neben subjektiven Rechten ergänzend hierfür herangezogen werden können.[15] Wie jedes Staatsziel soll der Infrastrukturgewährleistungsauftrag "gegenüber anderen Ausprägungen des Sozialstaates nicht unangemessen hervortreten".[16]

---

9 Für die Feststellung, daß keine Individualansprüche begründet werden und dies auch nicht Absicht des Gesetzgebers war: BT-Drs. 12/7269, S. 5; Stern, DVBl. 1997, 309 (313); Sachs-Windthorst, GG, Art. 87 f, Rn. 14; a.A. Müller-Using, a. a. O., 46 f.

10 Müller-Using, a. a. O., 46 (46).

11 Müller-Using, a. a. O., 46 (46).

12 MDHS-Lerche, a. a. O., Art. 87 f, Rn. 61; Herdegen, ZRP 1999, 63 (64); Müller-Using, a. a. O., 46 (46).

13 Müller-Using, a. a. O., 46 (46); Bullinger, Organisationsformen und Staatsaufsicht, in: Mestmäcker, Kommunikation ohne Monopole II, S. 349 (367 f) zur Problematik des staatlichen Einflusses allgemein.

14 BT-Drs. 12/7269, S. 5; Rottmann, a. a. O., 193 (194); Stern, DVBl. 1997, 309 (313); Sachs-Windthorst, GG, Art. 87 f, Rn. 14.

15 BT-Drs. 12/7269, S. 5; Sachs-Windthorst, GG, Art. 87 f, Rn. 14 speziell zur Intention des Gesetzgebers und dessen Ablehnung der Begründung von Individualansprüchen.

16 BT-Drs 12/7269, S. 5; Krölls, a. a. O., 129 f; MDHS-Lerche, a. a. O., Art. 87 f, Rn. 73.

1. Die Doppelrolle des Bundes als Anteilseigner und Adressat des Infrastrukturgewährleistungsauftrages

Ausgangspunkt der Überlegung ist, daß der Bund den größten Teil des Vermögens an der Deutschen Post AG hält. Aufgrund der bestehenden Eigentumsverhältnisse kommt dem Bund jedenfalls faktisch eine Vorrangstellung die Regelung der Unternehmensverfassung und wirtschaftlichen Ziele des Unternehmens betreffend zu.[17] Als Mehrheitsaktionär stehen ihm die nach dem Aktiengesetz vorgesehenen Rechte zu, um seine Vorrangstellung als privatwirtschaftlicher Unternehmer durchzusetzen.

a) Einfluß auf das Aktienrecht

Zu konstatieren ist, daß der Bund zunächst gleich jedem anderen privaten Unternehmer und Anteilseigner seinen Einfluß geltend machen kann.[18] Damit einher geht die Erwartung, daß er sich bei seinen Entscheidungen nicht allein von wirtschaftlichen Überlegungen leiten lassen wird, sondern über das aktienrechtliche Instrumentarium auch sozialpolitische Erwägungen umsetzt.[19] So erhielte der Infrastrukturgewährleistungsauftrag mittelbar Einzug in unternehmerische Entscheidungen.

Festzustellen ist außerdem, daß die bislang bestehende Vorrangstellung des Bundes in der Unternehmensverfassung der Deutschen Post AG Folge der tatsächlichen Gegebenheiten ist und sich aus dem Bestreben des Gesetzgebers ergibt, einen möglichst schonenden Übergang vom reinen Staatsbetrieb zur an marktwirtschaftlichen Regelungen orientierten Aktiengesellschaft zu bewirken.[20]

b) Schutz der Privatisierungsentscheidung

Die Beteiligung des Bundes sollte nicht dazu dienen, über dessen Einflußnahme auf Unternehmensentscheidungen die Aufgabenprivatisierung ad absurdum zu

---

17 Herdegen, a. a. O., VerfGrdl., Rn. 16; MDHS-Lerche, a. a. O., Art. 87 f, Rn. 61.

18 Stern/Dietlein, a. a. O., 309 (313); Herdegen, a. a. O., VerfGrdl., Rn. 16; MDHS-Lerche, a. a. O., Art. 87 f, Rn. 63; Sachs-Windthorst, GG, Art. 87 f, Rn. 17.

19 BT-Drs. 12/7269, S. 7. Vergleiche aber die Gegenäußerung der Bundesregierung, BT-Drs. 12/7269, S. 10; Herdegen, a. a. O., VerfGrdl., Rn. 16; MDHS-Lerche, a. a. O., Art. 87 f, Rn. 73; Riehmer, Organisation und Regulierung der Telekommunikation in Deutschland, in: Mestmäcker (Hrsg.): Kommunikation ohne Monopole II, S. 369 (371, 375) zur Situation bei Bestand des Bundesministeriums für Post und Telekommunikation.

20 MDHS-Lerche, a. a. O., Art. 87 f, Rn. 62 f.

führen. Die Interessen der Allgemeinheit - verkörpert im Infrastrukturgewährleistungsauftrag - dürfen nicht das Übergewicht gegenüber wirtschaftlichen Interessen erhalten.

Die Rolle des Bundes darf andererseits aber auch nicht isoliert nach ihrer aktienrechtlichen Bedeutung bewertet werden. Der Bund ist Anteilseigner und Adressat des Infrastrukturgewährleistungsauftrages zugleich.[21] Als Gesetzgeber ist er in die Pflicht genommen, den Anforderungen des Infrastrukturgewährleistungsauftrages gerecht zu werden. Eine strikte Trennung zwischen den Interessen des Unternehmens und denen der Allgemeinheit ist nicht möglich. Die verfassungsrechtliche Verpflichtung übt insoweit einen Druck auf die staatlichen Entscheidungsgremien aus, den unternehmerischen Einfluß im Sinne des Infrastrukturgewährleistungsauftrages wirksam werden zu lassen.[22]

c) Bedeutung des Infrastrukturgewährleistungsauftrages nach Rückzug des Bundes aus dem Unternehmen

Diese Doppelrolle und der damit bedingte Sonderstatus der Deutschen Post AG[23], die jedenfalls augenscheinlich eine Konfliktsituation zu provozieren scheint zwischen Infrastrukturverpflichtung und unternehmerischen Interessen,[24] ist jedoch nicht auf Dauer angelegt. Seine Beteiligung an den Aktiengesellschaften wird durch den Börsengang und mit der Forderung einer Aufgabenprivatisierung in einem weiteren Schritt minimiert. Der Bund wird sich allmählich vollständig aus dem Bereich des Postwesens zurückziehen. Diese Entwicklung ist in Art. 143 b Abs. 1 Satz 1, Abs. 2 Satz 2 GG, §§ 1, 2 PostUmwG[25] vorgezeichnet. Danach wurde das Sondervermögen Deutsche Bundespost in Unternehmen privater Rechtsform umgewandelt und der Bund durfte die zunächst bestehende Kapitalmehrheit frühestens fünf Jahre nach Inkrafttreten des Gesetzes aufgeben.

---

21 MDHS-Lerche, a. a. O., Art. 87 f, Rn. 63 f. Als weiteres Korrelat zur Beschränkung staatlichen Einflusses dienen die Regelungen des sogenannten Verwaltungsprivatrechts.

22 MDHS-Lerche, a. a. O., Art. 87 f, Rn. 71; Stern/Dietlein, a. a. O., 309 (313).

23 MDHS-Lerche, a. a. O., Art. 87 f, Rn. 4, 5.

24 MDHS-Lerche, a. a. O., Art. 87 f, Rn. 63 m. w. N; Sachs-Windthorst, GG, Art. 87 f, Rn. 17.

25 Gesetz zur Umwandlung der Unternehmen der Deutschen Bundespost in die Rechtsform der Aktiengesellschaft vom 14. September 1994, BGBl. I S. 2325, 2339, verkündet als Art. 3 des Gesetzes zum Neuordnung des Postwesens und der Telekommunikation (PTNeuOG).

2. *Der Infrastrukturgewährleistungsauftrag als Regulativ*

Unabhängig von der gesetzlichen Konzeption des Bundes als Hauptaktionär der Deutschen Post AG und Adressat des Infrastrukturgewährleistungsauftrages schreibt die Verfassung fest, daß es dem Bund verwehrt wird, die Dienstleistungen selbst zu erbringen, die zur Erfüllung des Infrastrukturgewährleistungsauftrages erforderlich sind. Nach erfolgter umfassender Aufgabenprivatisierung und Rückzug des Staates aus der Aktiengesellschaft durch Veräußerung des Kapitals am Aktienmarkt verbleibt ihm nur noch über die Regulierungsbehörde für Post und Telekommunikation die Möglichkeit auf Unternehmensentscheidungen Einfluß zu nehmen und hierdurch mittelbar für Erfüllung des Infrastrukturgewährleistungsauftrages zu sorgen.[26]

a) *Der Infrastrukturgewährleistungsauftrag als Rechtfertigung für staatliche Lenkung*

Die Aufgabe des Bundes wird sich dann in der gesetzlich angedachten Idealform der Erbringung von Universaldienstleistungen im freien Wettbewerb auf gesetzgeberische Leitentscheidungen beschränken, die geeignet sind, unternehmerisches Handeln in den Grenzen der Art. 87 f, 12, 14 GG zugunsten des Infrastrukturgewährleistungsauftrages zu lenken.

Kraft Gesetzes obliegt die Leistungserbringung den aus dem Sondervermögen Deutsche Bundespost hervorgegangenen Unternehmen und anderen privaten Anbietern, Art. 87 f Abs. 2 Satz 1 GG. Diese privaten Anbieter können, unabhängig von dem auch durch die Exklusivlizenz gekennzeichneten Sonderstatus der Deutschen Post AG, mit dieser in Wettbewerb treten.[27]

Im Vergleich mit Art. 87 f Abs. 1 GG ergibt sich eine Differenzierung zwischen der Gewährleistung der Dienstleistungserbringung und der Dienstleistungserbringung selbst.[28] Erstere ist Aufgabe des Bundes, bei letzter ist er mangels Aufzählung gerade ausgeschlossen. Die Auslegung von Art. 87 f Abs. 1 GG als Erfüllungsverpflichtung und damit Regelung, die über ein Staatsziel hinausginge, widerspräche dem eindeutig zum Ausdruck gebrachten Willen des Gesetzgebers.[29]

---

26 Dazu Tettinger, a. a. O., 633 (634).
27 MDHS-Lerche, a. a. O., Art. 87 f, Rn. 5; Herdegen, a. a. O., § 1, Rn. 13.
28 MDHS-Lerche, a. a. O., Art. 87 f, Rn. 71.
29 Herdegen, ZRP 1999, 63 (64); MDHS-Lerche, a. a. O., Art. 87 f, Rn. 67, 68.

b) Der Infrastrukturgewährleistungsauftrag als Schutz des Wettbewerbs

Der Bund muß die Voraussetzungen schaffen, die die Erfüllung des Staatszieles ermöglichen. Gelingt ihm dies nicht, so wird er seinem Verfassungsauftrag nicht gerecht, womit aber noch nicht die Verpflichtung einhergeht, nun anstelle privater Anbieter wiederum selbst in die Leistungserbringung einzutreten. Seine Aufgabe liegt vielmehr darin, allein durch regulatorische Maßnahmen eine flächendeckende und ausreichende Versorgung mit Dienstleistungen sicherzustellen.[30] Dies entspricht der Charakterisierung einer Staatszielbestimmung, die dazu dient, regulatorische staatliche Maßnahmen für ein höherrangiges Interesse des Allgemeinwohls zu rechtfertigen.[31] Die Auffassung, die momentan noch bestehenden aktienrechtlichen Einflußnahmemöglichkeiten des Bundes könnten der Annahme eines Staatszieles entgegenstehen, greift also zu kurz.

3. Die Gewährleistungspflicht des Bundes

Auch die Berufung auf den Wortlaut der Norm, die an dem Begriff "gewährleistet" ansetzt, vermag eine primäre Leistungserbringungspflicht des Bundes nicht zu begründen.

Die Formulierung "gewährleistet"[32] bedeutet ihrem Wortsinn nach nicht die Verpflichtung, selbst Maßnahmen zur Erhaltung einer entsprechenden Infrastruktur ergreifen zu müssen. Gewährleisten kann und soll vorliegend auch bedeuten,[33] daß Vorkehrungen getroffen werden müssen, die eine entsprechende Verpflichtung privater Anbieter begründen.

Wäre mit dem Terminus der Gewährleistung allein die Erfüllung der Aufgabe durch den Staat selbst gemeint, so entbehrte das System der Regulierung des Postgesetzes jeder Grundlage. Der Staat müßte primär die Leistungen selbst erbringen und vorhalten. Eine Verpflichtung privater Unternehmer durch Regulierung, wie sie in den §§ 13 ff PostG festgeschrieben ist, liefe leer, da den Staat ohnehin die Erfüllungsverantwortung träfe. Eine Rangordnung dahingehend, daß zunächst zugunsten des Wettbewerbs Instrumente der Regulierung eingesetzt werden müßten und erst bei deren Scheitern, die Eintrittspflicht des Staates zum Tragen käme, läßt sich aus dem eindeutigen bereits dargestellten Wortlaut des Grundgesetzes in Art. 87 f Abs. 1 und 2 Satz 1 GG nicht herleiten.[34]

---

30 Rottmann, a. a. O., 193 (194); Herdegen, ZRP 1999, 63 (64).
31 Stern, Staatsrecht I, S. 85, 121.
32 Sachs-Windthorst, GG, Art. 87 f, Rn. 14.
33 MDHS-Lerche, a. a. O., Art. 87 f, Rn. 80.
34 MDHS-Lerche, a. a. O., Art. 87 f, Rn. 66.

Allerdings wird allein die Deutsche Post AG faktisch für längere Zeit aufgrund ihrer finanziellen, personellen und logistischen Ressourcen in der Lage sein,[35] den Infrastrukturgewährleistungsauftrag zu erfüllen. Über die Beteiligungsverhältnisse präsentiert sie sich als Unternehmen des Bundes, der seine Rechte über die nach Art. 87 f Abs. 3 GG zu gründende Bundesanstalt wahrnimmt. Dennoch ist sie als Aktiengesellschaft auch eine selbständige juristische Person des Privatrechts, die auf lange Sicht nicht mehr im Eigentum des Bundes stehen soll und ein nicht mit diesem identisches Rechtssubjekt ist.[36]

4. Marktbeherrschende Stellung der Deutschen Post AG und die Problematik des Marktversagens

Zu unterscheiden von der Frage, ob eine Staatszielbestimmung gegeben ist, ist das Problem, ob nicht durch die Regelungen des Postgesetzes und die vorherrschende Stellung der Deutschen Post AG ein Marktversagen intendiert ist.[37] Es darf auch nicht darauf abgestellt werden, ob die Deutsche Post AG letztlich als einziger Anbieter in der Lage sein wird, die vom Infrastrukturgewährleistungsauftrag geforderten Dienstleistungen zu erbringen und die damit einhergehenden Lasten zu tragen. Von der Befürchtung eines Marktversagens und der Ungeeignetheit der staatlichen Regulierung zur Sicherung einer Grundversorgung postalischer Dienstleistungen darf nicht auf eine staatliche Einstandspflicht rückgeschlossen werden.

Der Begriff der Gewährleistung muß also auch im Blick auf die Intention des Verfassungsgesetzgebers ausgelegt werden und darf nicht einseitig ergebnisorientiert nach der optimalen Infrastruktur interpretiert werden. Denn dann würde das verfassungsrechtliche Gebot der Leistungserbringung am Markt durch Maßnahmen zur Sicherung der Infrastruktur ausgehöhlt.[38] Der Gesetzgeber wollte den freien Wettbewerb erreichen und einen Ausgleich mit den Anforderungen an die nötige Infrastruktur schaffen.[39]

---

35 BT-Drs. 13/7774, S. 29, 44; Herdegen, a. a. O., § 51, Rn. 29; Berger/Knauth: Zur Notwendigkeit einer Änderung des Ordnungsrahmens im Postsektor, in: Berger/Knauth (Hrsg.): Liberalisierung und Regulierung der Postmärkte, S. 11 (37).

36 Herdegen, a. a. O., PostG, § 2, Rn. 19.

37 Vgl. dazu Herdegen, ZRP 1999, 63 (65); Sachs-Windthorst, GG, Art. 87 f, Rn. 14.

38 Herdegen, ZRP 1999, 63 (64); MDHS-Lerche, a. a. O., Art. 87 f, Rn. 73; Tettinger, a. a. O., 622 (634).

39 BT-Drs. 12/7269, S. 5.

5. Keine Gewährleistung einer optimalen Infrastruktur

Bereits nach den ersten Entwürfen zur Postreform II[40] sollte der Infrastrukturgewährleistungsauftrag als Staatszielbestimmung in die Verfassung eingebracht werden, ohne ihn jedoch gegenüber den anderen Staatszielbestimmungen und Ausprägungen des Sozialstaatsprinzips unangemessen hervortreten zu lassen.[41] Nicht eine optimale Infrastruktur sollte erreicht werden, sondern allein eine flächendeckende Grundversorgung, innerhalb der es jedem Benutzer möglich ist, angemessene und ausreichende Dienstleistungen zu nutzen.[42] Die gewählte Formulierung des Verfassungsgesetzgebers ist durch die Verwendung unbestimmter Rechtsbegriffe für Staatszielbestimmungen kennzeichnend. Die Begriffe "Grundversorgung, angemessen und ausreichend" sind wenig konkret und als bloße Leitlinien ausfüllungsbedürftig. Der Gesetzgeber ist nach Art. 87 f Abs. 1 Satz 1 GG im wesentlichen frei in der Entscheidung, welche Maßnahmen, und je nach Ausgestaltung des Staatsziels sogar frei in der Entscheidung, ob er Maßnahmen ergreifen will. Ihm kommt eine erhebliche Einschätzungsprärogative zu.[43] Ihm ist nur eine generelle Passivität verwehrt. Er muß Maßnahmen ergreifen, die geeignet sind, die Wettbewerber und Nachfolgeunternehmen zur Erbringung einer Infrastruktur zu veranlassen. Nicht begründet wird hingegen die Verpflichtung im Sinne eines Handlungsauftrages als Einstandspflicht bei völligem Marktversagen. Die Festschreibung einer Leistungserbringungspflicht durch den Bund mittels einfachgesetzlicher Normen stellte einen Verstoß gegen das Grundgesetz dar, das eine Privatisierung und den Wegfall der Ausschließlichkeitsrechte nach Ablauf einer Übergangszeit zwingend vorschreibt, Art. 143 b Abs. 2 Satz 1 GG.

---

40 BT-Drs. 12/7269, S. 5; Stern, DVBl. 1997, 309 (312).

41 BT-Drs. 12/7269, S. 5; MDHS-Lerche, a. a. O., Art. 87f, Rn. 73.

42 BT-Drs. 12/7269, S. 5; Stern/Bauer, a. a. O., Teil C., Art. 87 f, Rn. 23; Rottmann, a. a. O., 193 (194). Grundsätzlich bestand eine verbreitete Skepsis vor der Aufnahme von Staatszielen in die Verfassung. Man befürchtete, das Grundgesetz könne mit tagesaktuellen Problemen überfrachtet werden und es drohten die in der Verfassung herausgestellten Zielsetzungen in Kollision mit anderen politischen Zielsetzungen zu geraten, ohne daß eine herausragende Forderung eines einzelnen Ziels garantiert werden könne. Mit der Überfrachtung von Programmsätzen befürchtete man eine Verwässerung des verbindlichen Rechtscharakters des Verfassungstextes. Hinsichtlich der Postreform spielte diese Diskussion jedoch keine besondere Rolle. Die Aufnahme des Infrastrukturgewährleistungsauftrages geht auf die Erkenntnis zurück, daß dieses Zugeständnis für die SPD und die Bundesländer eine unverzichtbare Voraussetzung für die Zustimmung zur Grundgesetzänderung darstellte.

43 Stern, DVBl. 1997, 309 (313); MDHS-Lerche, a. a. O., Art. 87 f, Rn. 80.

6. Ergebnis

Zusammenfassend bleibt daher festzuhalten, daß Art. 87 f GG die Merkmale einer Staatszielbestimmung erfüllt. Es handelt sich um eine rein objektivrechtliche Verfassungsnorm mit rechtlicher Verpflichtungskraft, die alle drei Gewalten zur Gewährleistung flächendeckend angemessener und ausreichender Dienstleistungen im Bereich des Postwesens verpflichtet. Die Verfassungsnorm legt die Wahl der zur Zielverfolgung erforderlichen Mittel, die Intensität und den Zeitpunkt ihres Einsatzes als Verfassungsdirektive in das Ermessen der zuständigen Organe.[44]

Darüber hinaus zeichnet sich der Infrastrukturgewährleistungsauftrag durch die Staatszielbestimmungen typische inhaltliche Offenheit in der Formulierung für künftige Entwicklungen aus.[45] Dies entspricht auch der zu erwartenden und bereits eingesetzten technischen Entwicklung im Bereich der neuen Medien, dem Internet oder auf dem Logistikmarkt.[46] Vorgegeben wird nur das Ziel hoheitlichen Handelns, nicht aber die Art und Weise seiner Verwirklichung.[47] Enthielte Art. 87 f GG eine Verpflichtung zur Erfüllung des Infrastrukturgewährleistungsauftrages durch den Staat selbst, so wäre eine Verfassungsänderung überflüssig gewesen. Der Verfassungsgesetzgeber hätte es bei der bundeseigenen Verwaltung im Bereich des Postwesens gemäß Art. 87 a. F. GG belassen können.[48] Nunmehr trifft den Staat lediglich noch die Pflicht, Rahmenbedingungen zu schaffen, an denen sich das marktwirtschaftliche Verhalten der neugeschaffenen Aktiengesellschaften und der Wettbewerber zu orientieren hat.[49] Mit der Verfassungsänderung ist eine Grenze zwischen staatlicher Steuerungspflicht und privatwirtschaftlicher Entscheidungskompetenz gezogen worden.

Es darf nicht verkannt werden, daß der Bund durch seine Eigentümerrechte an der Deutschen Post AG eine große Zahl von aktienrechtlichen Einflußnahmemöglichkeiten über die Bundesanstalt hat. Seine Steuerung muß aber im Vorfeld unternehmerischer Entscheidungen einsetzen. Planungsvorgaben müssen sich an der wirtschaftlichen Entscheidungsfreiheit der Deutschen Post AG und anderer privater Unternehmen orientieren. Sie dürfen allein im Blick auf das

---

44 Rottmann, a. a. O., 193 (194); Stern, DVBl. 1997, 309 (313); Stern/Bauer, a. a. O., Teil C., Art. 87 f, Rn. 24; mit weiteren Nachweisen zur Bedeutung und den Voraussetzungen einer Staatszielbestimmung.

45 Stern, DVBl. 1997, 309 (313); Stern/Bauer, a. a. O., Teil C., Art. 87 f, Rn. 24, 30.

46 Stern/Bauer, a. a. O., Teil C., Art. 87 f, Rn. 24.

47 Rottmann, ArchPT 1994, 193 (194); Stern, ArchPT 1996, 148 (149); Stern/Bauer, a. a. O., Teil C., Art. 87 f, Rn. 31.

48 MDHS-Lerche, a. a. O., Art. 87 f, Rn. 66.

49 Stern, ArchPT 1996, 148; Stern/Bauer, a. a. O., Teil C., Art. 87 f, Rn. 32.

Allgemeinwohl getroffen werden.[50] Im Sinne des Infrastrukturgewährleistungsauftrags muß die Leistungsfähigkeit dieser Unternehmen solange erhalten bleiben, bis andere private Anbieter den verfassungsrechtlichen Zielvorgaben gerecht werden.[51] Nur so rechtfertigt sich die derzeit noch bestehende Doppelrolle des Bundes als Mehrheitsaktionär und Adressat des Infrastrukturgewährleistungsauftrages und stellt deren notwendige Verknüpfung her. In diesem Kontext ist auch die Exklusivlizenz zu sehen.

B. Bedeutung des Infrastrukturgewährleistungsauftrages als Staatszielbestimmung unter besonderer Berücksichtigung des Sozialstaatsprinzips

Die Art. 87 Abs. 1 S. 1 a.F. GG zugrundeliegende, sich aus den Grundrechten und dem Sozialstaatsprinzip ergebende Versorgungsaufgabe der Deutschen Bundespost[52] war darauf gerichtet, allen Bürgern der Bundesrepublik unabhängig vom Wohnort oder Sitz eines anderen Unternehmens die Benutzung der von der Deutschen Bundespost angebotenen Übermittlungs- und Beförderungsdienste zu ermöglichen. Damit war ausgeschlossen, daß bestimmte Benutzergruppen von vornherein unter dem Aspekt der Unrentabilität von der Benutzung ausgeschlossen wurden und nach einer wirtschaftlichen Betrachtungsweise aus Rentabilitätsgesichtspunkten gewisse Dienste nicht erbracht wurden,[53] etwa weil es sich um strukturschwache Gegenden handelte.[54] Diese Problematik läßt sich unter dem Schlagwort der sogenannten Rosinenpickerei zusammenfassen. Alle

---

50 Rottmann, a. a. O., 193 (194); Stern/Bauer, a. a. O., Teil C., Art. 87 f, Rn. 23, 32; Stern, ArchPT 1996, 148 (149); ders. DVBl. 1997, 309 (315); MDHS-Lerche, a. a. O., Art. 87 f, Rn. 73.

51 Stern, ArchPT 1996, 148 (149).

52 Berger/Knauth, a. a. O., S. 11 (14); Sachs-Windthorst, GG, Art. 20 Rn. 51.

53 Braubach: Marktversagen im unregulierten Postmarkt?, in: Berger/Knauth (Hrsg.): Liberalisierung und Regulierung der Postmärkte, S. 93 (113); Blankart/Knieps: Effiziente Instrumente der Infrastrukturfinanzierung: Die Infrastrukturfondslösung im Postbereich, in: Berger/Knauth (Hrsg.): Liberalisierung und Regulierung der Postmärkte, S. 201 (210); Heuermann/Neu, ArchPF 1988, 318 (331); v. Tegelen, Telekommunikation, in: Grande/Kuhlen/Lehmbruch/Mäding (Hrsg.): Perspektiven, S. 115 (115); Mäding, Probleme, in: Grande/Lehmbruch/Kuhlen/Mäding (Hrsg.): Perspektiven, S. 127 (134); Pohl, ZögU 1995, 239 (243); Basedow, EuZW 1996, 143 (145).

54 Zurhorst, Jahrbuch des Postwesens, 1969, S. 275; f, Rn. 73; Wieland, Die Verwaltung 1995, 315 (322); Fehling, VerwArch 1995, 600 (608); Berger/Knauth, a. a. O., S. 11 (14); Braubach, a. a. O., S. 93 (113); Blankart/Knieps, a. a. O., S. 201 (210); 5 (322); MDHS-Lerche, a. a. O., Art. 87 f, Rn. 73; Sachs-Windthorst, GG, Art. 87 f, Rn. 8.

Leistungen mußten grundsätzlich für alle Bürger tatsächlich nutzbar sein.[55] Im Zuge der technologischen Entwicklung unterlag das Leistungsangebot im Postwesen durchaus einem ständigen Wandel. In diesem Kontext ist auch die Fortschreibung der bisher allein dem Bund als Staatsaufgabe[56] obliegenden Pflicht zur Erbringung von Postdienstleistungen hin zu dem als Staatsziel ausgestalteten Infrastrukturgewährleistungsauftrag zu sehen.[57] Dieser stellt sich wie bereits erwähnt als spezielle Ausprägung des Sozialstaatsprinzips dar.[58] Er vermag durch seine offene Gestaltung in der Verfassung auch künftigen Entwicklungen Stand zu halten.

I. Infrastrukturgewährleistungsauftrag und Sozialstaatsprinzip

1. Bedeutung und Wirkungsweise des Sozialstaatsprinzips

Das Sozialstaatsprinzip, daß allein in Art. 20 Abs. 1, 28 Abs. 1 Satz 1 GG durch das Wort "sozial" zum Ausdruck kommt,[59] wird vom Bundesverfassungsgericht als Auslegungshilfe für die Verfassung und für die einfachen Gesetze anerkannt[60] und verstanden.[61] Wegen seiner Unbestimmtheit enthält es keine unmittelbaren Handlungsanweisungen und ergibt keine subjektiven Rechte im Zusammenhang mit anderen Verfassungsnormen.[62]

Aus dem Sozialstaatsprinzip ergibt sich die Pflicht des Staates, für eine "gerechte Sozialordnung zu sorgen".[63] Es stellt ein leitendes Prinzip aller staatlichen Maßnahmen dar, während es das Wie der Aufgabenerfüllung offenläßt.[64] Es

---

55 Pohl, a. a. O., 239 (243); Knieps, Post- und Fernmeldewesen, in: Vogel (Hrsg.): Deregulierung, S. 31 (31); Stern, DVBl. 1997, 309 (311).

56 MDHS-Lerche, a. a. O., Art. 87 f, Rn. 14.

57 Sachs-Windthorst, GG, Art. 87 f, Rn. 14.

58 BT-Drs. 12/7269, S. 5; Gramlich, ArchPT 1995, 185 (195); Krölls, a. a. O., 129 (138); Stern, ArchPT 1996, 148 (149); Stern/Bauer, a. a. O., Teil C., Art. 87 f, Rn. 17, 24; Schmidt-Bleibtreu/Klein, GG, Art. 87, Rn. 3; MDHS-Lerche, a. a. O., Art. 87 f, Rn. 73; Sachs-Windthorst, GG, Art. 87 f, Rn. 13.

59 BVerfGE 59, 231 (263); Stern, Staatsrecht I, S. 877; Isensee, Gemeinwohl und Staatsaufgaben im Verfassungsstaat, in: Isensee/Kirchhof: Handbuch des Staatsrechts, Bd. III, § 57, Rn. 121.

60 BVerfGE 1, 97 (105); 8, 274 (329); 10, 354 (371); 14, 263 (285); 17, 1 (11); 18, 257 (267); 22, 180 (204); 26, 1 (7); 59, 231 (262) in ständiger Rechtsprechung.

61 BVerfGE 1, 97 (105); 59, 231 (262 f); 89, 214 (232); Stern, Staatsrecht, Bd. I, S. 916; Sachs-Sachs, GG, Art. 20, Rn. 46, 47, 49, 57.

62 Sachs-Sachs, GG, Art. 20 Rn. 46, 48.

63 BVerfGE 22, 180 (204); 94, 241 (263); Stern, Staatsrecht I, S. 891 ff m. w. N.; Sachs-Sachs, GG, Art. 20, Rn. 46.

64 BVerfGE 22, 180 (204); Sachs-Sachs, GG, Art. 20, Rn. 46, 48.

wirkt unmittelbar durch die staatliche Wirtschaftsaufsicht auf die Wirtschaft ein.[65] Das Sozialstaatsprinzip ist an die gesellschaftliche Entwicklung gebunden und einem steten Wandel unterzogen.[66] Aus der materiellen Pflicht des Staates, für eine gerechte Sozialordnung und soziale Gerechtigkeit zu sorgen, ergeben sich Hinweise für eine organisatorische Verbürgung der Erfüllung dieser Pflicht im Sinne einer sozialen Effektivität.[67] Als Folgerung hieraus ergibt sich, daß das Sozialstaatsprinzip eine möglichst bürgernahe und effektive und damit sozialgerechte Gestaltung von Organisation und Verfahren vorschreibt.[68] Das Sozialstaatsprinzip, das selbst keine subjektiven Rechte gewährt,[69] fordert demnach, daß der Staat entsprechende Sicherungen vorhält, um den Anforderungen des Sozialstaatsprinzips gerecht zu werden. Zu den möglichen Mechanismen gehört die Einrichtung einer staatlichen Kontrollinstanz und von Regulierungsmaßnahmen, die es dem Staat ermöglichen, zunächst noch mindestens mittelbaren Einfluß auf die Aufgabenerfüllung zu nehmen.[70]

2. *Der Infrastrukturgewährleistungsauftrag als sozialstaatliche Komponente und Rechtfertigung staatlichen Handelns*

Der Infrastrukturgewährleistungsauftrag konkretisiert mit Art. 87 f Abs. 1 GG einen Bereich des Sozialstaatsprinzips. Er legt für das Postwesen zwingend fest, daß von Verfassungs wegen eine Gewährleistung angemessener und flächendekkender Postdienstleistungen als so unerläßlich für eine staatliche Gemeinschaft angesehen wird, daß es einer positiven verfassungsrechtlichen Verbürgung bedurfte.

Bis zur ersten Postreform war es Aufgabe der Deutschen Bundespost und bis zur zweiten Reform die des Nachfolgeunternehmens Deutsche Bundespost POSTDIENST als Teil der bundeseigenen Verwaltung, das Angebot an Postdienstleistungen ständig zu überprüfen und den aktuellen Bedürfnissen anzupassen. Der breiten Bevölkerung sollte die erschwingliche Nutzung auch neuer Kommunikationsformen ermöglicht werden.[71] Eine Einschränkung des Lei-

---

65 Stern, Staatsrecht I, S. 899.

66 Sachs-Sachs, GG, Art. 20, Rn. 46 zur Offenheit d. Sozialstaatsprinzips Fn. 101, 102.

67 Scholz/Aulehner, ArchPT 1993, 103 (132); Hengstschläger, VVDStRL 54 (1995), 165 (187); Badura, ArchPT 1997, 277 (284).

68 Stern, Staatsrecht I, S. 911 f; Scholz/Aulehner, ArchPT 1993, 103 (135, 136).

69 BVerfGE 27, 253 (283); 33, 303 (333); 41, 126 (153f); Stern, Staatsrecht I, S. 916; Sachs-Sachs, GG, Art. 20, Rn. 50; Stern/Bauer, a. a. O., Teil C., Art. 87 f, Rn. 27.

70 Schliesky, DVBl. 1999, 78 (80).

71 Scholz/Aulehner, ArchPT 1993, 221 (224, 225); Gramlich, ArchPT 1995, 189 (195); Mayer, Die Bundespost, S. 106.

stungsstandards gab es nicht. Da es sich von Verfassungs wegen hierbei um eine Hoheitsaufgabe handelte, bedurften staatliche Maßnahmen jedenfalls, solange noch keine Trennung von hoheitlichen und unternehmerischen Aufgaben wie nach der Postreform I stattgefunden hatte, keiner besonderen Rechtfertigung.

An die Stelle der durch Art. 87 Abs. 1 Satz 1 GG a. F. festgeschriebenen Erfüllungsverantwortung ist nun nach Einleitung durch die Postreform I im Zuge der Postreform II der Infrastrukturgewährleistungsauftrag des Art. 87 f Abs. 1 GG getreten. Jede staatliche Maßnahme muß sich jetzt daran messen lassen, ob sie dem Infrastrukturgewährleistungsauftrag und dem Gebot der Aufgabenprivatisierung entspricht.[72]

II. Grund für die verfassungsrechtliche Festschreibung des Infrastrukturgewährleistungsauftrages

1. Erforderlichkeit der verfassungsrechtlichen Verankerung

Die Aufnahme des Infrastrukturgewährleistungsauftrages in seiner jetzigen Ausgestaltung geht auf Forderungen der SPD und der Postgewerkschaft zurück und stellt einen interfraktionellen Kompromiß dar, der die Postreform II erst ermöglichte.[73] Dabei ist zweifelhaft, ob es unter der Geltung des Sozialstaatsprinzips überhaupt einer Verankerung in der Verfassung bedurft hätte. Das Postwesen stellt einen für die Bürger so wesentlichen Bereich dar. Demgemäß könnte sich aus dem Sozialstaatsprinzip unmittelbar eine Pflicht des Staates zur Sicherstellung einer postalischen Grundversorgung herleiten.[74] Daneben sind aber auch Leistungen denkbar, die nicht sozialstaatlich geboten, aber dennoch angemessen sind.[75] Art. 87 f GG hat einerseits klarstellenden Charakter.[76] Andererseits bietet die Norm eine umfassendere Grundlage für Regulierungsmaßnahmen als es das Sozialstaatsprinzip allein vermag.[77] Dieses ist wegen seiner tatbestandlichen Unbestimmtheit und Offenheit nicht in der Lage, die Aufgabe des Art. 87 f Abs. 1 GG zu erfüllen, zudem ohne eine positive Normierung des Infrastrukturgewährleistungsauftrages der Streit um dessen Berechtigung und Herleitung aus dem Sozialstaatsprinzip vorhersehbar wäre. Mit dem Infrastrukturgewährleistungsauftrag wird nicht allein an soziale Interessen und Erfordernisse angeknüpft. Dieser gestattet es, über das Erfordernis der angemessenen Versorgung, auch

---

72 MDHS-Lerche, a. a. O., Art. 87 f, Rn. 55.
73 Scherer, a. a. O., 418 (421); Stern/Bauer, a. a. O., Teil C., Art. 87 f, Rn. 28.
74 Scherer, a. a. O., 418 (421); Stern/Bauer, a. a. O., Teil C., Art. 87 f, Rn. 28.
75 Stern/Bauer, a. a. O., Teil C., Art. 87 f, Rn. 28.
76 BR-Drs. 114/95; S. 3.
77 MDHS-Lerche, a. a. O., Art. 87 f, Rn. 72; Schliesky, a. a. O., 78 (81).

wirtschaftspolitisch sinnvolle Erwägungen in die staatliche Postpolitik miteinzubeziehen.[78] Diese als Staatsziel ausgestaltete Direktive bedeutet zum einen, daß der Staat in seiner Handlungsfreiheit den Postsektor betreffend im wesentlichen auf regulatorische Maßnahmen beschränkt ist, zum anderen aber auch, daß dem Staat eine Norm zur Rechtfertigung von Maßnahmen an die Hand gegeben ist.

2. Das Postwesen als Teil der Daseinsvorsorge

Auch nach der Postreform II hat sich an der Bedeutung und Funktion der Nachrichtenübermittlung nichts geändert,[79] so daß nach wie vor eine zuverlässige und flächendeckende Versorgung mit Kommunikationsdienstleistungen erforderlich ist.[80] Bis 1994 hatte die Deutsche Bundespost als Behörde der Leistungsverwaltung die Aufgabe, eine flächendeckende Grundversorgung in dem Bereich des Postwesens zu einheitlichen Gebühren und in gleichmäßiger Qualität nach politischen Vorgaben sicherzustellen.[81] Sie wurde als Teil der Daseinsvorsorge angesehen.[82] Damit waren bisher auch Dienstleistungen verfassungsrechtlich abgesichert, die nicht kostendeckend erbracht werden konnten.[83] Demnach korrespondierte die Pflicht zur Erbringung auch solcher Dienstleistungen mit denen der Bundespost eingeräumten Ausschließlichkeitsrechten. Dadurch konnte erreicht werden, daß auch die gewinnbringenden Dienstleistungen zugunsten der verlustbringenden ohne Konkurrenzdruck von der Deutschen Bundespost wahrgenommen werden konnten. Die erzielten Gewinne wurden zur Deckung von Verlusten in anderen Bereichen durch das Instrument der Quersubvention, dem internen Finanzausgleich[84] eingesetzt. Mit der jetzt bewirkten Privatisierung und der zu-

78 Stern, DVBl. 1997, 309 (311); Stern/Bauer, a. a. O., Teil C., Art. 87 f, Rn. 28; Königshofen, ArchPT 1995, 189 (195); Scherer, a. a. O., 418 (421).

79 BT-Drs. 127269, S. 5. Zur Bedeutung des Postwesens für die Politik: Knauth/Husch, ArchPT 1997, 5 (5); Berger/Knauth, a. a. O., S. 11 (115); Berger: Funktion und Struktur der staatlichen Postpolitik in Berger/Knauth (Hrsg.): Liberalisierung und Regulierung der Postmärkte, S. 315 f.

80 Scholz/Aulehner, ArchPT 1993, 221 (223).

81 Wieland, Die Verwaltung 1995, 315 (331); Stern/Bauer, a. a. O., Teil C., Art. 87 f, Rn. 21; Knieps, a. a. O., S. 31 (33).

82 BVerwGE 72, 15 (24); Steiner: Verkehr und Post, in: Isensee/Kirchhof: Handbuch des Staatsrechts, § 81, Rn. 8; Scholz/Aulehner, 1993, 103 (131 f); Gramlich, ZUM 1998, 365 (366); Stern/Bauer, a. a. O., Teil C., Art. 87 f, Rn. 21; MDHS-Lerche, a. a. O., Art. 87 f, Rn. 72.

83 Stern/Bauer, a. a. O., Teil C., Art. 87 f, Rn. 21.

84 Elicker, ArchPT 1998, 201 (219); Berger/Knauth, a. a. O., S. 11 (40); Braubach, a. a. O., S. 93 (113).

mindest teilweisen Aufgabe der Monopolrechte sollen Marktmechanismen und Konkurrenz immer mehr an Bedeutung gewinnen.

3. Der Konflikt zwischen Daseinsvorsorge und Wettbewerb

Dem steht das Interesse an einer sozialstaatlichen Daseinsvorsorge mit Kommunikationsdienstleistungen entgegen. Dies gilt jedenfalls soweit es auch eine unrentable oder sogar verlustbringende Erbringung bestimmter Dienstleistungen beinhaltet.[85] Es ist ein Interessenkonflikt zwischen optimaler und an den Gegebenheiten des Marktes möglichen Versorgung mit Postdienstleistungen. Der Gesetzgeber muß durch von Art. 87 f Abs. 1 GG abgedeckte entsprechende Regelungen beiden Extrempositionen Rechnung tragen und für einen schonenden Ausgleich sorgen.[86] Auf der einen Seite darf der Wettbewerb nicht mehr als nötig eingeschränkt, auf der anderen Seite muß durch entsprechende Regulierungsmechanismen eine Grundversorgung gewährleistet werden. Die im Rahmen der Grundversorgung notwendigen Dienstleistungen müssen auch bei betriebswirtschaftlichen Nachteilen erbracht werden. Art. 87 f Abs. 1 GG enthält mit dem Infrastrukturgewährleistungsauftrag gleichzeitig ebenfalls eine hoheitliche Regulierungskompetenz und stellt für Ausgleichsmechanismen eine hinreichende Rechtfertigung dar.[87] Durch seine gezielte Anwendung soll ein schonender Ausgleich zwischen widerstreitenden Interessen von Bürgern und Diensteanbietern ermöglicht werden.

Nunmehr hat der Bund anstelle der Dienstleistungserbringung nur noch die Aufgabe, Rahmenbedingungen für die marktwirtschaftliche Tätigkeit der Dienstleistungsanbieter zu schaffen und deren Einhaltung zu überwachen.[88] Überwachen bedeutet auch, daß der Staat bereits im Sinne einer rechtzeitigen Vorsorge handeln muß, ehe eine Unterversorgung gegeben ist.[89]

---

85 Stern/Bauer, a. a. O., Teil C., Art. 87 f, Rn. 21.
86 Stern/Bauer, a. a. O., Teil C., Art. 87 f, Rn. 25.
87 BT-Drs. 12/8060, S. 181; Königshofen, a. a. O., 189 (195); Stern/Bauer, a. a. O., Teil C., Art. 87 f, Rn. 21; MDHS-Lerche, a. a. O., Art. 87 f, Rn. 1; Schmidt-Bleibtreu/Klein, GG, Art. 87 f, Rn. 3.
88 Stern/Bauer, a. a. O., Teil C., Art. 87 f, Rn. 30; Scherer, a. a. O., 418 (420); MDHS-Lerche, a. a. O., Art. 87 f, Rn. 73.
89 MDHS-Lerche, a. a. O., Art. 87 f, Rn. 80.

C. Verfassungsrechtliche Ausgestaltung des Infrastrukturgewährleistungsauftrages

Art. 87 f Abs. 2 GG enthält eine Grundentscheidung für Privatisierung und Wettbewerb im Bereich des Postwesens.[90] Als Gegenstück zu dieser getroffenen Entscheidung dient die hoheitliche Aufgabe der Gewährleistungsverantwortung des Art. 87 f Abs. 1 GG als Rechtfertigung für staatliche Maßnahmen im Wege der Regulierung und setzt zwangsläufig freien unternehmerischen Entscheidungen privater Anbieter von Postdienstleistungen Grenzen.[91]

I. Inhalt und Grenzen des Infrastrukturgewährleistungsauftrags

Auch wenn nur Grundbedingungen vorgegeben werden müssen, ist dadurch die Bedeutung des Infrastrukturgewährleistungsauftrags keineswegs geschmälert. Der Gesetzgeber hat sich auf die zur Zielerreichung erforderliche Regulierung zu beschränken und muß eine hinreichende betriebswirtschaftliche Entscheidungsautonomie der betroffenen Dienstleistungserbringer erhalten.[92]

Mit Art. 87 f GG ist keine Pflicht des Staates statuiert, konkrete Unternehmensentscheidungen zu beeinflussen und die Leistungen selbst zu erbringen.[93] Es muß vielmehr bereits im Vorfeld durch entsprechende Rahmenbedingungen ein Weg in der Entscheidungsfindung zu einem Ergebnis hin vorgezeichnet sein. Dieser so bewirkte Interessenausgleich wird dann durch die Unternehmen selbständig umgesetzt und der staatliche Einfluß wird indirekt wirksam.[94] Die staatliche Rahmenregelung muß an der wirtschaftlichen Entscheidungsfreiheit orientiert sein und darf Planungsvorgaben oder unternehmenspolitische Leitlinien nur im Interesse des Allgemeinwohls erstellen, denn mit der Entscheidung für die Privatisierung kommt den Unternehmen für Postdienstleistungen der subjektivrechtliche Schutz der Grundrechte zu, der im Rahmen der Konkretisierung der verfassungsrechtlichen Vorgaben durch einfachgesetzliche Regelungen unbedingt zu berücksichtigen ist.[95]

---

90 Herdegen, a. a. O., 63 (64).

91 Stern, DVBl. 1997, 309 f m. w. N.; Sachs-Windthorst, GG, Art. 87 f, Rn. 8.

92 Stern/Dietlein, a. a. O., 309 (313); v. Danwitz, a. a. O., § 11, Rn. 7; Sachs-Windthorst, GG, Art. 87 f, Rn. 27.

93 A. A. v. Münch/Kunig-Uerpmann, GG, Art. 87 f, Rn. 7, der eine Pflicht des Staates annimmt, dann Dienstleistungen durch bundeseigene Postunternehmen anzubieten, wenn anders kein hinreichendes Angebot sichergestellt werden kann.

94 Sachs-Windthorst, GG, Art. 87 f, Rn. 17 zu diesem Problemkreis.

95 BT-Drs. 13/7774, S. 31; v. Danwitz, a. a. O., VerfGrdl., Rn. 55, § 11 Rn. 7, 8; Gramlich, ArchPT 1995, 189 (201); ders. NJW 1996, 617 (619); Herdegen, a. a. O., 63 (65, 65); Stern, DVBl. 1997, 309 (310); Stern/Dietlein, a. a. O., 309 (313). Badura, a. a.

Unter Berücksichtigung der Bedeutung einer postalischen Infrastruktur für ein funktionierendes Wirtschaftssystem und der Erkenntnis, daß eine allein dem Wettbewerb überlassene Versorgung mit Postdienstleistungen das Risiko in sich birgt, daß unrentable Bereiche nicht mehr versorgt werden, liegt allen Regelungen über das Postwesen, wie Art. 87 f Abs. 1 GG, der Post-Richtlinie 97/67/EG und auch dem Postgesetz, zugrunde, daß die Erbringung eines Universaldienstes gewährleistet werden muß.[96]

1. Korrelat der angemessenen und ausreichenden Dienstleistungen

Daß das Postgesetz und die Verfassungsbestimmungen sich primär an einem funktionierenden Wettbewerb orientieren,[97] zeigt auch die inhaltliche Begrenzung des vom Bund zu leistenden Auftrags. Die Kompetenz des Bundes ist dementsprechend eingeschränkt[98] durch das Erfordernis von "angemessenen" und "ausreichenden" Dienstleistungen. Mit der Benutzung unbestimmter Rechtsbegriffe wird deutlich, daß der Bund nicht verpflichtet und berechtigt ist, *jegliche* Art von Dienstleistungen zu gewährleisten oder zur Verfügung zu stellen. Eine optimale Infrastruktur[99] ist nicht gefordert, vielmehr wird sie auf eine Grundversorgung beschränkt, wie sich bereits aus dem Begriff "Grundversorgung" ergibt.[100]

Auch ist im Sinne einer Staatszielbestimmung noch nicht einmal der gegenwärtige Zustand von Qualität und Quantität der Leistungen festgesetzt. Die angebotenen Leistungen müssen nicht dem Stand der Technik entsprechen und können sich auf ein Mindestmaß beschränken.[101] Dem Gesetzgeber ist grund-

---

O., 277 (278, 285) wendet sich gegen jeden Grundrechtsschutz. Arnauld, DÖV 1998, 437 (452) versagt der Deutschen Post AG den Grundrechtsschutz, solange der Bund sämtliche Anteile hält. Dieses Problem stellt sich jedoch nur für die Deutsche Post AG. Den anderen Anbietern von Postdienstleistungen kommt als Privatrechtssubjekte der uneingeschränkte Grundrechtsschutz zu.

96 Wieland, a. a. O., 315 (332); Badura, a. a. O., 277 (278); v. Danwitz, a. a. O., § 11 PostG, Rn. 1; Sachs-Windthorst, GG, Art. 87 f, Rn. 8.

97 Stern, DVBl. 1997, 309 (311); Stern/Dietlein, a. a. O., 309 (313); Schoch, VVDStRL 57 (1998), S. 158.

98 Gramlich, ArchPT 1995, 189 (196).

99 BT-Drs. 12/7269, S. 5; Rottmann, a. a. O., 193 (194); Herdegen, a. a. O., 63 (64); Stern/Bauer, a. a. O., Teil C., Art. 87 f, Rn. 33; MDHS-Lerche, a. a. O., Art. 87 f, Rn. 73.

100 BT-Drs. 12/7269, S 5; BT-Drs. 13/7774, S. 31; Stern/Bauer, a. a. O., Teil C., Art. 87 f, Rn. 33; v. Danwitz, a. a. O., § 11 Rn. 6; Herdegen, a. a. O., 63 (64).

101 Rottmann, a. a. O., 193 (194); Herdegen, a. a. O., 63 (64); Stern/Bauer, a. a. O., Teil C., Art. 87 f, Rn. 33.

sätzlich auch die Möglichkeit eröffnet, das bisherige Angebot in Menge und Qualität zu reduzieren, wenn dies nicht von der Grundversorgung erfaßt wird.[102]

Die Erfüllung des Infrastrukturauftrages ist damit einerseits beschränkt durch die Pflicht zur Berücksichtigung von Belangen des Wettbewerbs, andererseits zeichnet sie sich durch eine gewisse Weite und einen entsprechenden Gestaltungsspielraum aus, wie er Staatszielbestimmungen eigen ist. Art. 87 f GG läßt offen, mit welchen Mitteln der Gesetzgeber die Regulierungsziele erreichen muß. Jedenfalls eröffnet die Verpflichtung zur Versorgung unter dem Aspekt der Daseinsfürsorge[103] und zur Schaffung eines Ausgleichs mit den unternehmerischen Zielen ein weites Spektrum von Handlungsmöglichkeiten.[104]

2. *Angemessene Dienstleistungen*[105]

a) Qualität der Dienstleistungen

Der Bund hat gemäß Art. 87 f Abs. 1 GG die "angemessene Beschaffenheit",[106] d.h. ein durch die Verfassungsbestimmung nicht näher definiertes Maß an Qualität[107] der bereitzustellenden Dienstleistungen zu gewährleisten. Hierbei handelt es sich um einen unbestimmten Rechtsbegriff.[108] Nach dem Regierungsentwurf sollte Art. 87 f GG bezüglich der Angemessenheit der Dienstleistungen zunächst aus der Benutzersicht interpretiert werden.[109] Diese Ansicht konnte sich aber im Gesetzgebungsverfahren nicht durchsetzen. Die Bedeutung der Kommunikati-

---

102 Herdegen, a. a. O., 63 (65); v. Danwitz, a. a. O., § 11 Rn. 53; Stern/Bauer, a. a. O., Teil C., Art. 87 f GG, Rn.. 33.

103 Sachs-Sachs, GG, Art 20, Rn. 46 f; MDHS-Lerche, a. a. O., Art. 87 f, Rn. 72.

104 Badura, a. a. O., 277 (278); v. Danwitz, a. a. O., § 11, Rn. 6.

105 MDHS-Lerche, a. a. O., Art. 87 f, Rn. 2, 74; Sachs-Windthorst, GG, Art. 87 f, Rn. 11. Dienstleistung bedeutet Bereithalten und Erbringen postalischer und telekommunikativer Leistungen.

106 Stellungnahme des Bundesrates, BT-Drs. 12/7269, S. 8; Gegenäußerung der Bundesregierung, BT-Drs. 12/7269, S. 10; Beschlußempfehlung und Bericht des Rechtsausschusses, BT-Drs. 12/8108, S. 6; MDHS-Lerche, a. a. O., Art. 87 f, Rn. 75.

107 Bundesregierung BT-Drs. 12/7269 S. 10; Bericht des Rechtsausschusses des Deutschen Bundestages, BT-Drs. 12/8108 S. 6, 8; Sachs-Windthorst, GG, Art 87 f, Rn. 12; MDHS-Lerche, a. a. O., Art. 87 f, Rn. 75; Stern/Bauer, a. a. O., Teil C., Art. 87 f, Rn. 34; Pfeffermann, in: Badura/v. Danwitz/Herdegen/Sedemund/Stern (Hrsg.), Beck'scher PostG Kommentar, Einführung, S. 37; v. Danwitz, a. a. O., § 11, Rn. 6, 41.

108 Stern/Bauer, a. a. O., Teil C., Art. 87 f, Rn. 34.

109 BT-Drs. 12/7269, S. 5, 8; Stern/Bauer, a. a. O., Teil C., Art. 87 f, Rn. 34; Herdegen, a. a. O., 63 (65).

onsdienstleistungen für die Allgemeinheit müsse hinter den Belangen des angestrebten freien Wettbewerbs zurückstehen. Denn es sei nur eine Grundversorgung, nicht aber die Anpassung an technische Entwicklungen und gewachsenen Bedürfnisse, verlangt.[110] Eine Ausrichtung allein an den Bedürfnissen der Nutzer hätte nämlich eine optimale Versorgung erfordert. Zur Bestimmung des Inhalts der Grundversorgung soll als Richtlinie allein auf das Wohl der Allgemeinheit zu Lasten einer individualistischen Sichtweise abgestellt werden.[111]

b) Keine Gewährung subjektiver Rechte

Dem entspricht auch die Ausformung der Norm als Staatszielbestimmung. Die Offenheit der Norm bewirkt die Verpflichtung allen staatlichen Handelns, im Interesse des Allgemeinwohls tätig zu werden, ohne einen subjektiv-rechtlichen Charakter zu erhalten. Mit der Zubilligung subjektiv-rechtlicher Aussagen könnte der einzelne aus der Norm einen Leistungsanspruch herleiten.[112] Der Bund könnte entgegen dem umfassenden Regulierungsauftrag, nach dem nur Rahmenbedingungen zu setzen sind, gezwungen werden, Einzelfallentscheidungen treffen zu müssen, die an den speziellen Bedürfnissen einzelner auszurichten wären. In diesem Zusammenhang gewinnen auch die Ziele der Postreform II, die Liberalisierung und Entbürokratisierung, Bedeutung. Allein durch eine objektivrechtliche Norm, bei deren Anwendung die widerstreitenden Interessen losgelöst vom Einzelfall unter besonderer Berücksichtigung des Gemeinwohls gegeneinander abgewägt werden, kann diesen Zielen die nötige Beachtung durch Einfließen in den Begriff des Gemeinwohls geschenkt werden.[113] Einzelinteressen müssen hinter Allgemeininteressen zurückstehen; eine Benachteiligung im Einzelfall ist damit intendiert und hinzunehmen.

---

110 Stern/Bauer, a. a. O., Teil C., Art. 87 f, Rn. 34; MDHS-Lerche, a. a. O., Art. 87 f, Rn. 80.

111 Stern/Bauer, a. a. O., Teil C., Art. 87 f, Rn. 34; Rottmann, a. a. O., S. 193 (194); Fromm, DVBl. 1994, 187 (192); v. Danwitz, a. a. O., § 11, Rn. 6; Herdegen, a. a. O., 63 (65).

112 Scholz/Aulehner, ArchPT 1993, 103 (138); Stern/Bauer, a. a. O., Teil C., Art. 87 f, Rn. 34.

113 Stern/Bauer, a. a. O., Teil C., Art. 87 f, Rn. 34; Sachs-Winthorst, GG Art. 87 f, Rn. 10; v. Danwitz, a. a. O., § 11, Rn. 6.

c) Mittelbare Berücksichtigung von Individualinteressen

Art. 87 f Abs. 1 GG bedeutet zunächst die Sicherstellung eines "Mindest"- nicht nur eines "Minimal"niveaus.[114] Ob dieses verfassungsrechtlich vorgegebene Mindestniveau auch überschritten werden darf, erscheint gerade im Hinblick auf den damit verbundenen mittelbaren Eingriff in die subjektiven Rechte der privaten Anbieter aus den Grundrechten zweifelhaft.[115]

Aber gerade wegen dieser indirekten Wirkung ist eine Abwägung der widerstreitenden Interessen erforderlich, so daß auch Einzelinteressen, sei es der der privaten Anbieter, sei es der der Nutzer von Postdienstleistungen jedenfalls mittelbar Berücksichtigung finden können. Die Abwägung ist daran zu orientieren, ob die Qualität der bereitgestellten Dienstleistungen anhand des Verhältnisses zwischen dem notwendigen wirtschaftlichen Aufwand einer Dienstleistungsverpflichtung und dem damit verfolgten Zweck angemessen ist.[116]

3. Ausreichende Dienstleistungen

Für die Beurteilung, ob ausreichende Dienstleistungen angeboten werden, ist es erforderlich, unter Berücksichtigung des Allgemeinwohls einen Vergleich anzustellen zwischen den einfachgesetzlichen Zielvorgaben und den tatsächlichen Verhältnissen. Ausreichend bezieht sich sowohl auf die Menge[117] als auf Art und Umfang von Postdienstleistungen,[118] so daß auch ein erträgliches Verhältnis zwischen Leistung und Gegenleistung, d.h. die Erschwinglichkeit der einzelnen Leistungen für den Nachfragerkreis eingeschlossen ist.[119] Eine klare Abgrenzung zur Angemessenheit ist nicht möglich[120] und auch nicht gewollt, denn die Qualität einer Dienstleistung wird auch bestimmt davon, in welchem Umfang sie zur Verfügung gestellt wird.

---

114 v. Danwitz, a. a. O., § 11, Rn. 119; MDHS-Lerche, a. a. O., Art. 87 f, Rn. 79; Sachs-Windthorst, GG, Art. 87 f, Rn. 14.

115 v. Danwitz, § 11, Rn. 119; Herdegen, a. a. O., 63 (65).

116 Stern/Bauer, a. a. O., Teil C., Art. 87 f, Rn. 35.

117 Bundesregierung, BT-Drs. 2/7269, S. 8, 10; Rechtsausschuß des Bundestages, BT-Drs. 12/8108, S. 6; Pfeffermann, a. a. O., Einführung, S. 37; MDHS-Lerche, a. a. O., Art. 87 f, Rn. 75.

118 Stern/Bauer, a. a. O., Teil C., Art. 87 f, Rn. 36; v. Danwitz, a. a. O., § 11, Rn. 6; Sachs-Windthorst, GG, Art. 87 f, Rn. 12; MDHS-Lerche, a. a. O., Art. 87 f, Rn. 75 zum Verständnis nach normalem Sprachgebrauch.

119 MDHS-Lerche, a. a. O., Art. 87 f, Rn. 75.

120 v. Münch/Kunig-Uerpmann, GG, Art. 87 f, Rn. 8.

4. *Flächendeckende Dienstleistungen*

a) *Räumliche und zeitliche Komponente*

Das Prinzip der Flächendeckung beinhaltet, daß in allen Teilen der Bundesrepublik und für alle Bürger verfügbar Dienstleistungen angeboten und in Anspruch genommen werden können. Es betrifft den Infrastrukturbereitstellungsraum.[121] Flächendeckend zielt als räumliche Komponente des Infrastrukturgewährleistungsauftrages auf das gesamte Territorium der Bundesrepublik ab.[122] Dadurch, daß nur bei einer gewissen Häufigkeit der Abholungen und Zustellungen, von einer flächendeckenden Versorgung gesprochen werden kann, wohnt dem Begriff auch ein zeitliches Moment inne.[123] Das Gebot der aus Nutzersicht erforderlichen Verfügbarkeit von Postdienstleistungen in zumutbarer Entfernung und Häufigkeit[124] kann auf verschiedene Art und Weise umgesetzt werden. Im Fall der Liberalisierung ist es als verfassungsrechtliche Vorgabe für die Vergabe von Lizenzen im Bereich der Dienstleistungsmonopole zu werten.[125] Die Aufnahme der "Flächendeckung" soll insbesondere verhindern, daß nur die lukrativen Leistungen erbracht werden und ländliche sowie strukturschwache Gebiete[126] von der Versorgung mit Postdienstleistungen ausgespart werden.

b) *Tarifeinheit im Raum*

Das Gebot der Flächendeckung bezieht sich sowohl auf das Leistungsangebot wie auch auf den Preis der Leistung im Sinne einer Tarifeinheit im Raum. Denn je weniger eine Leistung nachgefragt wird, um so teurer wird in der Regel deren Bereitstellung werden. Demgemäß setzt Flächendeckung nicht nur die Erbringung der Leistung unabhängig von der zurückzulegenden Entfernung und dem damit einhergehenden Aufwand voraus, sondern gleichermaßen auch in gewissen Umfang die Erschwinglichkeit einer Leistung. Zum einen soll einer Beschränkung auf bestimmte gewinnversprechende Leistungen im Sinne einer Ro-

---

121 v. Danwitz, a. a. O., § 11, Rn. 40; Sachs-Windthorst, GG, Art 87 f, Rn. 13; Müller-Using, a. a. O., 46.

122 Fangmann/Lörcher/Scheurle/Schwemmle/Wehner, Telekommunikations- und Postrecht, Art. 87 f, Rn. 5; MDHS-Lerche, a. a. O., Art. 87 f, Rn. 76.

123 v. Danwitz, a. a. O., § 11 Rn. 71.

124 Gegenäußerung der BReg. zur Stellungnahme des Bundesrates, BT-Drs. 13/7774, S. 47 zu Nr. 17. V. Danwitz, a. a. O., § 11, Rn. 40

125 Fangmann/Lörcher/Scheurle/Schwemmle/Wehner, a. a. O., Art. 87 f, Rn. 5.

126 Berger/Knauth, a. a. O., S. 11 (25) zur Zielsetzung des Monopols unter Hinweis darauf, daß die Versorgungslage im städtischen und ländlichen Raum seit jeher unterschiedlich sei.

sinenpickerei vorgebeugt, zum anderen ein Gleichgewicht in der Preisgestaltung, also einheitliche Gebühren für das gesamte abgedeckte Gebiet, sogenannte Tarifeinheit im Raum[127] erreicht werden. Insoweit überschneidet sich die Flächendeckung mit dem Erfordernis von ausreichenden Dienstleistungen, sofern es um die Erschwinglichkeit der Leistung geht. Als weiterer Aspekt zur Ausfüllung der als unabdingbar angesehenen Leistung gibt der unbestimmte Rechtsbegriff der Flächendeckung aber auch Hinweise für den Maßstab, an dem eine Orientierung zu erfolgen hat, nämlich der Masse der Bevölkerung,[128] auch wenn Randgebiete und selten nachgefragte Leistungen über den Begriff der Flächendeckung nicht aus den Augen verloren werden dürfen.

5. Zusammenfassung

Über seine bloß klarstellende Funktion hinaus kommt dem Infrastrukturgewährleistungsauftrag des Art. 87 f Abs. 1 GG ein positiver und negativer Regelungsinhalt zu. Die Grundversorgung mit Postdienstleistungen ist eine Staatszielbestimmung, die unter der Voraussetzung, daß diese angemessen und ausreichend ist, inhaltlichen Grenzen unterliegt. Die Absicherung dieser Grundversorgung geht aber über den sozialstaatlichen Einschlag hinaus und rechtfertigt Eingriffe in den Wettbewerb. Durch die Aufnahme in die Verfassung kann kein Streit um die Berechtigung des Infrastrukturgewährleistungsauftrages allein als Ausprägung des Sozialstaatsprinzips entstehen.

Dem Entstehen von Wettbewerb auf dem Markt für Postdienstleistungen wird eindeutig Vorrang eingeräumt. Dieser hat aber durch die Anforderungen des Infrastrukturgewährleistungsauftrages auch dienende Funktion. Der Wettbewerb muß die Erbringung einer Grundversorgung sicherstellen. In dem bestehenden Spannungsverhältnis zwischen Grundversorgung und freiem Wettbewerb muß sich die freie Wirtschaft auch an den Vorgaben des Infrastrukturgewährleistungsauftrages messen lassen.

Art. 87 f Abs. 1 GG ist eine umfassende Basis für staatliche Maßnahmen in den Schranken der grundsätzlich zu beachtenden Privatisierung. Die Dreidimensionalität des Art. 87 f GG äußert sich in der Herausstellung einer Grundentscheidung und Staatszielbestimmung, in der positiven Rechtfertigung von staatlichen Maßnahmen gegenüber Anbietern von Postdienstleistungen und negativ durch Reduzierung der Erfüllungsverantwortung des Staates auf eine Gewährlei-

127 Kommission der Europäischen Gemeinschaften: Grünbuch über die Entwicklung des Binnenmarktes für Postdienste, KOM (91) 476 endg., S. 41, 110; Braubach, a. a. O., S. 93 (113); Blankart/Knieps, a. a. O., S. 201 (203).

128 MDHS-Lerche, a. a. O., Art. 87 f, Rn. 77.

stungsverantwortung und der Sicherstellung lediglich einer angemessenen und ausreichenden Grundversorgung.

II. Der Universaldienst[129]

Ihre Konkretisierung[130] erfährt die in der Verfassung abstrakt umschriebene Gewährleistungsverantwortung mit dem in § 11 PostG normierten und der Post-Universaldienstleistungsverordnung (PUDLV) konkretisierten Universaldienst. Der Universaldienst ist nicht deckungsgleich mit der Verpflichtung des Bundes zur Gewährleistung der Grundversorgung mit Postdienstleistungen. Der Infrastrukturgewährleistungsauftrag des Art. 87 f Abs. 1 GG ist umfassender zu verstehen und beinhaltet auch die anderen Instrumentarien des Postgesetzes, die im Zusammenspiel eine Grundversorgung sichern sollen.[131] Aus ihm leitet sich der Universaldienst als Einrichtungsgarantie her.[132]

1. Begriff des Universaldienstes

Eine teilweise Legaldefinition des Begriffes Universaldienst findet sich in § 2 Abs. 2 Nr. 3 PostG als ein Regulierungsziel. Es handelt sich danach um eine "flächendeckende Grundversorgung mit Postdienstleistungen zu erschwinglichen Preisen." Die Ersetzung des im Entwurf der Bundesregierung verwendeten Begriffs der "Grundversorgung" durch Einfügung des Begriffes "Universaldienst" mittels einer Legaldefinition in § 2 Abs. 2 Nr. 3 PostG bedeutet eine Anpassung an den gemeinschaftsrechtlichen Sprachgebrauch ohne inhaltliche Relevanz.[133] Der Universaldienst ist als Teilbereich der einfachgesetzlichen Ausgestaltung der in Art. 87 f Abs. 1 GG aufgeführten unbestimmten Rechtsbegriffe "flächendek-

---

129 Windthorst, CR 1998, 281, 340 (343) m. w. N. zu den Wurzeln des Universaldienstbegriffs.

130 Zunächst erfolgte die inhaltliche Konkretisierung mit dem in Art. 7 PTNeuOG enthaltenen Gesetz über die Regulierung der Telekommunikation und des Postwesens (PTRegG). Zu dieser alten Gesetzeslage im einzelnen: Stern/Bauer, a. a. O., Teil C., Art. 87 f, Rn. 22, 37.

131 Scherer, NJW 1996, 2953 (2959); Schütz/Cornils, DVBl. 1997, 1146 (1146); Kubicek, CR 1997, 1 (1): Der Begriff des Universaldienstes hat in den USA eine lange Tradition. Siehe dort und Moritz/Neus, CR 1997, 239 f. zu den Entwicklungen in den USA. Insoweit greift die als Oberbegriff "Universaldienstgewährleistung" verwendete Formulierung von Windthorst in Sachs-Windthorst, GG, Art. 87 f, Rn. 7 zu kurz.

132 Sachs-Windthorst, GG, Art. 87 f, Rn. 14.

133 BT-Drs. 13/7774, S. 47; 13/8702, S. 35; 13/9420, S. 2 f; Gramlich, NJW 1998, 866 (871); Herdegen, a. a. O., 63 (64).

kend angemessene und ausreichende Dienstleistungen" zu verstehen. Dies folgt aus der inhaltlich enger gefaßten Legaldefinition des § 2 Abs. 2 Nr. 3 PostG.

2. *Verfassungsrechtliche Garantie des Universaldienstes durch die Infrastrukturgewährleistung*

In seiner jetzigen Ausgestaltung muß der Universaldienst nicht zwingend erhalten werden. Künftige neue Bedürfnisse und technischer Fortschritt machen ihn zu einer flexiblen Einrichtung, die einer dynamischen Fortschreibung durch den Gesetzgeber offen ist.[134] Der Infrastrukturgewährleistungsauftrag sichert eine Grundversorgung ab, die derzeit durch den Universaldienst im wesentlichen ausgefüllt wird. In seinem jetzigen Bestand wird dieser nicht in der Weise durch die Verfassung geschützt, daß er über eine Einrichtungsgarantie hinaus keinen inhaltlichen Veränderungen zugänglich wäre. Die knappe Darlegung der Leistungen, die unter den Universaldienst fallen, die nur am gegenwärtigen Leistungsprogramm der Deutschen Post AG orientiert ist, kann unter Berücksichtigung der zukünftigen Entwicklung zur Ausfüllung des Infrastrukturgewährleistungsauftrages nur bedingt herangezogen werden und ist nicht abschließend. Mit der Schaffung neuer Dienste kann sich auch eine neue Definition des für die Erfüllung des für die Daseinsvorsorge Erforderlichen ergeben, die bei einem bereits durch die Verfassung fest umrissenen, am heutigen Stand orientierten Umfang der Dienstleistungen nicht mehr geeignet wäre, den verfassungsrechtlichen Vorgaben hinsichtlich einer Grundversorgung gerecht zu werden.[135]

Angesichts des Entwicklungspotentials im Bereich der Telekommunikation wird sich dieser Umstand jedoch eher in diesem Sektor als im Bereich des Postwesens auswirken. Der Aspekt der Entwicklungsoffenheit des Infrastrukturgewährleistungsauftrages darf aber auch für das Postwesen nicht ganz aus den Augen verloren werden. Das traditionelle Briefaufkommen wird mehr und mehr durch die technische Entwicklung überholt. Internet und Email lösen den Brief ab. Diese Bereiche, die dem Telekommunikationssektor unterfallen, vermögen daher eine gewisse Ausstrahlungswirkung auf das Postwesen zu entfalten und die Bedeutung der von diesem erfaßten Dienstleistungen zu beeinflussen.

Die Globalisierung der Märkte fordert internationale, der neuen Entwicklung offen gegenüberstehende Diensteanbieter.[136] Flexible und individuelle Angebote müssen ebenso vom Infrastrukturgewährleistungsauftrag erfaßt sein wie zunächst noch die herkömmlichen Formen der Nachrichtenübermittlung. Denn bei

134 Herdegen, a. a. O., 63 (65).
135 Herdegen, a. a. O., 63 (65).
136 Bender, Einführung in Postrecht, Stand 15. Mai 2000, S. 2.

der Beschränkung auf die herkömmlichen Dienste allein bestünde die Gefahr, daß die Funktion des Universaldienstes in letzter Konsequenz ad absurdum geführt werden könnte.

Es bedarf einer abstrakten und entwicklungsoffenen[137] Bestimmung des Inhalts des Infrastrukturgewährleistungsauftrages. Dieser erfaßt nunmehr Dienstleistungen, durch die "verkörperte oder nichtverkörperte Nachrichten oder Kleingüter bis zu einer bestimmten Größe und Menge durch einen regelmäßigen Dienst über eine räumliche Distanz gegen Entgelt transportiert werden, und deren Erbringung im Interesse des Allgemeinwohls zur Erfüllung politischer, wirtschaftlicher oder sozialer Aufgaben unbedingt erforderlich sind".[138] Diese Definition legt sich nicht auf ein bestimmtes Minimum fest, sondern legt den Schwerpunkt auf die Transportfunktion der Nachrichtenübermittlung. Damit wird die Aufteilung Telekom und Post überwunden. Dieses verfassungskonforme Verständnis vom Universaldienst wird dem Charakter der Staatszielbestimmung gerecht. Der Gesetzgeber ist zur näheren Ausgestaltung, zur laufenden Überprüfung und dynamischen Fortschreibung des Universaldienstes verpflichtet.[139] Unter dem Aspekt der Flächendeckung schafft die Verfassung allerdings keinen Anreiz für die Bereitstellung und Entwicklung höherwertiger Dienste für eine geringe Zahl von Nachfragern. Entscheidend sind die Interessen der Allgemeinheit also der breiten Masse der Bevölkerung.[140]

3. Einfachgesetzliche Ausgestaltung

§ 11 Abs. 2 Satz 2 PostG trägt diesen verfassungsrechtlichen Vorgaben, die ebenfalls in der Richtlinie 97/67/EG[141] Art. 5, 5. Spiegelstrich gelten, Rechnung. Nach dieser sog. Anpassungsklausel[142] ist "die Festlegung der Universaldienstleistungen der technischen und gesellschaftlichen Entwicklung nachfragegerecht anzupassen." Diese Norm ist im Zusammenhang zu sehen mit der Bestimmung des § 11 Abs. 1 Satz 3 PostG, der eine weitere Schranke für Universaldienstleistungen aufstellt. Der Universaldienst "umfaßt nur solche Leistungen, die allgemein als unabdingbar angesehen werden".[143] Die dadurch mögliche dynamische Auslegung von Abs. 1 Satz 3 ermöglicht es, Dienstleistungen als Gegen-

137 Sachs-Windthorst, GG, Art. 87 f, Rn. 19.
138 Stern/Bauer, a. a. O., Teil C., Art. 87 f, Rn. 65.
139 v. Danwitz, a. a. O., § 11, Rn. 26 59,60; Herdegen, a. a. O., 63 (65); MDHS-Lerche, a. a. O., Art. 87 f, Rn. 77.
140 MDHS-Lerche, a. a. O., Art. 87 f, Rn. 77.
141 Vom 15. 12. 1997, ABl. EG Nr. L 15 vom 21.01.1997.
142 v. Danwitz, a. a. O., § 11, Rn. 133 f.
143 v. Danwitz, a. a. O., § 11, Rn. 62, Herdegen, a. a. O., 63 (64).

stand des Universaldienstes zu identifizieren, für die zu diesem Zeitpunkt eine allgemeine Nachfrage am Markt beobachtet werden kann. So können auch neue und zusätzliche Leistungen aufgenommen werden.[144] Andererseits führt dies dazu, daß Dienstleistungen aus dem Universaldienst ausgenommen werden können, soweit keine unabdingbare Nachfrage mehr danach besteht.[145] Das Kriterium der Unabdingbarkeit korrigiert die Tendenz, möglichst viele und qualitativ sehr hochwertige Dienste in den Universaldienst aufzunehmen. Unabhängig von der Nachfragemenge werden Dienstleistungen von der Universaldienstdefinition erfaßt, die eine unverzichtbare Reservefunktion erfüllen.[146] Andererseits dient die "Unabdingbarkeit" aber auch dazu, die grundrechtsrelevanten Eingriffswirkungen der Einrichtung eines Universaldienstes zu begrenzen. Indem lediglich ein Mindestniveau an Versorgung gefordert wird, kann diese Norm auch dazu herangezogen werden, dem Gesetzgeber zu verbieten, das Mindestniveau zu überschreiten.[147]

Die Definition des § 2 Abs. 2 Nr. 3 PostG wird in § 11 Abs. 1 Satz 1 PostG aufgegriffen. Der Begriff der Grundversorgung wird ersetzt durch das Mindestangebot, ohne daß damit eine inhaltliche Änderung beabsichtigt wäre. Indem § 11 Abs. 1 PostG lediglich die Sicherstellung eines "Mindestangebotes" fordert, wird die Absage an eine durch staatliche Regulierung optimierte Postinfrastruktur erteilt.[148]

4. Die Post-Universaldienstleistungsverordnung

Gemäß § 11 Abs. 2 Satz 1 PostG sind Inhalt und Umfang des Universaldienstes durch eine Rechtsverordnung zu regeln. Der Bund ist dieser Forderung mit der Post-Universaldienstleistungsverordnung nachgekommen (PUDLV).[149]

Entsprechend § 11 Abs. 2 PostG[150] hat der Bund von der Verordnungsermächtigung Gebrauch gemacht und mit der Post-Universaldienstleistungsverordnung (PUDLV),[151] die rückwirkend zum 01.01.1998 in Kraft getreten ist, die

---

144 Begr. der BReg., BT-Drs. 13/7774 S. 22; v. Danwitz, a. a. O., § 11, Rn. 61 und 135.
145 v. Danwitz, a. a. O., § 11, Rn. 61; Herdegen, a. a. O., 63 (65).
146 Schütz/Cornils, a. a. O., 1146 (1146); v. Danwitz, a. a. O., § 11, Rn. 62.
147 v. Danwitz, a. a. O., § 11, Rn. 11.
148 BT-Drs. 12/7269, S. 5; Herdegen, a. a. O., 63 (63); Sachs-Windthorst, GG, Art. 87 f, Rn. 13, v. Danwitz, a. a. O., § 11, Rn. 32.
149 BGBl. I 1999, 2418 vom 15. September 1999.
150 Im einzelnen zur Entstehung v. Danwitz, a. a. O., § 11, Rn. 29, § 11 Abs. 2 PostG hat seine jetzige Gestalt erst im Vermittlungsausschuß erhalten. Der Bundesrat setzte sich mit seiner Formulierung durch BR-Drs. 13/7774, S. 38 und 47f, BT-Drs. 13/9420, S. 2 f.
151 BGBl. I 1999, 2418 vom 15. September 1999.

gesetzlichen Vorgaben umgesetzt und einer weiteren inhaltlichen Konkretisierung zugeführt.[152]

Die Post-Universaldienstleistungsverordnung enthält die Normen, die für die alltägliche praktische Anwendung entscheidend sind. Sie füllt die abstrakten gesetzlichen Regelungen aus. Durch die Festlegung, welche Dienstleistungen unter den Universaldienst fallen, umschreibt diese Verordnung als erstes Regelungswerk, welche Postdienstleistungen aus dem Katalog des § 4 Nr. 1 PostG als Universaldienstleistungen gelten. Welche Anforderungen diese Verordnung inhaltlich zu erfüllen hat, ergibt sich zunächst aus § 11 Abs. 2 PostG. Satz 2 gibt vor, daß die Verordnung einem dynamischen Wandlungsprozess unterworfen ist, der sich an den veränderten technischen und gesellschaftlichen Entwicklungen nachfragegerecht, also an Benutzersicht zu orientieren hat. Inhaltlich sind gemäß Satz 3 zwingend Regelungen über die Mindestqualität der Dienstleistungen und die Qualitätsmerkmale für Annahme- und Zustellnetz zu regeln. Brieflaufzeiten sind ebenso zu regeln wie die Maßstäbe für die Bestimmung der Preise. Die aus sieben Paragraphen bestehende Post-Universaldienstleistungsverordnung regelt dementsprechend in § 1, welche Leistungen dem Universaldienst unterfallen. §§ 2-4 PUDLV normieren die Qualitätsmerkmale und § 6 PUDLV gibt die Maßstäbe vor, nach denen die Universaldienstentgelte zu bestimmen sind. Die Dienstleistungen, die unter den Universaldienst fallen und in § 1 PUDLV im einzelnen für das Postwesen aufgezählt sind, wurden bislang unter der Geltung des Postregulierungsgesetzes (PTRegG)[153] als Pflichtleistungen bezeichnet. Gemäß § 8 PTRegG verstand man darunter "diejenigen Infrastrukturdienstleistungen, die diese Unternehmen im besonderen öffentlichen Interesse, vor allem aus Gründen der Daseinsvorsorge erbringen müssen".[154]

5. Die Postdiensterichtlinie der Europäischen Union

Die Post-Universaldienstleistungsverordnung knüpft jedoch nicht nur an die einfachgesetzlichen und verfassungsrechtlichen Vorgaben an. Sie wird auch geprägt durch die vom Europäischen Parlament und dem Rat am 15.12.1997 erlassene Postdiensterichtlinie (Richtlinie 97/67/EG) über die gemeinsamen Vorschriften

---

152 Die Post-Universaldienstleistungsverordnung geht zurück auf einen Entwurf des Bundesrates vom September 1998, der im wesentlichen der endgültigen Regelung entspricht. Mit diesem setzt sich insbesondere Herdegen in ZRP 1999, 63 ff kritisch auseinander.

153 BGBl. I 1994 S. 2325, 2371.

154 Nach § 8 PTRegG wurden die Pflichtleistungen durch eine Rechtsverordnung von der Bundesregierung bestimmt.

der Gemeinschaft und die Verbesserung der Dienstequalität.[155] Von entscheidender Bedeutung sind insbesondere Art. 3 bis 6 der Richtlinie.

Art. 4 der Richtlinie 97/67/EG legt jedem Mitgliedstaat eine Sicherstellungsverantwortung für die Erbringung von Universaldienstleistungen auf. Er entspricht damit ebenso wie Art. 3 der Richtlinie 97/67/EG, der die Mitgliedstaaten in die Pflicht nimmt, daß den Nutzern ein Universaldienst zur Verfügung steht, der ständig flächendeckend postalische Dienstleistungen einer bestimmten Qualität zu tragbaren Preisen für alle Nutzer bietet, dem Infrastrukturgewährleistungsauftrag des Art. 87 f Abs. 1 GG.[156]

6. Die Post-Universaldienstleistungsverordnung im Lichte der Verfassung

Das Angebot an Universaldienstleistungen entspricht im wesentlichen dem bisherigen Leistungsangebot und erfaßt die Postdienstleistungen, deren Verfügbarkeit für die Bürger zur Selbstverständlichkeit geworden ist.[157]

Mit der Orientierung des Universaldienstleistungsangebots am Leistungsstandard von 1999 stellt sich das Problem, inwieweit die Post-Universaldienstleistungsverordnung noch den verfassungsrechtlichen Vorgaben einer Grundversorgung entspricht. Kritiker sehen in der Höhe des Leistungsniveaus die Gefahr, daß diese Leistungen im freien Wettbewerb nicht mehr erbracht werden können. Dies kann letztlich zu einem Marktversagen[158] im Bereich des Postwesens führen und der Deutschen Post AG auf lange Sicht ihre Vorrangstellung sichern. Denn nur diese sei in der Lage, den Anforderungen an den Universaldienst gerecht zu werden.[159] Die Regelungen zielten auf eine Versteinerung des bestehenden Leistungsniveaus ab, das den Postdienst im Kern immer noch als Staatsaufgabe begreife. Sie stellten die Privatisierung gleichsam als "kupierte" Privatisierung dar und gefährdeten den Börsengang der Deutschen Post AG.[160]

---

155 Richtlinie 97/67/EG vom 15.12.1997, ABl. EG Nr. L 15 vom 21.01.1998, S. 14 ff. Dazu Herdegen, a. a. O., 63 (64); Ritgen, NJW 2000, S. 1315 f; v. Danwitz, a. a. O., § 11, Rn. 25.

156 v. Danwitz, a. a. O., § 11, Rn. 71.

157 BT-Drs. 13/7774, S. 34; Herdegen, a. a. O., 63 (63); Pfeffermann, a. a. O., Einführung, S. 47; v. Danwitz, a. a. O., Anhang zu § 11 Abs. 2, Rn 4; Ritgen, a. a. O., 1315 (1316).

158 Berger/Knauth, a. a. O., S. 11 (19 f) zur Theorie des Marktversagens.

159 Herdegen, a. a. O., 63 ff; Bender, a. a. O., S. 4; v. Danwitz, a. a. O., Anhang zu § 11 PostG, § 1 PUDLV, Rn. 5, 6.

160 Herdegen, a. a. O., 63 (63, 64). Nicht so weitreichend Gramlich, NJW 1998, 866 (871), der nur von einer Tendenz, an Bewährtem festzuhalten, ausgeht.

1994 konnte dieser hohe Leistungsstandard ebenfalls unter dem Monopolschutz ohne das Postulat der Wirtschaftlichkeit erbracht werden.[161] Die Folgen der damit geschaffenen Altlasten, des Finanzausgleichs aus gewinnbringenden Bereiche des Fernmeldewesens zugunsten des Postwesens wurden bereits dargelegt.[162] Zu beachten ist in diesem Zusammenhang jedoch auch, daß die Akzeptanz der Postreform in der breiten Öffentlichkeit auch von dem verordnungsrechtlichen Bestand an Universaldienstleistungen abhängt. Hervorzuheben ist auch, daß die Post-Universaldienstleistungsverordnung an die europarechtlichen Vorgaben der Richtlinie 97/67/EG anknüpft und deren Anforderungen erfüllt, weil das Postgesetz insoweit erhebliche Defizite aufweist.[163]

7. Verfassungskonforme Anwendung der Regelungen über den Universaldienst

Bis zum 31.12.2007 ist gemäß § 52 PostG n. F. allein die Deutsche Post AG zur Erbringung von Universaldienstleistungen verpflichtet.

Den Regelungen über den Universaldienst kommt eine Art Reservefunktion zu.[164] Diese zeigt sich insbesondere darin, daß nach 2007 Unternehmen nur dann zur Erbringung von Universaldienstleistungen verpflichtet werden können, wenn eine Grundversorgung nicht mehr gesichert ist. Der Staat darf demnach erst dann regulatorisch auf Marktentwicklungen einwirken, wenn es die Daseinsvorsorge erfordert und ein Marktversagen zu befürchten ist.[165] Da die Post-Universaldienstleistungsverordnung in ihrer gegenwärtigen Fassung einen sehr hohen Leistungsstandard gewährleistet, besteht stets die Gefahr, daß auf längere Zeit nicht mit einer Erbringung im Wettbewerb zu rechnen ist, da das hohe und kostenintensive Leistungsniveau der Deutschen Post AG kaum Anreize für andere private Anbieter bereitstellt.[166] Es wird deshalb um so wahrscheinlicher, daß der Staat schon bald wird eingreifen müssen, um für mehr Wettbewerb im Bereich der Postdienstleistungen zu sorgen.

Allerdings sind die Universaldienstleistungen einer dynamischen Entwicklung unterworfen und der gegenwärtige rechtliche Zustand ist nicht auf Dauer angelegt. Die Verpflichtung allein der Deutschen Post AG zur Bereitstellung des Universaldienstes in seiner jetzigen Ausgestaltung stellt nur eine Übergangsregelung dar. Eine Abkehr von der verfassungsrechtlichen Grundentscheidung zu mehr Wettbewerb im Postwesen liegt nicht vor. Der Universaldienst ist einer

---

161 v. Danwitz, a. a. O., § 1 PUDLV, Rn. 6.
162 2. Teil, C. Vergleiche auch Berger/Knauth, a. a. O., S. 11 (23 f).
163 v. Danwitz, a. a. O., § 1 PUDLV, Rn. 7-9.
164 Schütz/Cornils, a. a. O., 1146 (1146); v. Danwitz, a. a. O., § 11, Rn. 62.
165 Gramlich, ZUM 1998, 365 (368); Herdegen, a. a. O., 63 (64).
166 Herdegen, a. a. O., 63 (65).

steten Überprüfung unterworfen. Seine Fortschreibung ist gekennzeichnet von einem Konflikt der verschiedensten Interessen. Um einen abrupten Systembruch zu vermeiden, erscheint die Garantie eines zunächst hohen Leistungsniveaus sinnvoll. Dieses entspricht dem Unabdingbarkeitsgesichtspunkt und dem gegenwärtigen Verständnis der Allgemeinheit von erforderlichen Postdienstleistungen. Die Kritiker des Universaldienstes gehen von einem falschen Ansatz aus. Sie sehen die Regelung als endgültig an, die sich bereits jetzt mit dem Willen des Gesetzgebers und den Zielen der Postreform II decken sollen.

III. Staatliche Regulierung durch das Postgesetz von 1997[167] zur Umsetzung des Infrastrukturgewährleistungsauftrages

Das Postgesetz (PostG) vom 22. Dezember 1997 soll mit seinen Regelungen zum einen den Infrastrukturgewährleistungsauftrag absichern, zum anderen auch den Konflikt zwischen der Grundentscheidung zu einer Privatisierung und Erbringung von Postdienstleistungen zu Wettbewerbsbedingungen lösen.[168] Das vielschichtige Regelungsgefüge führt mit den Normen über die Ausgleichsabgabe, die Lizenzierung und die Entgeltregulierung neben dem Universaldienst die wichtigsten Regulierungsinstrumentarien ein.

Das Postwesen zeichnete sich bis zur Reform von 1994 durch die marktbeherrschende Stellung eines Monopolisten, der Deutschen Bundespost und ihr nachfolgend für den Bereich des Postwesens der Deutschen Bundespost POSTDIENST, aus. Der Beförderungsvorbehalt des § 2 PostG von 1989[169] und von 1994[170] wird nun durch § 51 PostG von 1997[171] auf die Exklusivlizenz zugunsten eines privatrechtlichen Unternehmens, der Deutschen Post AG, zurückgeführt. Die Deutsche Post AG hat aber nach wie vor eine marktbeherrschende Stellung inne, die nach gegenwärtiger Gesetzeslage durch die bis zum 31.12.2007 geltende Exklusivlizenz untermauert wird. Neben der Garantie eines Universaldienstes dienen Exklusivlizenz, Ausgleichsabgabe und Entgeltregulierung der Eindämmung des Wettbewerbs auf einer Seite und der Sicherstellung einer Grundversorgung und der Absicherung der zu deren Erbringung verpflichteten Anbieter. Auf der anderen Seite stellen Regulierungsakte einen Eingriff in die unternehmerische Gestaltungsfreiheit dar. Eine Rechtfertigung derar-

167 BGBl. I, 1997, S. 3294.
168 Knauth/Husch, a. a. O., 5 (11,12); Herdegen, a. a. O., PostG, § 1, Rn. 12.
169 Vom 3. Juli 1989, BGBl. I, 1989, S. 1450.
170 Art. 6 PTNeuOG vom 14. September 1994, BGBl. I, 1994, S. 2325.
171 BGBl. I, 1997, 3294.

tiger Eingriffe in Art. 12 Abs. 1 GG kann im Infrastrukturgewährleistungsauftrag gesehen werden, der insoweit als wichtiges Gemeinschaftsgut gilt.[172]

1. Begriff der Regulierung

Neben dem bereits dargestellten Infrastrukturgewährleistungsauftrag stellt die "staatliche Regulierung" einen weiteren Kernbegriff der Postreform dar. Diese dient der Verwirklichung des Infrastrukturgewährleistungsauftrages. Es handelt sich um keinen verfassungsrechtlichen Begriff, sondern er wurde erstmals im Postregulierungsgesetz[173] (PTRegG) auf eine einfachgesetzliche Grundlage gestellt und in den Gesetzestitel aufgenommen. Das Postgesetz von 1997 nahm in § 2 Abs. 1 für den Bereich des Postwesens § 1 PTRegG wortgleich auf. Dort heißt es: "Die Regulierung des Postwesens ist eine hoheitliche Aufgabe des Bundes."[174] An die Stelle der Leistungsverwaltung ist die Regulierungskompetenz des Bundes getreten.[175] Anders als das Telekommunikationsgesetz[176] (TKG) in § 3 Nr. 13 TKG enthält das Postgesetz keine Definition des Regulierungsbegriffs. Da die Regulierungsziele des § 2 Abs. 2 TKG und § 2 Abs. 2 PostG sich in beiden Gesetzen entsprechend den verfassungsrechtlichen Vorgaben decken,[177] ist ein Rückgriff auf die Definition des Regulierungsbegriffes im Telekommunikationsgesetz möglich.[178] Nach § 3 Nr. 13 TKG "sind Regulierung die Maßnahmen, die zur Erreichung der in § 2 Abs. 2 genannten Ziele ergriffen werden und durch die das Verhalten von Telekommunikationsunternehmen beim Angebot von Telekommunikationsdienstleistungen geregelt werden."

---

172 BVerfGE 7, 377 (405 f); 95, 173; BT-Drs. 12/7269, S. 5; Gramlich, ArchPT 1995, 189 (201); Stern/Bauer, a. a. O., Teil C., Art. 87 f, Rn. 21; Herdegen, a. a. O., VerfGrdl, Rn. 55.

173 Art. 7 PTNeuOG vom 14. September 1994, BGBl. I 1994, S. 2325.

174 Vom 22. Dezember 1997, BGBl. I 1997, S. 3294.

175 Wieland, a. a. O., 315 (332); MDHS-Lerche, a. a. O., Art. 87 f, Rn. 35; Pabst/Schwartmann, DÖV 1998, 315 (316).

176 Vom 25. Juli 1996, BGBl. I, S. 1120.

177 Postsektor und Telekommunikationsmarkt unterscheiden sich im wesentlichen dadurch, daß der Bereich der Telekommunikation weit mehr durch technische Innovationen gekennzeichnet ist. Auch wenn der Markt an Postdienstleistungen erschöpft scheint, so gleichen sich beide Bereiche doch dadurch, daß der ehemalige Monopolist zunächst eine dominante Position einnehmen wird. BT-Drs. 13/7774, S. 18; BR-Drs. 80/96. Vergleiche dazu Knauth/Husch, a. a. O., 5 (12); Gramlich, NJW 1998, 866 (867), Martenczuk/Thomaschki, RTkom, 1999, 15 (19). Zur unterschiedlichen Entwicklung der Gesetzgebung im Bereich Telekommunikation und Postwesen vergleiche Gramlich, NJW 1998, 866 (867).

178 Gramlich, NJW 1998, 866 (868); Herdegen, a. a. O., § 1, Rn. 7.

Grundsätzlich versteht man unter Regulierung also die staatliche Reaktion auf, beziehungsweise das Vorbeugen von Marktversagen. Es werden Entscheidungen getroffen, mit denen der Staat Einfluß auf ökonomische Prozesse nimmt. Regulierung im Rechtssinne ist die Verhaltenssteuerung von Unternehmen durch hoheitliche Ge- oder Verbote. Die Eingriffe sind entweder normativ oder auf den Einzelfall bezogen.[179] Das Einschreiten des Staates ist nicht bloßer Selbstzweck, sondern dient der Durchsetzung von sozialpolitischen Zielen, wie sie im Infrastrukturgewährleistungsauftrag vertypt sind.[180] Daneben kann aber auch die Sicherung eines funktionsfähigen Wettbewerbs das Ziel sein.[181]

Das Gegenstück zur Regulierung ist die Deregulierung. Darunter versteht man den Abbau staatlicher Eingriffe in den marktwirtschaftlichen Vorgang der Zuweisung öffentlicher und privater Güter an die Wirtschaftssubjekte und in deren unterschiedliche Zwecke der Güterverwendung.[182]

Mit der Entscheidung des Gesetzgebers hin zu mehr Wettbewerb unter staatlicher Regulierung wurde im Bereich des Postwesens der Forderung nach einer angestrebten Ablösung des Beförderungsvorbehalts entsprochen. Regulatorische Eingriffe sollen ausreichen, um angemessen auf die befürchtete Differenzierung der Anbieter zwischen lukrativen Leistungen und strukturschwachen Gegenden (sogenannte Rosinenpickerei)[183] zu reagieren.[184] Regulierung erfaßt für den Be-

179 Gramlich, ArchPT 1993, 51 (52); Schwemmle/Sattler, WSI-Mitteilungen, 1995, 189 (194); Badura, in: Badura/v. Danwitz/Herdegen/Sedemund/Stern (Hrsg.), Beck'scher PostG-Kommentar, § 2, Rn. 7.

180 Schwemmle/Sattler, a. a. O., 189 (194); Schwarz-Schilling, DVW 5/1991, 1 (1). Danach ist die Regulierung Folge der Deregulierung. Sie dient nicht dazu die bewirkte teilweise Entlassung aus dem staatlichen Einflußbereich rückgängig zu machen, sondern soll vielmehr dazu dienen, einen schonenden Übergang von verfestigten Strukturen zu einem freien Wettbewerb zu schaffen.

181 Badura, a. a. O., § 2, Rn. 7.

182 Fangmann, CR 1989, 647 (649); Schwarz-Schilling, a. a. O., 1 (3, 4); Blankart, Deregulierung, in: Schneider/Hofreither, Privatisierung und Deregulierung öffentlicher Unternehmen in westeuropäischen Ländern, S. 131 (136); Mestmäcker, Marktzugang, in: FS Steindorff, S. 1045 (1048); Weber, Die Stellung deregulierter Kommunikationsmonopole, in: Mestmäcker (Hrsg.): Kommunikation ohne Monopole II, S. 473 (474, 475); Haar, Marktöffnung in der Telekommunikation, in: Mestmäcker (Hrsg.): Kommunikation ohne Monopole II, S. 527 (527); Pfeffermann, Die Erfahrungen, in: online 15,2/1992, I.04.01 (02); Görts, Erfahrungen, in: online 15,2/1992, I.07.01 (06); Königshofen, JbdDBP 1991, 499 (502); Spoerr/Deutsch, DVBl. 1997, 300 (302); Peine, DÖV 1997, 353 (355); Weizsäcker, Deregulierung, in: Vogel, Deregulierung, S. 11 (11, 12); Guski, Privatisierung, S. 7; Stober/Moelle/Müller-Dehn, in: Stern (Hrsg.), Postrecht der Bundesrepublik Deutschland, Teil I., § 1 PTRegG, Rn. 11.

183 Zurhorst, a. a. O., S. 275; f, Rn. 73; Wieland, a. a. O., 315 (322); Fehling, a. a. O., 600 (608); Berger/Knauth, a. a. O., S. 11 (14); Braubach, a. a. O., S. 93 (113);

reich des Postwesens als Oberbegriff[185] alle die Regeln, die den staatlichen Einfluß auf die Anbieter von Postdienstleistungen näher regeln, sei es zur Wahrnehmung des Infrastrukturgewährleistungsauftrages, sei es zur Förderung von Wettbewerb.

Mit der einfachgesetzlichen Festlegung der Regulierung als hoheitliche Aufgabe des Bundes in § 2 Abs. 1 PostG wird der weite verfassungsrechtliche Begriff inhaltlich ausgefüllt. Als Hoheitsaufgabe muß die Regulierung gemäß Art. 87 f Abs. 2 Satz 2 GG in bundeseigener Verwaltung erfüllt werden und darf nicht rechtlich verselbständigten Organisationsträgern übertragen werden.[186] Dementsprechend wurde der Bundesminister für Post und Telekommunikation mit §§ 3, 4 PTRegG mit der Wahrnehmung dieser Aufgaben betraut, die mit der Auflösung des Ministeriums im Wesentlichen auf die Regulierungsbehörde gemäß § 44 PostG von 1998 übertragen wurden. Die Verfassung enthält selbst keine detaillierte Regelung über den Inhalt der Hoheitsaufgaben.

2. *Regulierung als Instrument der allgemeinen Wirtschaftsaufsicht*

a) *Begriff der allgemeinen Wirtschaftsaufsicht*

Die hoheitliche Aufgabe der Regulierung im Postwesen ist eingegliedert in das System der allgemeinen Wirtschaftsaufsicht.[187] Wirtschaftsaufsicht bezeichnet die staatlichen Tätigkeiten, die die selbstverantwortliche Teilnahme am privatwirtschaftlichen Wirtschaftsverkehr mit den dafür geschaffenen Rechtsregeln aus Gründen des Gemeinwohls in Einklang hält.[188] Die Wirtschaftsaufsicht kann als allgemeiner Schutz des Marktes gegen zu viel oder zuwenig Wettbewerb, zur Gefahrenabwehr, zum Schutz des rechtsunkundigen und sozial schwächeren Vertragspartners, der Sorge für die Struktur eines Wirtschaftszweigs bis hin zu Bemühungen um die Funktionsfähigkeit einzelner Unternehmen dienen.[189]

Blankart/Knieps, a. a. O., S. 201 (210); 5 (322); MDHS-Lerche, a. a. O., Art. 87 f, Rn. 73; Sachs-Windthorst, GG, Art. 87 f, Rn. 8.

184 Knauth/Husch, a. a. O., 5 (6).

185 Stober/Moelle/Müller-Dehn, a. a. O., Teil I., § 1 PTRegG, Rn. 12.

186 MDHS-Lerche, a. a. O., GG, Art. 87 f, Rn. 88; Badura, a. a. O., § 2, Rn. 19.

187 Badura, a. a. O., § 2, Rn. 1, 8.

188 Schliesky, a. a. O., 78 (79); Hoffmann-Riem, DVBl. 1999, 125 (127); MDHS-Lerche, a. a. O., Art. 87 f, Rn. 88, dort Fußnote 1; Badura, a. a. O., § 2, Rn. 2.

189 Berger/Schöttner, ZögU 1991, 223 (229); Braubach, Deregulierung, S. 14; Görts, a. a. O., (07); Rottmann, ArchPT 1993, 220 (220); Gramlich, VerwArch 1997, 598 (599).

b) die Erforderlichkeit der Wirtschaftsaufsicht im Bereich des Postwesens

Nach § 1 PostG sollen durch die Regulierung der Wettbewerb gefördert und flächendeckende angemessene und ausreichende Dienstleistungen gewährleistet werden. Damit erfüllt die Regulierung im Bereich des Postwesens die Aufgaben der allgemeinen Wirtschaftsaufsicht und stellt das Bindeglied zwischen Staat, Gemeinwohl und Wirtschaft dar.

Mit der Führung der Bundespost in bundeseigener Verwaltung nach Art. 87 a. F. GG war eine Wirtschaftsaufsicht im Bereich von Post- und Telekommunikationswesen schon begrifflich ausgeschlossen. Denn eine solche kann sich nur auf vom Staat getrennte Personen und Unternehmen beziehen.[190] Erst mit der Umwandlung in Aktiengesellschaften durch das Postumwandlungsgesetz[191] konnte die allgemeine Wirtschaftsaufsicht in Form der Regulierung eingreifen. Dieser steht nicht entgegen, daß der Staat selbst über einen längeren Zeitraum die Mehrheitsbeteiligungen an den Nachfolgeunternehmen hält. In dieser Funktion ist er privater Aktionär, dem die aktienrechtlichen Vorschriften zur Verfügung stehen, um seinen Einfluß geltend zu machen.[192] Im Rahmen der allgemeinen Wirtschaftsaufsicht verfügt der Staat unabhängig von seiner Rolle als Anteilseigner über zusätzliche Instrumentarien, um die verfassungsrechtlichen Zielvorgaben zu erfüllen. Die Wirtschaftsaufsicht betrifft von den Eigentümerverhältnissen unabhängig das durch Gesetz festgelegte Verhältnis des Staates zu privaten von ihm getrennten Rechtssubjekten.

c) Regulierung als Teilaspekt einer umfassenden Wirtschaftsaufsicht

Der Begriff der Regulierung ist enger bezüglich des Anwendungsbereichs gefaßt als der der allgemeinen Wirtschaftsaufsicht. Diese umfaßt alle Maßnahmen des Staates, die auf eine Kontrolle der Wirtschaft und des Wettbewerbs gerichtet sind. Die Regulierung im Bereich des Postwesens ist sektorspezifisch auf einen bestimmten Dienstleistungszweig beschränkt.[193] Die allgemeine Wirtschaftsaufsicht dient darüber hinaus der Wirtschaftskontrolle. Diese ist insbesondere im

---

190 Riehmer, a. a. O., S. 369 (375); Gramlich, ArchPT 1993, 51 (51); ders., VerwArch 1997, 598 (600); Bullinger, a. a. O., S. 349 (366); Weber, a. a. O., S. 473 (474); Vogelsang, Zur Privatisierung, S. 14; Winkler, Die Entstaatlichung, in DSK, S. 29; Badura, a. a. O., § 2, Rn. 11. Dementsprechend bedarf die Regulierung der Regelung durch ein Parlamentsgesetz.

191 Art. 3 des PTNeuOG, BGBl. I, 1994, 315 (321).

192 Pabst/Schwartmann, a. a. O., 315 (321).

193 Ulmen/Gump, CR 1997, 369 (370); Gramlich, NJW 1998, 866 (868); Martenczuk/Thomaschki, a. a. O., 15 (15); Herdegen, a. a. O., § 1, Rn. 8.

Gesetz gegen den unlauteren Wettbewerb und dem Gesetz gegen Wettbewerbsbeschränkungen zu finden. In anderen Gesetzen, wie beispielsweise im Bürgerlichen Gesetzbuch mit seinen Regelungen über die allgemeinen Geschäftsbedingungen und weiteren im Wege der Schuldrechtsreform darin kodifizierten Verbraucherschutzgesetzen, stehen sozialpolitische Erwägungen im Vordergrund.

Anders als das Gesetz gegen Wettbewerbsbeschränkungen, das bestehenden Wettbewerb bereichsunabhängig schützen soll, berücksichtigt die Regulierung nach dem Postgesetz einen weiteren Aspekt.[194] Neben dem Schutz der Existenz von bestehendem Wettbewerb im Postsektor durch eine Mißbrauchsaufsicht gegen das Entstehen von Wettbewerbsbeschränkungen,[195] ist das Ziel vorrangig, durch staatliche Maßnahmen Wettbewerb entstehen zu lassen.[196] Insoweit geht die Regulierung des Postgesetzes über die Wirtschaftsaufsicht hinaus.[197] Die Regulierungsinstrumente des Postgesetzes berücksichtigen Besonderheiten eines Marktes, der gegen Wettbewerb bislang durch die Gewährung ausschließlicher Rechte abgeschottet und durch die Strukturen eines Staatsbetriebes geprägt war. Dieser Charakterisierung der Regulierung entspricht es, wenn das Gesetz gegen Wettbewerbsbeschränkungen gemäß § 2 Abs. 3 PostG ergänzend gilt. Sein Regelungsgefüge kommt dann zum Tragen, wenn Wettbewerb auf dem relevanten Markt der Postdienstleistungen geschaffen worden ist[198] und sofern das Postgesetz keine abschließende Regelung enthält.[199]

---

194 Ulmen/Gump, a. a. O., 369 (370); Gramlich, VerwArch 1997, 598 (604); Herdegen, a. a. O., § 1, Rn. 12.

195 Pabst/Schwartman, a. a. O., 315 (316); Badura, a. a. O., § 2, Rn. 6.

196 Herdegen, a. a. O., § 2, Rn. 12.

197 Badura, a. a. O., § 2, Rn. 5; Herdegen, a. a. O., § 1, Rn. 12.

198 BMPT in ArchPT 1995, 149 (150): Danach gibt es drei Grundmodelle, in der die staatliche Regulierung zur Geltung kommt: 1.) Die vollständige Öffnung aller Märkte ohne jegliche Regulierung als freier Wettbewerb schließt eine Regulierung begriffsnotwendig aus. Dieses Modell scheidet im vorliegenden Fall aus, da durch die Regulierung gleichzeitig auch eine Grundversorgung sichergestellt werden muß. 2.) Die Lizensierung dient als einzige Möglichkeit zum Marktzutritt. Dieses System scheidet hier ebenfalls aus, weil damit den Grundvorgaben, für eine Liberalisierung zu sorgen, nicht entsprochen werden kann. Damit bleibt allein das dritte Modell übrig um das Telekommunikations- und Postwesen zu regulieren. Dieses bedient sich der Lizenzierung als Regulierungsinstrument in bestimmten Märkten, während in anderen Bereichen freier Wettbewerb herrscht. Scherer, CR 1994, 418 (422, 423); Winkler, a. a. O., S. 30; Bock, Eine kritische Bilanz, in: online 16,2/1993, C 213.01 (03).

199 BT-Drs. 13/7774, S. 19; Badura, a. a. O., § 2, Rn. 32; Martenczuk/Thomaschki, a. a. O., 15 f. zur Geltung des neuen § 19 IV Nr. 4 GWB den freien Netzzugang betreffend.

3. *Zweck der Regulierung*

a) Regulierungserfordernis infolge von Internationalisierung und Globalisierung

Ausgangspunkt für das Eingreifen des Staates im Wege der Regulierung im herkömmlichen Sinne war zunächst nicht die Internationalisierung und Globalisierung von Märkten, sondern die territoriale Abschottung. Im innerstaatlichen Markt wurden nur die Marktteilnehmer zugelassen, die über eine hoheitlich gewährte Lizenz verfügten und sich der staatlichen Aufsicht unterwarfen. Mit der Schaffung von Monopolrechten konnte dann die absolute Abschließung des Marktes für nur einen Anbieter erfolgen. Dementsprechend erfolgte auch die territoriale Abgrenzung gegen Anbieter aus anderen Ländern.

Mit der Internationalisierung und den Maßnahmen der Europäischen Gemeinschaft zur Regelung des Postsektors[200] hat die Regulierung jetzt eine völlig andere Dimension und Bedeutung erlangt.[201] Die territorialen Interessen sind den Zielen zusammenwachsender Märkte gewichen. Insoweit stellte die Gewährung ausschließlicher Rechte im Bereich des Postwesens vor der Grundentscheidung für eine Privatisierung bisher auch eine Art der Regulierung dar. Diese hatte jedoch eine dem heutigen Postgesetz gegenläufige Interessenlage zu eigen.

b) Regulierung durch das Postgesetz

Welchen Zweck die Regulierung im Bereich des Postwesens nunmehr verfolgt, ergibt sich aus §§ 1, 2 Abs. 2 PostG. Nach § 1 PostG stehen Wettbewerbsförderung und Gewährleistung flächendeckend angemessener Dienstleistungen im Vordergrund. Dementsprechend werden in § 2 Abs. 2 PostG die Ziele der Regulierung konkretisiert. In den Nr. 1 bis 5 heißt es:

"Ziele der Regulierung sind: die Wahrung der Interessen der Kunden sowie die Wahrung des Postgeheimnisses, die Sicherstellung eines chancengleichen und funktionsfähigen Wettbewerbs, auch in der Fläche, auf den Märkten des

---

200 Die Verwirklichung des Binnenmarktes im Postsektor ist durch die Entschließung des Rates vom 07.02.1994 über die Entwicklung der Postdienste in der Gemeinschaft und die erlassene Richtlinie 97/67/EG des Europäischen Parlaments und des Rates vom 15.12.1997, Abl. EG Nr. L 15 vom 21.1.1998, S. 14, über gemeinsame Vorschriften über die Entwicklung des Binnenmarktes der Postdienste der Gemeinschaft und die Verbesserung der Dienstequalität.

201 Hermann, ZPT 9/1991, 8 (14); Schnyder, Verhältnis, in: Mestmäcker (Hrsg.): Kommunikation ohne Monopole II, S. 211 (212); Lehmbruch, Telekommunikation, in: Grande/Kuhlen/Lehmbruch/Mäding (Hrsg.): Perspektiven, S. 10 (10).

Postwesens, die Sicherstellung einer flächendeckenden Grundversorgung mit Postdienstleistungen zu erschwinglichen Preisen (Universaldienst), die Wahrung der Interessen der öffentlichen Sicherheit, die Berücksichtigung sozialer Belange."[202]

Diese Regelung verdeutlicht, daß die Regulierung nicht nur der Infrastruktursicherung dient, sondern auch die Voraussetzungen für einen chancengleichen und funktionsfähigen Wettbewerb schaffen soll.[203] Der Wahrung der Interessen der Kunden wird durch die Einordnung an den Anfang der Regulierungsziele eine herausragende Stellung zugebilligt, die der verfassungsrechtlichen Bedeutung des Infrastrukturgewährleistungsauftrages folgt.[204] Durch Berücksichtigung sozialer Belange wird neben der Sicherstellung einer flächendeckenden Grundversorgung der sozialstaatlich geprägte Aspekt des Infrastrukturgewährleistungsauftrages ausformuliert.[205] Hoheitsaufgaben und privatwirtschaftliche Tätigkeiten werden derart miteinander verknüpft, daß ein Ausgleich der widerstreitenden Interessen der Wettbewerber an einem möglichst freien Wettbewerb und den Interessen der Abnehmer an einer flächendeckend angemessenen und ausreichenden Versorgung geschaffen wird.[206] Allein die Zulassung von Wettbewerb auf dem Postsektor beseitigt nicht die bestehende marktbeherrschende Stellung des bisherigen Monopolisten, die im wesentlichen von der Deutschen Post AG übernommen worden ist. Um zu verhindern, daß diese allein durch ihre marktbeherrschende Stellung und lange Präsenz auf dem Markt in die Lage versetzt wird, den Marktzutritt anderer Wettbewerber - etwa durch interne Quersubventionierung[207] - zu verhindern, bedarf es der Regulierung als einer Art Verhal-

202 BGBl. I 1997, S. 3294.

203 BT-Drs. 13/7774, S. 31; BR-Drs. 80/96, S. 33; Gramlich, ArchPT 1993, 51 (51); Gramlich, VerwArch 1997, 598 (633); Knauth/Husch, a. a. O., 5 (13); Herdegen, a. a. O., § 1, Rn. 12; Berger/Knauth, a. a. O., § 2, Rn. 22.

204 BT-Drs. 13/7774, S. 19; Badura, a. a. O., § 2, Rn. 22.

205 Badura, a. a. O., § 2, Rn. 30, 31.

206 BT-Drs. 13/7774, S. 32; Scherer, a. a. O., 418 (422); Weber, a. a. O., S. 473 (479); Knieps, Entstaatlichung, S. 19, 21 lehnt die staatliche Regulierung generell ab. Sie bedeute einen zu großen Ressourcenaufwand. Die Kosten seien zu hoch. J. Schmidt, ArchPT 1993, 340 stellt klar, daß jede staatliche Regulierung als Eingriff in den geschützten Bereich freier wirtschaftlicher Betätigung zu gelten hat und daher einer präzisen gesetzlichen Regelung bedarf. Büchner, DZWir 1995, 120 (124); Bock, Eine kritische Bilanz, in: online 16,2/1993 C 213.01 (03); Regulierung als staatliche Reaktion auf Marktversagen. So auch Zohlnhöfer, Soziale Marktwirtschaft, in: Diederich/Hamm/Zohlnhöfer, Die Deutsche Bundespost, S. 3 (19); Braubauch, Deregulierung, S. 31; Winkler, a. a. O., S. 36.

207 Berger/Knauth, a. a. O., S. 11 (39).

tenskontrolle, die über eine bloße Marktaufsicht hinausgeht.[208] Insoweit dient die Regulierung auch als Mittel zur ständigen Überprüfung der Erforderlichkeit von Ausschließlichkeitsrechten und deren Begrenzung.[209] Mit den Regelungen des neuen Postgesetzes wird unmittelbar an die Vorgaben des Eckpunktepapiers von 1995[210] des Bundesministers für Post und Telekommunikation angeknüpft, das die wesentlichen Aufgaben der Regulierung im Bereich der Telekommunikation und im Postbereich beschrieben hat, wie sie sich aus den europarechtlichen Vorgaben, insbesondere dem Grünbuch Teil II[211] vom 25.01.1995 ergeben.[212]

Die Erbringung von Dienstleistungen soll im freien Wettbewerb erfolgen. Aus dieser verfassungsrechtlichen Grundentscheidung folgt, daß sich jede Regulierungsmaßnahme daran messen lassen muß, ob sie dazu geeignet ist, Privatwirtschaftlichkeit und Erbringung der Dienstleistungen am Markt zu gewährleisten.[213] Der Staat darf jedenfalls nach Auslaufen der Exklusivlizenz nur dann regulatorisch eingreifen, wenn ein funktionsfähiger Wettbewerb nicht oder nicht mehr wirksam ist und der bestehende Wettbewerb sich als ungeeignet erweist, um den Anforderungen des Infrastrukturgewährleistungsauftrages gerecht zu werden.[214]

---

208 BT-Drs. 13/7774, S. 17 f.; Knauth/Husch, a. a. O., 5 (13); Leo/Schellenberg, ZUM 1997, 188 (196); Mestmäcker, in: FS Steindorff, S. 1046; Bender, a. a. O., S. 4; Badura, a. a. O., § 2, Rn. 4.

209 Blankart/Knieps, a. a. O., S. 201 (209).

210 Bundesministerium für Post- und Telekommunikation: Eckpunkte eines künftigen Regulierungsrahmens im Postsektor vom 16.06.1995, Vfg. 130/1995, BMPT-Amtsblatt 7/95, S. 525.

211 Kommission der Europäischen Gemeinschaften: Grünbuch über die Entwicklung des Binnenmarktes für Postdienste, KOM (91) 476 endg.

212 BMPT, ArchPT 1995, 149 f.: Die Eckpunkte eines künftigen Regulierungsrahmens im Telekommunikationsbereich sollen die wesentlichen Festlegungen zum künftigen Regulierungsrahmen im Telekommunikationsbereich beinhalten. Sie betreffen den Zeitraum bis zu einer endgültigen Liberalisierung der Telekommunikationsmärkte am 01.01.1998. Die für die Telekommunikation geltenden Aussagen sind in gewissem Umfang auch auf das Postwesen zu übertragen, obgleich hier der Druck einer internationalen Liberalisierung und technischen Entwicklung nicht im gleichen Maße von Bedeutung ist und eine entsprechende Regulierung erfordert. BPMT, Post Politische Information, Juni 1995, S. 4: Die Eckpunkte eines künftigen Regulierungsrahmens im Postbereich vom 13.06.1995 bauen auf das Eckpunktepapier zum Telekommunikationsbereich auf. Mit dem künftigen Regulierungsrahmen soll dafür Sorge getragen werden, daß eine nachfragegerechte, flächendeckende Grundversorgung mit postalischen Dienstleistungen gesichert wird.

213 Badura, a. a. O., § 2, Rn. 9.

214 Badura, a. a. O., § 2, Rn. 10.

IV. Die gesetzliche Exklusivlizenz

1. Deutsche Post AG und Exklusivlizenz

Nach den europarechtlichen Vorgaben ist es den Mitgliedsstaaten gestattet, gemäß Art. 7 Abs. 1 der Richtlinie 97/67/EG Dienste zu reservieren. Unter einer Reservierung im Sinne der Richtlinie ist die Gewährung einiger ausschließlicher und besonderer Rechte an einige wenige Erbringer eines mit preislichen Auflagen versehenen Universaldienstes zu verstehen.[215] Die Gewichtsobergrenze heute bestimmt die Richtlinie 2002/39/EG. Der Bundesgesetzgeber geht davon aus, daß es zur Sicherung einer Infrastruktur im Postwesen aus ökonomischer Sicht keines Monopols mehr bedarf. Dies gilt insbesondere wegen der damit einhergehenden Einschränkung der Berufs- und Gewerbefreiheit.[216] Die Sorge, daß die Deutsche Post AG bis auf weiteres faktisch der einzige Anbieter für Postuniversaldienstleistungen bleiben wird,[217] hat sich angesichts der über 1.000 erteilten Lizenzen an andere private Anbieter, nicht bewahrheitet. Dennoch ist die Post allein schon aufgrund ihrer wirtschaftlichen Leistungsfähigkeit und der an ihr nach wie vor bestehenden Staatsbeteiligung das Unternehmen, dem eine umfassende Erbringung von Universaldiensten über den Zeitpunkt des Auslaufens der Exklusivlizenz hinaus am ehesten zuzubilligen sein wird. Denn die Deutsche Post AG verfügt über die Ressourcen und die Erfahrung, die erforderlich sind, um auch in Zukunft kostenintensive und wenig lukrative Dienste neben den anderen Diensteangeboten erbringen zu können, während die anderen privaten Lizenzinhaber zum ersten mal mit der Erbringung von Universaldiensten auch als Verpflichtung zur Erbringung wenig begehrter Leistungen konfrontiert werden.

Unterstrichen wird die herausragende Stellung der Deutschen Post AG außerdem durch die Gewährung der Exklusivlizenz in § 51 PostG. Dieses ausschließliche Recht wird durch Art. 143 b Abs. 2 Satz 1 GG zumindest für eine Übergangszeit "verfassungsrechtlich vertretbar".[218] Damit begegnet die Verfas-

---

215 Kommission der Europäischen Gemeinschaften, Grünbuch über die Entwicklung des Binnenmarktes für Postdienste, Brüssel 1992, KOM (91) 476 endg., S. 11 und 199.

216 BT-Drs. 13/7774, S. 1, 33; Gramlich, NJW 1998, 866 (869).

217 BT-Drs. 13/7774, S. 29, 44; Herdegen, a. a. O., § 51, Rn. 29; Berger/Knauth, a. a. O., S. 11 (37).

218 BT-Drs. 13/7774, S. 33.

sung den Bedenken im Hinblick auf die Zulässigkeit der Exklusivlizenz nach Art. 12 Abs. 1 GG.[219]

2. Umfang der Exklusivlizenz

§ 51 PostG bestimmt in dem durch das Dritte Gesetz zur Änderung des Postgesetzes geänderten Abs. 1 Satz 1 als Legaldefinition der gesetzlichen Exklusivlizenz, daß ab dem 01.01.2003 "bis zum 31. Dezember 2007 der Deutschen Post AG das ausschließliche Recht zusteht, Briefsendungen und adressierte Kataloge, deren Einzelgewicht weniger als 100 Gramm und deren Einzelpreis bis zum Dreifachen des am 31. Dezember 1997 geltenden Preis für entsprechende Postsendungen der untersten Gewichtsklasse beträgt, gewerbsmäßig zu befördern."[220] Für Infopost liegt die Gewichtsgrenze bei 50 Gramm. Ab dem 01.01.2006 wird das Gewicht für die Briefpost auf 50 Gramm abgesenkt und Infopost ist frei. Ab dem 01.01.2006 ist die Preisgrenze auf das Zweieinhalbfache festgeschrieben. Satz 2 bestimmt in einem Negativkatalog, welche Leistungen nicht von der Exklusivlizenz erfaßt werden. Um diesen Negativkatalog ranken sich zahlreiche Rechtsstreitigkeiten[221] zwischen der Deutschen Post AG und der Regulierungsbehörde für Telekommunikation und Post mit den betroffenen Wettbewerbern als Beigeladenen, die von der Möglichkeit, Dienstleistungen zu erbringen, Gebrauch machen.[222] Streitbefangen ist dabei im wesentlichen die Regelung des § 51 Abs. 2 Nr. 4 PostG. Problematisch ist die Frage, wann eine höherwertige Leistung vorliegt, die von den Universaldienstleistungen trennbar ist. Die Rechtsprechung hierzu ist nicht einheitlich, so daß die Zukunft weitere Rechtsstreitigkeiten und eine uneinheitliche Rechtsanwendung befürchten läßt.

---

219 Gramlich, NJW 1998, 866 (869) zu den Bedenken im Hinblick auf Art. 3, 12 Abs. 1 GG.

220 Mit dem Ersten Änderungsgesetz zum Postgesetz vom 22. Dezember 1997, BGBl. I 1997, S. 3294 lagen die Gewichtsgrenzen bei 200 Gramm.

221 Einen instruktiven Überblick über den kontroversen Stand der Rechtsprechung gibt Barden, WRP 2000, 232 (253 f.): Zum einen geht es auf dem Zivilrechtsweg um die Klagen auf Auskunftserteilung, Schadensersatz und Unterlassung, zum anderen hat die Deutsche Post AG Klage gegen die Bundesrepublik Deutschland, vertreten durch die Regulierungsbehörde für Telekommunikation und Post, erhoben, um sich gegen eine Lizenzerteilung auf der Grundlage von § 51 Abs. 1 Satz 2 Nr. 4 PostG zu wenden und eine verfassungsrechtliche Klärung der Reichweite der Exklusivlizenz und der Überprüfung der Lizenzierungspraxis zu erreichen.

222 VG Köln, WRP 2000, 232; OLG Jena, NJW 1999, 3053; OLG Düsseldorf, NJW 2001, 686; LG Aachen, NJW 2000, 744; LG Neuruppin, NJW 2000, 746; LG Stuttgart, ArchPT 1998, 386; LG Gera, ArchPT 1998, 278; Stark, NJW 2000, 709 ff. und v. Danwitz, NJW 1999, 3025 ff. und Barden, WRP 2000, 152 ff. zu diesem Problemkreis.

Während einige Gerichte die Norm des § 51 Abs. 2 Nr. 4 PostG großzügig auslegen und sich an dem Bestreben der Wettbewerbsförderung orientieren,[223] verfolgen andere wiederum eine restriktive Auslegung, die den wirtschaftlichen Interessen der Deutschen Post AG den Vorzug geben.[224]

Mit der zeitlichen Befristung der Geltung der Exklusivlizenz und der Festlegung auf Briefsendungen in bestimmten Gewichts- und Preisgrenzen engt der Gesetzgeber die Exklusivlizenz im Gegensatz zum Beförderungsvorbehalt des § 2 PostG von 1989 und 1994 ein. Dieser erfaßte alle Sendungen mit schriftlichen Mitteilungen unabhängig von Größe, Gewicht, Inhalt und Preis. Die Exklusivlizenz in ihrer jetzigen Ausgestaltung ist das Ergebnis eines zähen Ringens[225] und stellte einen im Vermittlungsausschuß gefundenen Kompromiß dar.[226] Die Bundesregierung ging zunächst davon aus, daß eine Exklusivlizenz bezogen auf Briefsendungen bis 200, dann 100 und dann 50 Gramm profitabel genug sei, um die Universaldienstlasten zu finanzieren.[227]

Den Vorschlag des Bundesrates,[228] auch Massensendungen generell in die Exklusivlizenz aufzunehmen, lehnte die Bundesregierung unter Hinweis darauf ab, die Deutsche Post AG habe sich in diesem bereits teilweise liberalisierten Markt gut gegen andere Anbieter durchsetzen können.[229] Infopost wird nunmehr bis 2007 bis zu einem Gewicht von 50 Gramm gemäß § 51 Abs. 2 Nr. 1 PostG von der Exklusivlizenz umfaßt.

Der Inhalt der Exklusivlizenz blieb damit bis zum 01.01.2003 hinter dem zulässigen reservierbaren Bereich der EU-Richtlinie zurück. Sofern sie jedoch über eine längere Zeit weiter gelten soll, bedarf auch jede inhaltliche Änderung, sofern sie über das bisherige Maß hinausgeht im Hinblick auf die verfassungsrechtlichen Vorgaben einer besonders strengen Überprüfung.[230]

3. Die Exklusivlizenz als Sonderform der Lizenz nach § 5 PostG

Wichtiges Instrument zur Regulierung des Marktes für Postdienstleistungen ist die Lizenzvergabe nach § 5 PostG. Sie greift in die unternehmerische Gestal-

---

223 LG Aachen, NJW 2000, 744; LG Neuruppin, NJW 2000, 746.

224 VG Köln, WRP 2000, 232 (239); OLG Jena, NJW 1999, 3053; v. Danwitz, NJW 1999, 3025.

225 Herdegen, a. a. O., § 51, Rn. 42.

226 BT-Drs. 13/9420.

227 BT-Drs. 13/7774, S. 33.

228 BT-Drs. 13/7774, S. 44.

229 BT-Drs. 13/7774, S. 49.

230 Knauth/Husch, a. a. O., 5 (7); Gramlich, NJW 1998, 866 (869); Blankart/Knieps, a. a. O., S. 201 (2208).

tungsfreiheit ein und stellt eine subjektive Zulassungsvoraussetzung im Sinne des Art. 12 Abs. 1 GG dar.[231] Die Lizenz ist ein antragsbedürftiger, begünstigender Verwaltungsakt und als Kontrollerlaubnis ausgestaltet.[232] Tettinger[233] weist zu Recht darauf hin, daß es sich bei der Terminologie um eine Merkwürdigkeit handelt. Die für eine bestimmte privatwirtschaftlich zu erbringende Postdienstleistung erforderliche Erlaubnis wird als "Lizenz" bezeichnet. Der aus dem Bereich des gewerblichen Leistungsschutzrechtes entlehnte Terminus deutet auf eine privatrechtliche Nutzungsberechtigung hin. In der Sache handelt es sich um eine schlichte gebundene Gewerbeerlaubnis und nicht um eine privatrechtliche Nutzungsberechtigung, auf deren Erteilung auch ein Rechtsanspruch besteht, soweit keiner der gesetzlich verankerten Versagungsgründe vorliegt. Die Kontrollerlaubnis gehört in den Bereich der gebundenen Verwaltung, so daß hier keine Gestaltungs- oder Prognosespielräume irgendwelcher Art zu konzedieren sind.[234] Einer Lizenz bedarf gemäß § 5 Abs. 1 PostG, wer Briefsendungen unter 1.000 Gramm befördert.

§ 51 PostG greift den Begriff der Lizenz aus § 5 PostG auf und stellt somit klar, daß es sich bei der Exklusivlizenz in Rechtsnatur und Regelungsinhalt um einen Sonderfall der Lizenz nach § 5 PostG handelt. Im Ergebnis gleicht § 51 PostG mit seiner Anlehnung an § 5 PostG den bisher im Monopol erbrachten Dienstleistungsbereich dem wirtschaftlich geprägten Sprachgebrauch des Regelungsgefüges des Postgesetzes an. Inhaltlich bewirkt die Regelung den zeitlich begrenzten Fortbestand bestimmter Monopolrechte, allerdings nicht mehr in der Form von unmittelbaren Staatsmonopolen.[235] Die Exklusivlizenz wird anders als die herkömmliche Lizenz nicht durch Vergabe und Verwaltungsakt, sondern kraft Gesetzes verliehen. Die Lizenzierungspflicht des § 5 PostG greift dann ein, wenn ein Unternehmen Briefsendungen unter 1.000 Gramm und über 100 Gramm Einzelgewicht befördern will. In dem Bereich der Exklusivlizenz bis 100 Gramm Einzelgewicht scheidet eine Lizenzerteilung damit aus, wobei allerdings die Ausnahmen des § 51 Abs. 1 Satz 2 PostG zu beachten sind.[236]

---

231 BVerfGE 7, 377 (405 ff); 95, 173; Gramlich, NJW 1998, 866 (868); Herdegen, a. a. O., VerfGdl., Rn. 55; Bender, a. a. O., S. 5.

232 Scherer, NJW 1996, 2953 (2955); Gramlich, NJW 1998, 866 (868); Elicker, a. a. O., 201 (215).

233 Tettinger, a. a. O., 633.

234 Tettinger, a. a. O., 633 (635).

235 MDHS-Lerche, a. a. O., Art. 87 f, Rn. 33.

236 Leo/Schellenberg, a. a. O., 188 (190); Spoerr/Deutsch, a. a. O., 300 (307); Nolte, CR 1996, 459 (461 f) zu den objektiven und subjektiven Voraussetzungen der Lizenzerteilung nach § 8 TKG. Gramlich, NJW 1998, 866 (868) zur Lizenzerteilung nach dem Postgesetz.

4. Zweck der Exklusivlizenz

Mit der Exklusivlizenz soll ein abrupter Systemwechsel vermieden werden.[237] Der Übergang vom Monopol hin zum Wettbewerb soll zeitlich gestuft verlaufen,[238] damit die Deutsche Post AG gegenüber neu hinzutretenden Wettbewerbern nicht benachteiligt wird. Denn neben den Vorteilen des ehemaligen Beförderungsvorbehalts des § 2 PostG von 1989 und 1994 hat sie auch dessen negative Nachwirkungen zu tragen.[239] Hintergrund der Exklusivlizenz ist deshalb der Schutz der Deutschen Post AG zur Bewältigung des Strukturwandels.[240] Im Rahmen des bisher bestehenden umfassenden Monopols beziehungsweise Beförderungsvorbehalts sollte es der Deutschen Bundespost und deren Nachfolgeunternehmen, der Deutschen Bundespost POSTDIENST, möglich sein, die bestehenden wettbewerbsunüblichen Sonderlasten mittels Einnahmen aus dem Monopol zu finanzieren. Unter diese Lasten fielen insbesondere die Pensionen der ehemaligen Beamten, die Lohnkosten sowie die Infrastrukturaufgaben,[241] soweit diese nicht gewinnbringend erbracht werden konnten. Das bisherige Monopol sollte darüber hinaus dazu dienen, die gemeinwirtschaftliche Postversorgung sicherzustellen.[242] Der Beförderungsvorbehalt stellte das Äquivalent für die Verpflichtung zur Erbringung der Grundversorgung dar.[243] Mit ihm soll die Einheitlichkeit der Lebensverhältnisse gewährleistet werden,[244] die sich im Hinblick auf die zu zahlenden Entgelte unter dem Stichwort der Tarifeinheit im Raum[245] zusammenfassen läßt. Der Exklusivlizenz kommt diese Finanzierungsfunktion hingegen allenfalls mittelbar zu, während aus der Sicht der Deutschen Post AG diese Belastungen durchaus als Teil des Strukturwandels in den Vordergrund treten. Die Möglichkeit der Reservierung von Diensten nach Art. 7 Abs. 1 der Richtlinie 97/67/EG als Äquivalent für die Erbringung von Universaldienst-

---

237 BT-Drs. 13/7774, S. 33; Knauth/Husch, a. a. O., 5 (12); Herdegen, a. a. O., § 51, Rn. 1.

238 Herdegen, a. a. O., § 51, Rn. 3.

239 BT-Drs. 13/7774, S. 55; v. Danwitz, a. a. O., § 11, Rn. 16; Herdegen, a. a. O., § 51, Rn. 2.

240 BT-Drs. 13/7774, S. 33; Herdegen, a. a. O., § 51, Rn. 2, 35.

241 Pfeffermann, a. a. O., Einführung, S. 41, 42.

242 Altmannsperger, Jahrbuch des Postwesens 1969, S. 236 f; Mestmäcker, Über den Einfluß von Ökonomie und Technik auf Recht und Organisation der Telekommunikation und der elektronischen Medien, in: Mestmäcker (Hrsg.): Kommunikation ohne Monopole II, S. 13 (89); Knauth/Husch, a. a. O., 5 (6).

243 Mestmäcker, a. a. O., S. 13 (89); Knauth/Husch, a. a. O., 5 (6)

244 Berger/Knauth, a. a. O., S. 11 (25)

245 Braubach, a. a. O., S. 93 (113).

leistungen und zu deren Finanzierung[246] lag der Intention des Gesetzgebers bei Einführung der Exklusivlizenz nicht primär, sondern allenfalls als gewollter Reflex zugrunde.

5. Befristung der Exklusivlizenz

Der Grund dafür, daß der Gesetzgeber die Regelung des § 51 PostG nicht in den Kontext der Lizenz bei §§ 5 f PostG eingefügt hat, ist allein darin zu sehen, daß §§ 51 f PostG Übergangsvorschriften sind, die entsprechend Art. 143 b GG, der ebenfalls Übergangsrecht ist, keine dauerhafte Geltung beanspruchen. Art. 143 b Abs. 2 Satz 1 GG legt die Dauer der Übergangsfrist nicht fest. Er bestimmt lediglich in Art. 143 b Abs. 2 Satz 2 GG, daß der Bund seine Kapitalmehrheit an der Deutschen Post AG nicht vor Ablauf von fünf Jahren aufgeben darf. Dies ist dem Bund mit dem Ersten Gesetz zur Änderung des Postumwandlungsgesetzes vom 18.01.2002 nach § 3 Abs. 2 a PostUmwG gestattet worden.[247] Da das Grundgesetz auf die Angabe jeglichen Zeitrahmens bei der Bemessung der Dauer der Geltung der Exklusivlizenz verzichtet, kann zunächst davon ausgegangen werden, daß dem Bund diesbezüglich ein großer Spielraum verbleiben sollte.[248] Je länger die Frist bemessen ist, um so größer dürfte allerdings wiederum der Rechtfertigungsdruck gegenüber der in Art. 87 f Abs. 2 Satz 1 GG normierten Marktöffnung und der europarechtlichen Vorgaben sein.

Das Postgesetz legte entsprechend Art. 143 b Abs. 2 Satz 1 GG die befristete Geltungsdauer der Exklusivlizenz zunächst bis zum 31.12.2002 fest. Diese vorgenommene Befristung stellte mit der Regelung des § 47 Abs. 1 Satz 1 PostG, wonach die Möglichkeit der Fortgeltung der Exklusivlizenz durch die Regulierungsbehörde für Telekommunikation und Post zu überprüfen ist, einen Kompromiß dar. Während die Bundesregierung eine Geltung von maximal fünf Jahren für vertretbar hielt, sprach sich der Bundesrat grundsätzlich gegen eine durch

246 Kommission der Europäischen Gemeinschaften: Grünbuch über die Entwicklung des Binnenmarktes für Postdienste, KOM (91) 476 endg. S. 9, 266.
247 BGBl. I 2002, S. 416.
248 BT-Drs. 13/7774, S. 43; Gramlich, ArchPT 1995, 189 (195); Stern/Bauer, Teil C., Art. 143 b, Rn. 64; Knauth/Husch, a. a. O., 5 (12); Herdegen, a. a. O., § 51, Rn. 4, der von einer mindestens zehnjährigen zulässigen Frist ausgeht. v. Danwitz, Verfassungsfragen der gesetzlichen Exklusivlizenz der Deutschen Post AG, S. 72 f, der unter Hinweis auf das Fehlen eines Enddatums in Art. 143 b GG und andere verfassungsrechtliche Übergangsbestimmungen sogar eine Geltungsdauer von mehr als 20 Jahren für zulässig hält.

Gesetz festgelegte Befristung aus. Vielmehr sollte die Erforderlichkeit der Exklusivlizenz regelmäßig überprüft werden.[249]

Nunmehr war und ist es die Aufgabe der Regulierungsbehörde gemäß § 47 Abs. 1 Satz 1, 2, 2. Halbsatz PostG, alle zwei Jahre in ihrem Tätigkeitsbericht[250] abzuklären "ob und gegebenenfalls bis zu welchem Zeitpunkt die Aufrechterhaltung einer Exklusivlizenz nach § 51 über den dort genannten Zeitraum erforderlich ist", um so der Bundesregierung und dem Parlament eine wichtige Entscheidungshilfe für die weitere Beibehaltung und Ausgestaltung der Exklusivlizenz an die Hand zu geben. Durch diese Regelungen wird bewirkt, daß der Gesetzgeber vor Ablauf der Frist tätig werden muß, um die Geltung der Exklusivlizenz zu verlängern. Bei einem Verzicht auf eine gesetzliche Regelung über die Geltungsdauer hätte der Gesetzgeber hingegen aktiv werden müssen, um die Exklusivlizenz abzuschaffen. Die nunmehr geltende Rechtslage bewirkt somit eine Aufwertung des Wettbewerbsprinzips.

6. Verlängerung der Geltungsdauer der gesetzlichen Exklusivlizenz

Mit dem Ersten Gesetz zur Änderung des Postgesetzes vom 02.09.2001 hat der Gesetzgeber von dem ihm eingeräumten Entscheidungsspielraum Gebrauch gemacht und die Geltungsdauer der gesetzlichen Exklusivlizenz bis zum 31.12.2007 verlängert.[251]

Die Verlängerung wurde damit begründet, daß das bisherige Datum vom 31.12.2002 nicht mehr im Einklang mit der sich abzeichnenden europäischen Entwicklung stehe und daher rechtzeitig angepaßt werden müsse, um frühzeitig Rechts- und Planungssicherheit für die Deutsche Post AG und für ihre Wettbewerber zu schaffen.[252] Die Öffnung des nationalen Postmarktes solle im Einklang mit der europäischen Entwicklung fortgeführt werden. Die Bundesregierung ging nach ihrem Erkenntnisstand nicht davon aus, daß eine Liberalisierung des europäischen Postmarktes vor Ende 2007 erfolgen werde. Mit der Anpassung des Postgesetzes an diese Entwicklung solle verhindert werden, daß ein vorzeitiges Auslaufen der Exklusivlizenz zu einer einseitigen Öffnung des deutschen Postmarktes führe.[253]

---

249 BT-Drs. 13/7774, S. 43, 50; Stern/Bauer, a. a. O., Teil C., Art. 143 b, Rn. 64; Kämmerer, DVBl. 2001, 1705 (1707).

250 Tätigkeitsberichte der Regulierungsbehörde für Post und Telekommunikation 1998/1999 vom Dezember 1999 und 2000 vom Dezember 2000.

251 BGBl. I 2002, S. 2271.

252 BT-Drs. 14/6121, S. 6: Begründung der Bundesregierung.

253 BT-Drs. 14/6126, S. 6.

Der Bundesgesetzgeber hat zur Begründung der Verlängerung der gesetzlichen Exklusivlizenz gerade nicht auf die Notwendigkeit der Infrastrukturgewährleistung durch die Deutsche Post AG Bezug genommen. Dies steht in Übereinstimmung mit der Funktion, die der Gesetzgeber § 51 PostG im Jahre 1997 zugedacht hat. Die Exklusivlizenz soll zur Finanzierung der Bewältigung des Strukturwandels der Deutschen Post AG dienen.[254] Dennoch darf in Anlehnung an der Art. 7 der Richtlinie 97/67/EG zugrundeliegenden Zielsetzung, daß die Einräumung eines reservierten Bereiches der Sicherstellung der Finanzierung eines Universaldienstes dient,[255] nicht verkannt werden, daß mit der Verleihung der Exklusivlizenz dem Gemeinwohlziel einer angemessenen Versorgung der Bevölkerung mit Postdiensten Rechnung getragen wird. Hierzu bedarf es eines Netzwerkes, dessen Aufrechterhaltung einen erheblichen Kapital- und Personaleinsatz fordert.[256] Die infrastrukturellen Lasten, die derzeit ausschließlich die Deutsche Post AG zu tragen hat, und die Tatsache, daß allein dieses marktbeherrschende Unternehmen auf absehbare Zeit in der Lage sein wird, eine flächendeckende Versorgung mit Postdienstleistungen sicherzustellen, rechtfertigen die Inanspruchnahme der in Art. 143 b Abs. 2 Satz 1 GG enthaltenen Ermächtigung.[257]

7. Drittes Gesetz zur Änderung des Postgesetzes

Mit dem Dritten Gesetz zur Änderung des Postgesetzes[258] soll im Wesentlichen die neu gefaßte Richtlinie 97/67/EG und ihre Fortschreibung in der Richtlinie

254 BT-Drs. 13/7774, S. 33.

255 ABl. EG Nr. L 15, S. 14 f.

256 v. Danwitz, Verfassungsfragen der gesetzlichen Exklusivlizenz der Deutschen Post AG, S. 79. Vergleiche dazu auch Kämmerer, DVBl. 2001, 1705 (1709, 1710). Dieser hält es ebenfalls nicht für unangemessen, die Exklusivlizenz als Ausgleich für die zu erwartenden Verluste der Deutschen Post AG aus der Erbringung von Universaldienstleistungen zu betrachten Er weist aber gleichzeitig darauf hin, daß der Fortbestand der Exklusivlizenz im Hinblick auf die fehlende Schutzbedürftigkeit der Deutschen Post AG aufgrund der Umsatzerlöse in den letzten Jahren in Frage zu stellen sei. Der Ausgleich von Sonderbelastungen, insbesondere wegen Pensionslasten und Investitionsbedarf, sei weitgehend hinfällig geworden. Ebenso Gersdorf, DÖV 2001, 661 (664).

257 v. Danwitz, Verfassungsfragen der gesetzlichen Exklusivlizenz der Deutschen Post AG, S. 80. A. A. Kämmerer, DVBl. 2001, 1705 (1709 f). Dieser verweist darauf, daß der Postmarkt in Schweden bereits seit 1994 vollständig liberalisiert sei und daß die Posten AB nach wie vor einen Marktanteil von 95 % halte und Universaldienstleistungen in ausreichendem Maße erbracht würden.

258 BT-Drs. 14/9195: Entwurf eines Dritten Gesetzes zur Änderung des Postgesetzes, Anlage 1, S. 5 f.

2002/39/EG mit den geänderten Preis- und Gewichtsgrenzen im reservierbaren Bereich umgesetzt werden,[259] indem die gesetzliche Exklusivlizenz zeitlich gestaffelt reduziert wird.

So sieht Art. 1 eine Änderung von § 51 Abs. 1 Satz 1 PostG dahingehend vor, daß bis zum 31.12.2005 der Deutschen Post AG das ausschließliche Recht zusteht, Briefsendungen und adressierte Kataloge, deren Einzelgewicht bis 100 Gramm und deren Einzelpreis weniger als das Dreifache des Preises für entsprechende Postsendungen der untersten Gewichtsklasse beträgt, gewerbsmäßig zu befördern. Art. 2 ändert § 51 Abs. 1 Satz 1 PostG zum 01.01.2006 dahingehend, daß der Deutschen Post AG das ausschließliche Recht zusteht Briefsendungen und adressierte Kataloge, deren Einzelgewicht bis 50 Gramm und deren Einzelpreis weniger als das Zweieinhalbfache des Preises für entsprechende Postsendungen der untersten Gewichtsklasse beträgt, gewerbsmäßig zu befördern. Infopost wird ganz frei.

Durch die sachliche Beschränkung der Exklusivlizenz wird sich die Wettbewerbsintensität in dem liberalisierten Bereich erhöhen, so daß insgesamt eine zunehmende Orientierung des Angebots an den Verbraucherbedürfnissen und insoweit ein Absinken der Einzelpreise zu erwarten ist.[260] Die Übernahme der stufenweisen Liberalisierung und der in der Novellierung der Postdiensterichtlinie vorgesehenen Preis- und Gewichtsgrenzen dient dem Interesse gleicher Wettbewerbsbedingungen in der Europäischen Gemeinschaft. Wettbewerbsverzerrungen sollen vermieden werden.[261]

8. *Exklusivlizenz und Universaldienst*

a) Finanzierungsaspekt der Exklusivlizenz

Mit der Verleihung der Exklusivlizenz gemäß § 51 Abs. 1 PostG kraft Gesetzes berücksichtigt der Gesetzgeber darüber hinaus, daß auch Finanzierung und Erbringung des Universaldienstes zunächst allein der Deutschen Post AG obliegen.[262] Während der zeitlich befristeten Geltung der Exklusivlizenz konnte nach § 52 PostG a. F. nur die Deutsche Post AG zur Erbringung von Universaldienstleistungen verpflichtet werden. Mit dem Zweiten Änderungsgesetz zur Änderung

---

259 BT-Drs. 14/9236, S. 1.

260 BT-Drs. 14/9195, S. 6.

261 BT-Drs. 14/9236, S. 1: Gegenäußerung der Bundesregierung zur Stellungnahme des Bundesrates, der eine Verkürzung der Laufzeit des Ausschließlichkeitsrechts bis zum 31.12.2004 gefordert hatte, BT-Drs. 14/9195, S. 8. Vergleiche dazu auch Gramlich, CR 2002, 654 (656, 657).

262 BT-Drs. 13/7774, S. 29, 44; Herdegen, a. a. O., § 51, Rn. 29.

des Postgesetzes vom 30.01.2002[263] ist diese Verpflichtung gesetzlich statuiert worden.

Hauptziel des Postgesetzes neben der Infrastruktursicherung ist die Schaffung staatlicher Rahmenbedingungen zur Förderung des chancengleichen und funktionsfähigen Wettbewerbs, der die Grundversorgung an Dienstleistungen ohne staatliche Intervention erbringt.[264] Die Deutsche Post AG hat als Nachfolgeunternehmen der Deutschen Bundespost POSTDIENST neben dessen Altlasten auch dessen gesamte Ausstattung übernommen. Bislang fehlte es an anderen Anbietern, soweit das Monopol reichte. Deshalb ist zunächst allein sie in der Lage, die bisherigen Standards der Leistungserbringung auch organisatorisch aufrechtzuerhalten und die Universaldienstleistungserbringung zu gewährleisten.[265] Zur Schaffung von Wettbewerbsstrukturen bedarf es außerdem zunächst eines Anbieters, der in der Entwicklungsphase anderer Unternehmen die Erfüllung des Infrastrukturgewährleistungsauftrages abnimmt.

b) Die Exklusivlizenz als Mittel der Quersubventionierung

Die Exklusivlizenz beinhaltet gleichzeitig auch die Gewährung von Monopolgewinnen, die verfassungsrechtlich durch die Regelung des Art. 143 b Abs. 2 Satz 1 GG gerechtfertigt sind.[266] Wiederum tritt das Problem der Quersubventionierung zutage.[267] Die Universaldienstleistungen sind bei Einhaltung des hohen Qualitätsstandards, wie er durch die Postuniversaldienstleistungsverordnung festgelegt wird, kostenintensiv. Unter dem Aspekt der Erschwinglichkeit und der Tarifeinheit im Raum kann eine Kostenunterdeckung eintreten. Dementsprechend können die Gewinne aus der Exklusivlizenz im Rahmen des internen Finanzausgleichs dazu eingesetzt werden, indirekt und ohne daß es offenkundig wird, Universaldienstleistungen zu finanzieren.[268] Dies ist nach gemeinschaftsrechtlichen Grundsätzen nicht zu beanstanden.[269]

Mit der Möglichkeit der Quersubventionierung erlangt die Deutsche Post AG aber auch die Möglichkeit, sich Wettbewerbsvorteile auf Wettbewerbsmärkten zu verschaffen. Andere Wettbewerber könnten vom Markt verdrängt werden. Zumindest könnte ihnen der Marktzutritt erheblich erschwert werden, da die

263 BGBl. I 2002, S. 572.
264 BT-Drs. 13/7774, S. 1, 30.
265 BT-Drs. 13/7774, S. 44; Herdegen, a. a. O., § 51, Rn. 29.
266 Herdegen, a. a. O., § 51, Rn. 3; v. Danwitz, a. a. O., § 13, Rn. 6.
267 Vergleiche dazu oben C.
268 Herdegen, a. a. O., § 51, Rn. 3; v. Danwitz, § 13, Rn. 6.
269 Vergleiche oben C.

Deutsche Post AG deren Preise unterbieten könnte.[270] Dies liefe aber gerade dem mit dem System der Regulierung verfolgten Zweck entgegen. Das Postgesetz sieht deshalb allein über das System der Ausgleichsabgabe eine Möglichkeit der Finanzierung unrentabler Universaldienstleistungen vor. Dieses System funktionierte aber nicht, da sich die Deutsche Post AG aufgrund ihres Marktanteils selbst würde finanzieren müssen. Demgemäß hat der Gesetzgeber mit dem Zweiten Änderungsgesetz zur Änderung des Postgesetzes in § 52 Satz 2 PostG bestimmt, daß die §§ 12 bis 17 PostG für den Zeitraum der gesetzlichen Exklusivlizenz keine Anwendung finden.

Die Gefahr der Quersubventionierung von reservierten zugunsten nicht reservierter Dienste darf allerdings nicht verkannt werden. Die Deutsche Post AG ist auch ein Unternehmen, das den Gesetzen des Wettbewerbs unterliegt. Aus unternehmenspolitischen Erwägungen heraus werden deshalb faktisch Gewinne auf der einen Seite, der Finanzierung unrentabler Dienste auf der anderen dienen.[271]

c) Beihilfeverfahren der Europäischen Union

Wie bereits dargestellt, verstößt die Quersubventionierung zwischen reservierten und nicht reservierten Diensten gegen das Gemeinschaftsrecht.[272] Dies hat bereits zu einem Beihilfeverfahren geführt, welches die Quersubventionierung vom Briefdienst zur Fracht zum Gegenstand hat.[273] Auslöser für dieses Verfahren waren die Beschwerden von privaten Anbietern am deutschen Paketdienstmarkt.[274] Die Kommission stellte fest, daß eine staatliche Beihilfe neben der Bürgschaft des Staates für die Schulden der Deutschen Post AG,[275] der Einrichtung der Post-Unterstützungskasse zur Finanzierung der Ruhestandsgehälter[276] und der Einräumung zahlreicher Sonderrechte[277] darin zu sehen sei, daß der Staat der

---

270 Berger/Knauth, a. a. O., S. 11 (39); Braubach, a. a. O., S. 93 (113); Basedow, EuZW 1996, 143 (145).
271 Herdegen, a. a. O., § 51, Rn. 34.
272 Vergleiche dazu C.
273 Bekanntmachung der Kommission, ABl. EG Nr. C 306 vom 23.10.1999, S. 25 f.
274 Bekanntmachung der Kommission, ABl. EG Nr. C 306 vom 23.10.1999, S. 29 f, Ziffer 37 f.
275 Bekanntmachung der Kommission, ABl. EG Nr. C 306 vom 23.10.1999, S. 33, Ziffer 62.
276 Bekanntmachung der Kommission, ABl. EG Nr. C 306 vom 23.10.1999, S. 34, Ziffer 65.
277 Bekanntmachung der Kommission, ABl. EG Nr. C 306 vom 23.10.1999, S. 34, Ziffer 66. Als Sonderrechte in diesem Sinne bezeichnet die Kommission z. B. die Frei-

Deutschen Post AG ein Monopol gewähre und die Entgelte festlege. Jeder, der einen Standardbriefdienst in Anspruch nehmen wolle, müsse auf die Deutsche Post AG zurückgreifen. Daher schafften die staatlichen Maßnahmen eine sichere Einnahmequelle für die Deutsche Post AG.[278] Die Kommission sah diese Beihilfen nicht mehr als von Art. 87 Abs. 3 c EGV bzw. Art. 86 Abs. 2 EGV gerechtfertigt an. Dies ergebe sich daraus, daß die Einnahmen aus den reservierten Diensten zu Deckung des Universaldienstes ausreichten. Tatsächlich seien sie sogar höher als es für diesen Zweck notwendig sei. Jede Überkompensierung des Universaldienstes sei jedoch weder durch die Postrichtlinie noch durch Art. 86 Abs. 2 EGV zu rechtfertigen, da sie nicht dazu diene, Dienstleistungen von allgemeinem wirtschaftlichen Interesse sicherzustellen.[279]

Am 19.06.2002 hat die Kommission entschieden, daß die Deutsche Post AG die Summe von 850 Millionen Euro inklusive Zinsen an die Bundesrepublik Deutschland zurückzahlen muß. Die Kommission wirft der Deutschen Post AG vor, Beihilfen in dieser Höhe zu Unrecht erhalten und in den Jahren 1994 bis 1998 zum unzulässigen Ausgleich von Kostenunterdeckungen bei Geschäftskundenpaketen verwendet zu haben.[280]

d) Entgeltregulierung zur Begrenzung der Quersubventionierung

Die Quersubventionierung wird auch durch die in den §§ 19 ff PostG vorgesehene Entgeltregulierung stark behindert bzw. eingeschränkt.

Das Postgesetz greift die Mißbrauchstatbestände des GWB auf, setzt aber vorrangig auf eine präventive Kontrolle.[281] In Übereinstimmung mit Art. 12 der Postdiensterichtlinie 97/67/EG müssen die Tarife kostenorientiert und erschwinglich sein. So unterliegen die Entgelte, die ein Lizenznehmer auf einem Markt für lizenzpflichtige Postdienstleistungen erhebt, der Genehmigung durch die Regulierungsbehörde (§ 19 Satz 1 PostG). Während § 20 Abs. 2 Satz 1 Nr. 1

---

stellung vom Nachtfahrverbot, von der Haftung gemäß den Allgemeinen deutschen Spediteurbedingungen und vom Güterkraftverkehrsgesetz.

278 Bekanntmachung der Kommission, ABl. EG Nr. C 306 vom 23.10.1999, S. 33, Ziffer 61.

279 Bekanntmachung der Kommission, ABl. EG Nr. C 306 vom 23.10.1999, S. 34, 35, Ziffer 68 f, insbesondere Ziffer 71.

280 Siehe dazu Zwischenbericht Deutsche Post World Net 01.01. bis 30.09.2002, S. 4. Hiergegen hat die Deutsche Post AG Klage bei Europäischen Gerichtshof eingereicht.

281 Lübbig, in: Habersack/Holznagel/Lübbig, Behördliche Auskunftsrechte und besondere Missbrauchsaufsicht im Postrecht, Teil 3, S. 116; Sedemund/v. Danwitz, in: Badura/v. Danwitz/Herdegen/Sedemund/Stern (Hrsg.), Beck'- scher PostG Kommentar, PostR, § 19, Rn. 1.

PostG den Preishöhemißbrauch regelt, setzt sich § 20 Abs. 2 Satz 1 Nr. 2 PostG mit dem Behinderungsmißbrauch auseinander, während § 20 Abs. 2 Satz 1 Nr. 3 PostG die Diskriminierung zum Gegenstand hat. Dadurch werden der Regulierungsbehörde umfassenden Maßstäbe an die Hand gegeben, um die zu erhebenden Entgelte zu überprüfen.

In § 20 Abs. 2 Satz 1 Nr. 1 PostG ist bestimmt, daß genehmigungsbedürftige Entgelte keine Aufschläge enthalten dürfen, die der Anbieter nur auf Grund seiner marktbeherrschenden Stellung durchsetzen kann. Dadurch wird gewährleistet, daß die Gewinne der Deutschen Post AG nicht mißbräuchlich überhöht sind. Somit ist eine wirksame Schranke gegen eine unzulässige Quersubvention errichtet worden.

Andererseits darf die Regelung des § 20 Abs. 2 Satz 2 Post nicht außer acht gelassen werden. Dieser sieht eine sachliche Rechtfertigung für eine Ausnahme der in Satz 1 getroffenen Regelungen insbesondere in den Universaldienstlasten.

In diesem Sinne hat die Regulierungsbehörde für Post und Telekommunikation im sog. Price-Cap-Verfahren nach § 21 Abs. 1 Nr. 2 PostG am 26.07.2002 entschieden und am 12.09.2002 neue Entgelte zum 01.01.2003 genehmigt. Danach sind im Zeitraum vom 01.01.2003 bis zum 31.12.2007, abhängig von der Entwicklung der Inflationsrate, mehrere Preisanpassungen für genehmigungspflichtige Briefprodukte erforderlich. So wird unter anderem der Tarif für den Standardbrief von 56 Cent auf 55 Cent gesenkt. Der Preis für die Postkarte auf 45 Cent.[282]

e) Ergebnis

Die Zielrichtung der Finanzierung von Universaldienstleistungen steht durchaus im Einklang mit dem Willen des Gesetzgebers, den Strukturwandel der Deutschen Post AG durch die Exklusivlizenz zu ermöglichen. Andererseits widerspricht sie dem Ziel der Regulierung, einen freien Wettbewerb zu schaffen, da durch die Gewährung von Monopolgewinnen die Möglichkeit der Quersubventionierung entsteht und mindestens Wettbewerbsverzerrungen[283] zugunsten der Deutschen Post AG entstehen können. Wenn für diese Übergangszeit die Deutsche Post AG zunächst allein gemäß § 52 PostG die Universaldienstleistungen durch ihr Leistungsangebot erbringen wird, so ist diese Verpflichtung, die neben Wettbewerbsvorteilen auch Lasten mit sich bringt, nur gerechtfertigt, wenn ihr ein Ausgleichssystem gegenübersteht. Dieses findet seinen Niederschlag insbe-

282 Vergleiche www.regtp.de/reg_post und ABl. RegTP 2001, 2519. Dazu auch Zwischenbericht Deutsche Post World Net vom 01.01.2001 bis zum 30.09.2002.
283 Basedow, a. a. O., 143 (145).

sondere in der bestehenden Exklusivlizenz. Der Gefahr des internen Finanzausgleichs zwischen reservierten und nicht reservierten Diensten kann durch die Entgeltregulierung begegnet werden. Die Exklusivlizenz und ihre verfassungsrechtliche Problematik stehen immer unter der Prämisse der Universaldienstverpflichtung. Während in früheren Zeiten die Monopole ausschließlich machtpolitischen Zwecken dienten, muß der Universaldienst mit der Aufnahme von sozialen Werten in den Kanon staatlicher Ziele als gleichrangiger Wert neben der Schaffung von Wettbewerb bestehen bleiben. Dies kann er nur, wenn auch seine Finanzierung gesichert ist und sei es unter einer vorübergehenden Einschränkung des Wettbewerbs.

V. Die Ausgleichsabgabe und ihre Bedeutung für die Gewährleistung einer Grundversorgung

Die Ausgleichsabgabe des § 16 PostG ist eines der umstrittensten Instrumentarien ebenso wie die bis 2007 bestehenden Exklusivlizenz zur Sicherstellung des verfassungsrechtlich festgeschriebenen Infrastrukturgewährleistungsauftrages. Mit dem Zweiten Gesetz zur Änderung des Postgesetzes vom 30.01.2002 und der Einfügung des § 52 Satz 2 PostG kommen die § 12 bis 17 für den Zeitraum der gesetzlichen Exklusivlizenz zunächst nicht zur Anwendung.[284]

Mit Ablauf dieses Zeitraumes wird sich der Gesetzgeber erneut mit der Frage beschäftigen müssen, ob der Ausgleichsmechanismus Anwendung finden soll und ob er ein geeignetes Mittel ist, um die Universaldienstfinanzierung sicherzustellen.

Ehe es zu der Erhebung einer Ausgleichsabgabe nach Maßgabe des § 16 PostG kommt, ist zunächst ein umfassendes Regelwerk zu beachten und der in den §§ 12-15 PostG festgelegte Weg zu beschreiten. Dabei ist Ausgangspunkt der Überlegung, daß alle Lizenznehmer von Postdienstleistungen zur Erfüllung von Universaldienstleistungen gemäß § 12 Abs. 1 PostG verpflichtet sind.

1. Verfahren zur Erhebung der Ausgleichsabgabe

a) Eintritt eines Marktversagens

Erster Schritt ist zunächst, daß gemäß § 12 Abs. 1 PostG feststeht oder zu besorgen ist, daß eine Universaldienstleistung nicht ausreichend oder angemessen er-

284 BGBl. I 2002, S. 572.

bracht wird, daß ein Fall des Marktversagens eingetreten ist.[285] Entscheidungshilfen für die Feststellung der Unterversorgung und der Besorgnis sind die Regelungen der Post-Universaldienstleistungsverordnung.[286] Nach der Intention des Gesetzgebers darf nicht erst abgewartet werden, bis die Unterversorgung eingetreten ist, vielmehr ist stets zu prüfen, ob nicht die Besorgnis besteht, daß eine solche eintreten könnte. Dann muß die Regulierungsbehörde für Telekommunikation und Post aktiv werden.[287]

Bereits bei der Auslegung des § 12 Abs. 1 PostG treten die ersten Schwierigkeiten im Hinblick auf die Maßstäbe auf, nach denen die Feststellungen des § 12 PostG zu treffen sind. Zum einen bedarf es der Festlegung des sachlich und räumlich relevanten Produktmarktes, zum anderen muß die Universaldienstleistungspflicht konkret genug umrissen werden, damit die Verpflichtung der Diensteanbieter hinreichend bestimmt werden kann. Weiteres Problem im Hinblick auf die Eingriffe in den Wettbewerb und die Rechte der Unternehmen aus Art. 12 Abs. 1 GG ist die Frage, welches Maß an Ermittlungen erforderlich ist, ehe ein Versorgungsdefizit durch die Regulierungsbehörde festgestellt werden darf.[288] Das Gesetz gibt keine Richtlinien an die Hand. Ansatzpunkt kann zunächst die Sicht eines objektiven Marktbeobachters sein, für den eine Unterversorgung aufgrund bestimmter Indizien absehbar erscheint.[289] Die Frage, wie allerdings diese Indizien festzustellen sind, ist jedoch nicht beantwortet. Mit der Feststellung eines Versorgungsdefizits wird die Verpflichtung der Lizenznehmer, deren Umsatz im vergangenen Kalenderjahr mehr als eine Million Deutsche Mark betragen hat, ausgelöst, dazu beizutragen, daß die Universaldienstleistung erbracht werden kann.

Den zweiten Schritt zur Sicherstellung der Universaldienstleistungserbringung beschreibt § 13 PostG. Als formelles Erfordernis sieht § 13 Abs. 1 PostG die Feststellung einer Unterversorgung durch die Regulierungsbehörde für Post und Telekommunikation und deren Veröffentlichung im Amtsblatt unter Ankündigung eines Vorgehens nach §§ 13 Abs. 2 bis 4, 14 bis 17 PostG.

b) Bereiterklärung zur Erbringung von Universaldienstleistungen

Den Lizenznehmern bleibt anschließend ein Monat Zeit, um sich bereit zu erklären, ohne finanziellen Ausgleich die Universaldienstleistung zu erbringen.

---

285 Zur Universaldienstleistungsunterversorgung oder zur diesbezüglichen Besorgnis vgl. im einzelnen v. Danwitz, a. a. O., § 12, Rn. 20, 22, 29, 32 ff.

286 v. Danwitz, a. a. O., § 13, Rn. 22.

287 Gramlich, ArchPT 1995, 189 (196); v. Danwitz, a. a. O., § 12, Rn. 28 f.

288 v. Danwitz, a. a. O., § 13, Rn. 24.

289 v. Danwitz, a. a. O., § 13, Rn. 24.

Unter Berücksichtigung der bereits angesprochenen Problematik der Quersubventionierung stellt sich hier die Frage, inwieweit die Regulierungsbehörde über die gesetzlichen Vorgaben hinaus berechtigt ist, zu prüfen, ob das Unternehmen, das sich zur Erbringung der Universaldienstleistung bereit erklärt hat, leistungsfähig, zuverlässig, fachkundig und zur kostendeckenden Leistungserbringung in der Lage ist.[290] Sofern man davon ausgeht, daß die Bereiterklärung zur Leistungserbringung auch zulässig ist, wenn sie nicht kostendeckend und rentabel erbracht wird,[291] muß man auch die unternehmensinterne Quersubventionierung zur Erlangung eines Marktvorteils als Anbieter von Universaldienstleistungen als zulässig erachten.[292] Dies gilt, zumal die Entgeltregulierung auf marktbeherrschende Unternehmen beschränkt ist.

Als Gründe, warum sich ein Lizenznehmer freiwillig zur Leistungserbringung bereit erklären könnte, sind Wettbewerbsvorteile zu nennen, die der Universaldienst mit sich bringt. Daneben kann der Lizenznehmer aber auch die Durchführung eines Ausschreibungsverfahrens verhindern wollen, da er nicht der Billigste ist.

c) *Verpflichtung eines Lizenznehmers zur Erbringung von Universaldienstleistungen*

Ist die Frist fruchtlos verstrichen, so kann die Regulierungsbehörde nach Maßgabe der Abs. 2-5 des § 13 PostG einen Lizenznehmer zur Erbringung der Leistung verpflichten. Die §§ 13 f PostG sind als besondere Form staatlicher Inpflichtnahme von Unternehmen, die lizenzpflichtige Postdienstleistungen erbringen, ausgestaltet und beinhalten für den Staat die Pflicht, den Wettbewerb um die Postdienstleistungen stets zu überwachen.[293] Sie begründen aber auch das Recht insbesondere durch die Inpflichtnahme nach § 13 Abs. 2 PostG, in die Grundrechte der Unternehmen einzugreifen und das in die Pflicht genommene Unternehmen dem Leistungsstandard und den Finanzierungsgrundsätzen der Post-Universaldienstleistungsverordnung und des Postgesetzes zu unterwerfen.[294]

290 Hierzu von Danwitz , a. a. O., § 13, Rn. 28 f.
291 BT-Drs. 13/7774, S. 23; v. Danwitz, a. a. O., § 13, Rn. 28.
292 v. Danwitz, a. a. O., § 13, Rn. 28.
293 Gramlich, ArchPT 1995, 189 (195); v. Danwitz, § 13, Rn. 2.
294 BT-Drs. 13/7774, S. 23; v. Danwitz, a. a. O., § 13, Rn. 33.

d) Der finanzielle Ausgleich gemäß § 15 PostG

Das in die Pflicht genommene Unternehmen kann nun nach § 14 PostG durch eine hinreichende Begründung seine wirtschaftlichen Nachteile darlegen und so seine Verpflichtung abweisen.

Nunmehr wird in einem Ausschreibungsverfahren durch die Regulierungsbehörde der freiwillige Anbieter ermittelt, der die Leistung am günstigsten erbringen und damit die geringste Ausgleichsleistung fordern kann.[295] Mit der Darlegung des verlangten Ausgleichs gemäß § 14 Abs. 2 PostG durch die Dienstleistungsanbieter wird Markttransparenz erreicht. Durch das Ausschreibungsverfahren macht das Postgesetz sich wettbewerbliche Strukturen zu nutze. Die Regulierungsbehörde erlangt durch die den Unternehmen abverlangten Angaben umfangreiche Informationen über die Leistungsfähigkeit und Kostenstruktur des jeweiligen Anbieters.[296] Dieses Zwischenverfahren sorgt unter gleichzeitiger Schaffung von Wettbewerbsanreizen für eine Minimierung der anfallenden Ausgleichsleistungen.[297]

Allerdings kommt dieser Regelung ebenfalls kaum praktische Relevanz zu. Bei den Universaldienstleistungen, die nicht erbracht werden, dürfte es sich in der Regel um Leistungen handeln, bei denen der wirtschaftliche Ertrag eher als gering einzustufen ist. Bei wirtschaftlich lukrativen Leistungen wird keine Unterversorgung eintreten. Problematisch im Hinblick auf den Hintergrund der Norm, Wettbewerbsanreize zu schaffen, ist die Tatsache, daß das Ausschreibungsverfahren nur nach § 14 Abs. 1 PostG durchgeführt werden kann, wenn das Unternehmen, das nach § 13 Abs. 2, 3 PostG gemäß § 14 Abs. 1 Satz 1 PostG verpflichtet werden soll, die wirtschaftlichen Nachteile offenlegt. Von den Unternehmen wird daher die Bereitschaft verlangt, unternehmensinterne Daten preiszugeben. Von Amts wegen kommt das Verfahren nur unter den Voraussetzungen des § 14 Abs. 3 PostG in Gang, wenn eine Verpflichtung nicht möglich ist. Da das Ausschreibungsverfahren darauf abzielt, die geringste Ausgleichsleistung zu ermitteln, kann es aus wirtschaftlichen Erwägungen heraus für einen Lizenznehmer sinnvoll sein, auf die Mitteilung nach § 13 Abs. 1 PostG zu verzichten. Eine rechtliche Pflicht hierzu besteht nämlich nicht. Eine Ausgleichsleistung kommt bei einer Verpflichtung gemäß § 13 Abs. 1 und 2 PostG nur nachträglich nach Maßgabe des § 15 Abs. 1 Post in Betracht.

---

295 BT-Drs. 13/7774, S. 23; Herdegen, a. a. O., § 14, Rn. 4, 5, 20.

296 v. Danwitz, a. a. O., § 14, Rn. 2, 5.

297 v. Danwitz, a. a. O., § 14, Rn. 4.

e) Das Fondsmodell

Schließlich kann der Lizenznehmer, der nach Durchlaufen dieses Prozesses zur Erbringung der Leistung verpflichtet worden ist, eine Ausgleichsleistung nach Maßgabe des § 15 PostG fordern. Um diesen Ausgleich finanzieren zu können, normiert § 16 PostG die Ausgleichsabgabe für Lizenznehmer mit einem Jahresumsatz von mehr als einer Million Deutsche Mark,[298] wobei § 17 PostG die Pflicht der Lizenznehmer festschreibt, ihren Jahresumsatz mitzuteilen. Die europarechtlichen Vorgaben in der Richtlinie 97/67/EG sehen als Regelfall für die Universaldienstleistungsfinanzierung vor, daß für denjenigen, der Universaldienstleistungen im defizitären Bereich erbringt, entweder eine Reservierung bestimmter Dienste nach Art. 7 Abs. 1 der Richtlinie erfolgen kann oder ein Fondsmodell gemäß Art. 9 Abs. 4 der Richtlinie eingerichtet wird. § 16 PostG entspricht diesem Fondsmodell. § 16 PostG stellt damit die Konsequenz der in § 12 PostG festgeschriebenen Einstandspflicht der Lizenznehmer dar.[299] Die Einrichtung eines Universaldienstfonds soll aufgrund der relativen Breite der Erhebungsbasis und der neutralen Wirkungen auf die Preisstruktur den Wettbewerb am wenigsten verzerren.[300] Die Nachteile betreffen die mögliche Feststellbarkeit defizitärer Leistungsbereiche und das unterstellte Interesse eines Anbieters, derartige Teilleistungen zu erbringen, sowie die Befürchtungen, der Universaldienstbereich werde wegen seiner Finanzierung im "Umlageverfahren" aus politischen Gründen besonders umfangreich bemessen und damit der Erbringung im Wettbewerb nur mittelbar ausgesetzt sind.[301]

2. Die Ausgleichsabgabe und die Finanzverfassung

Der Grundgedanke des § 16 PostG ist, daß verschiedene Universaldienstleistungen nicht kostendeckend erbracht werden können und es deshalb eines Ausgleichs bedarf.[302] Die Ausgleichsabgabe sieht sich jedoch erheblichen verfassungsrechtlichen Bedenken im Hinblick auf die Finanzverfassung ausgesetzt und

298 Scherer, a. a. O., 2953 (2959); Gröner/Knorr, Marktöffnung, S. 64, 65; Scholz, ArchPT 1996, 95 (100); Schütz/Esser-Wellié, AfP 1995, 580 (584); Twickel, NJW-CoR 1996, 226 (228); siehe auch §§ 19 ff TKG; Schütz/Cornils, DVBl. 1997, 1146 (1147, 1153); siehe dort zur Bestimmung der Universaldienstleistungen und zu den verfassungsrechtlichen Bedenken, bezogen auf die Universaldienstabgabe. Siehe dazu auch im Hinblick auf Datenschutz und Fernmeldegeheimnis Wuermeling/Felixberger, CR 1997, 230 ff.

299 v. Danwitz, a. a. O., § 16, Rn. 1.

300 Blankart/Knieps, a. a. O., S. 215; v. Danwitz, a. a. O., § 13, Rn. 8.

301 v. Danwitz, a. a. O., § 13, Rn. 8.

302 Gramlich, ArchPT 1995, 189 ff; v. Danwitz, a. a. O., § 12, Rn. 7, 8, § 16, Rn. 3.

es stellt sich die Frage, ob ihre derzeitige gesetzliche Ausgestaltung ebenso gut in der Lage ist, die Universaldienstleistungen sicherzustellen, wie die Reservierung von Leistungen in Form der Exklusivlizenz.

a) Rechtliche Einordnung der Ausgleichsabgabe

Die Verfassung geht davon aus, daß staatliche Aufgaben nach dem sogenannten Prinzip des Steuerstaates aus Steuern zu finanzieren sind.[303] Alle anderen staatlichen Abgaben haben damit Ausnahmecharakter und bedürfen einer besonderen Rechtfertigung. Das abgeschlossene System der Finanzverfassung hat besondere Schutz- und Begrenzungsfunktionen zu Gunsten der Abgabenpflichtigen.[304] Um die verfassungsrechtliche Zulässigkeit der Ausgleichsabgabe prüfen zu können, ist sie zunächst rechtlich einzuordnen.

Im Gesetzgebungsverfahren wurde stets von "Ausgleichsabgabe" entsprechend der amtlichen Überschrift gesprochen.[305] Dies ist ein erster Hinweis zu einer Abgrenzung von Gebühren, Beiträgen und Steuern. Die Auslegung der Norm und deren gesetzliche Ausgestaltung führt im Ergebnis dazu, daß die Ausgleichsabgabe als Sonderabgabe einzustufen ist.[306]

aa) Abgrenzung zu Gebühren, Beiträgen und Steuern

Da der Ausgleichsabgabe keine konkrete Gegenleistung gegenübersteht,[307] ist sie nicht als Gebühr[308] oder Beitrag[309] zu qualifizieren.[310] In Abgrenzung zur

---

303 BVerfGE 93, 319 (342); 82, 159 (178); 78, 249 (266 f); NJW 1995, 381; Gramlich, ArchPT 1995, 189 (207); v. Danwitz, a. a. O., § 16, Rn. 5, 27.

304 Badura, a. a. O., 277 (282); v. Danwitz, a. a. O., § 16, Rn. 5, 27.

305 BT-Drs. 13/7774, S. 23.

306 BT-Drs. 13/3609, S. 41; Gramlich, ArchPT 1995, 189 (208); Schütz/Esser-Wellié, a. a. O., 580 (584); Scherer, NJW 1996, 2953(2958); Schütz/Cornils, a. a. O., 1146 (1153); Badura, a. a. O., 277 (286); Heimlich, NVwZ 1998, 122 (123); Elicker, ArchPT 1998, 201(208); v. Danwitz, a. a. O., § 12 Rn. 9; ders., NVwZ 1999, 615 (618).

307 BVerfGE 55, 274, (298); 78, 249 (267); Elicker, a. a. O., 201 (207).

308 BVerfGE 20, 257 (269); 50, 217 (226); 28, 66 (86 f): Eine Gebühr wird für die besondere Inanspruchnahme der Verwaltung oder Inanspruchnahme öffentlicher Einrichtungen erhoben.

309 BVerfGE 82, 159 (178): Der Beitrag stellt eine öffentliche Abgabe als Gegenleistung für die bloße Möglichkeit eines Vorteils oder einer Nutzung dar.

310 Gramlich, ArchPT 1995, 189 (207); Elicker, a. a. O., 201 (207); v. Danwitz, a. a. O., § 16, Rn. 7; ders., NVwZ 2000, 615 (616).

Steuer[311] ist festzuhalten, daß diese den allgemeinen Finanzbedarf decken soll, während der Charakter der Ausgleichsabgabe in der Finanzierung der Universaldienstleistungen und damit bereits entstandener Defizite liegt.[312] Die Einnahmen aus der Ausgleichsabgabe sind zweckgebunden. Ihre Verwendung ist bereits vor Erhebung festgelegt. Sie wird nicht in den allgemeinen Staatshaushalt eingestellt, sondern gemäß § 16 Abs. 3 PostG über die Regulierungsbehörde an das in die Pflicht genommene Unternehmen weitergeleitet.[313]

bb) Abgrenzung zur Ausgleichsabgabe eigener Art

Die Universaldienstabgabe ist ebenfalls keine Ausgleichsabgabe eigener Art,[314] auch wenn sie als Ausgleichsabgabe bezeichnet wird,[315] so daß für deren Zulässigkeit in Abweichung von der Sonderabgabenrechtsprechung nicht primär auf die Erhebungssituation abzustellen ist. Für die Einordnung in die Kategorie der Ausgleichsabgabe eigener Art ist neben dem Vorliegen einer Antriebs- und Sanktionsfunktion auch eine Ausgleichsfunktion erforderlich.[316] Steht die Finanzierungsfunktion im Vordergrund, so ist die Abgabe an den strengen Anforderungen der Sonderabgabenrechtsprechung des Bundesverfassungsgerichts zu messen.[317]

Der Schwerpunkt der Zielsetzung der Universalsdienstabgabe liegt in ihrer Finanzierungsfunktion. Eine gewisse Ausgleichsfunktion kann ihr zwar nicht abgesprochen werden, diese steht jedoch nicht im Vordergrund. Eine Antriebs- und Sanktionsfunktion kommt ihr hingegen überhaupt nicht zu.[318]

Die Bezeichnung in der amtlichen Überschrift des § 16 PostG als Ausgleichsabgabe ist im Kontext zu § 15 PostG zu sehen, so daß dies nicht als Entscheidung zur Einordnung im abgabenrechtlichen Sinne verstanden werden

311 BVerfGE 55, 274 (299) definiert die Steuern als einmalige oder laufende Geldleistungen, die nicht eine Gegenleistung für eine besondere Leistung darstellen und von einem öffentlich-rechtlichen Gemeinwesen zur Erzielung von Einnahmen allen auferlegt werden, bei denen der Tatbestand zutrifft, an den das Gesetz die Leistungspflicht knüpft.

312 Elicker, a. a. O., 201 (205); v. Danwitz, a. a. O., § 16, Rn. 7, 8.

313 BVerfGE 55, 274 (299); 93, 318 (344) zum Begriff der Steuer allgemein. Gramlich, ArchPT 1995, 189 (207); Badura, a. a. O., 277 f; Schütz/Cornils, a. a. O., 1146 (1153 f); Elicker, a. a. O., 201 (205); Heimlich, a. a. O., 122 (123); v. Danwitz, a. a. O., § 16, Rn. 7, 8.

314 Zu der Erforderlichkeit der Abgrenzung vergleiche BVerfGE 93, 319 (344).

315 BT-Drs. 13/7774, S. 23.

316 BVerfGE 57, 139 (167); 67, 256 (277); 92, 91 (117).

317 BVerfGE 139 (167).

318 v. Danwitz, NVwZ 2000, 615 (618).

kann. Sie soll den in § 15 PostG normierten Ausgleich finanzieren.[319] Daß ihr gleichwohl ein gewisser Ausgleichcharakter zukommt, folgt daraus, daß sie dazu dient, die Belastung auszugleichen, die mit der Universaldiensterbringung durch einen Lizenznehmer für diesen entstanden sind. Dies gilt um so mehr, wenn man sich vor Augen führt, daß das Gesetz bewußt auf die Möglichkeit verzichtet, mehrere Lizenznehmer zur Erbringung eines Universaldienstes heranziehen zu können.[320]

Dennoch muß berücksichtigt werden, daß die Pflicht zur Zahlung der Ausgleichsabgabe gemäß §§ 15, 16, 17 PostG unabhängig davon besteht, ob der jeweilige Lizenznehmer Universaldienstleistungen freiwillig erbringt. Entscheidend ist allein der Umsatz von einer Million Deutsche Mark.[321] Aus den §§ 13 Abs. 2, 3, 14 Abs. 2, 3 PostG folgt, daß der Lizenznehmer, der zur Erbringung von Universaldienstleistungen herangezogen wird, durch die Regulierungsbehörde bestimmt wird. Dies geschieht zunächst unabhängig von der Erhebung der Ausgleichsabgabe. Es kommt allein auf das Vorliegen einer Unterversorgung an.[322]

cc) Ergebnis

Charakteristisch für die Ausgleichsabgabe ist deren Finanzierungsfunktion. Die Schaffung eines Ausgleichs für die Universaldienstlasten steht im Hintergrund.

Die Ausgleichsabgabe des § 16 PostG ist deshalb nach der Rechtsprechung des Bundesverfassungsgerichts zu den Sonderabgaben nur unter bestimmten Voraussetzungen zulässig.[323] Sie hat sich an dem Grundsatz der Belastungsgleichheit,[324] der hinreichenden Unterscheidung von Steuern[325] und der Vollständigkeit des Haushaltsplanes[326] zu orientieren.

b) Verfassungsrechtliche Zulässigkeit der Ausgleichsabgabe als Sonderabgabe

Die Finanzierung des Universaldienstes über die Ausgleichsabgabe erscheint zunächst als logische Fortsetzung des konzeptionellen Grundgedankens, die Uni-

---

319 v. Danwitz, NVwZ 2000, 615 (618); ders., a. a. O., § 16, Rn. 16.
320 v. Danwitz, NVwZ 2000, 615 (618); ders., a. a. O., § 16, Rn. 17.
321 v. Danwitz, NVwZ 2000, 615 (618); ders., a. a. O., § 16, Rn. 16, 58 f.
322 v. Danwitz, NVwZ 2000, 615 (618); ders., a. a. O., § 16, Rn. 19.
323 BVerfGE 55, 274 (298 f); 67, 256 (276); 82, 159 (179 f); 91, 186 (203).
324 BVerfGE 55, 274 (302); 78, 249 (266 f).
325 BVerfGE 55, 274 (302); 93, 318 (343).
326 BVerfGE 82, 159 (179); 91, 186 (202).

versaldiensterbringung mit Mitteln des Wettbewerbs zu gewährleisten.[327] Die Zulässigkeit der Ausgleichsabgabe stößt im Hinblick auf die vom Bundesverfassungsgericht im Rahmen seiner Sonderabgabenrechtsprechung aufgestellten finanzverfassungsrechtlichen Maßstäbe auf erhebliche Zweifel.

Nach der Rechtsprechung des Bundesverfassungsgerichts liegt die Rechtfertigung der strengen Anforderungen der Finanzverfassung an die Zulässigkeit der Erhebung einer Sonderabgabe in der großen Ähnlichkeit zu den Steuern.[328]

Das Bundesverfassungsgericht fordert für die Zulässigkeit einer solchen Abgabe eine besondere Verantwortung der zur Abgabe herangezogenen Gruppe für den verfolgten Zweck.

aa) Das Kriterium der Gruppenhomogenität

Diese Gruppenhomogenität und Sachnähe sind dann gegeben, wenn "die mit der Abgabe belastete Gruppe dem mit der Erhebung verfolgten Zweck evident näher steht als jede andere Gruppe oder die Allgemeinheit der Steuerzahler".[329] Die Gruppe ist danach zu bestimmen, wer die Belastung materiell zu tragen hat.[330] Neben dieser besonderen Finanzierungsverantwortung ist weiterhin erforderlich, daß das Abgabenaufkommen überwiegend im Interesse der Gesamtgruppe verwendet wird.[331] Im Hinblick auf eine Vermeidung eines Verstoßes gegen Art. 3 GG dürfen keine öffentlichen Aufgaben finanziert werden, sondern es muß eine besondere Gruppenverantwortung gegeben sein, die deren zusätzliche Belastung rechtfertigt.[332] Alle diese Kriterien bestimmen sich nach den tatsächlichen Gegebenheiten unter Berücksichtigung der Rechts- und Sozialordnung, also nach materiellen Kriterien.[333]

bb) Die relevante Gruppe

Die Gruppe, die mit der Universaldienstfinanzierung belastet wird, bestimmt sich nach dem persönlichen Geltungsbereich der §§ 12 ff PostG und knüpft nach der Umschreibung des Gesetzgebers an die Eigenschaft als Lizenznehmer an.

327 v. Danwitz, NVwZ 2000, 615 (615); Herdegen, a. a. O., VerfGrdl., Rn 39.
328 BVerfGE 93, 319 (344).
329 BVerfGE 55, 274 (306); 67, 256 (276); 82, 159 (180); v. Danwitz, § 12, Rn. 9, 16, § 16, Rn 7, 23, 24. 30.
330 BVerfGE 91, 186 (203 f.).
331 BVerfGE 55, 274 (307); 67, 256 (276); 82, 159 (180 f.).
332 BVerfGE 55, 274 (305 f.); 82, 159 (180); Gramlich, ArchPT 1995, 189 (207).
333 BVerfGE 55, 274 (305, 307); 67, 256 (276); 82, 159 (180); Gramlich, ArchPT 1995, 189 (207).

Zur Zahlung verpflichtet sind grundsätzlich alle Lizenznehmer, während die Entscheidung, welcher die Leistung zu erbringen hat, der Regulierungsbehörde obliegt. Damit sind nicht alle Anbieter von Universaldienstleistungen betroffen, sondern nur die Leistungserbringer, die den in § 5 Abs. 1 PostG umschriebenen Bereich der gewerbsmäßigen Beförderung für andere von Briefsendungen bis zu einem Einzelgewicht von 1.000 Gramm abdecken.

Die §§ 11, 12 ff PostG enthalten insoweit ein erhebliches Defizit, da sie alle anderen Dienste, auch wenn es sich um Universaldienste handelt, wie beispielsweise den Paketdienst, bei der Erhebung der Ausgleichsabgabe außer acht lassen. Außerdem dient die Infrastrukturabgabe der Finanzierung des Universaldienstes und damit einem Allgemeininteresse.[334] Das Abstellen allein auf die Eigenschaft als Anbieter von Postdienstleistungen ohne Berücksichtigung der gesetzlichen Differenzierung nach Lizenznehmer und Anbietern von sonstigen Universaldienstleistungen greift zu kurz.[335] Zudem berücksichtigt das System der Ausgleichsabgabe nicht, daß die Belastungen unter Umständen auch an die Kunden weitergegeben werden können.

Damit erscheint die Anknüpfung an die Eigenschaft als Lizenznehmer zur Feststellung der relevanten Gruppe als beliebig. Der Gesetzgeber darf aber gerade nicht einen beliebigen Gesichtspunkt zur Gruppenbezeichnung verwenden. Vielmehr muß das gemeinsame, die Gruppenhomogenität verbürgende Merkmal so beschaffen sein, daß es die abgabenrechtliche Unterscheidung der in Anspruch genommenen Gruppe von allen anderen gesellschaftlichen Gruppen mit Blick auf das Erfordernis der Belastungsgleichheit zu rechtfertigen vermag.[336]

Es fehlt an der Kongruenz von Sachverantwortung und Abgabenpflicht. Dies folgt bereits daraus, daß es Postdienstleistungsunternehmen gibt, die nicht im lizenzierten Bereich tätig werden und solche, die zwar im lizenzierten Bereich die Umsatzschwelle von einer Million Deutsche Mark nicht überschreiten, im nicht lizenzierten Bereich jedoch erheblich größere Umsätze erwirtschaften.[337] Daß die Leistungsfähigkeit ungeeignetes Abgrenzungskriterium ist folgt des weiteren daraus, daß § 16 PostG Erbringungs- und Finanzierungsverpflichtung von einander trennt.[338] Daran vermag auch die Umsatzgrenze von einer Million Deutsche Mark nichts zu ändern, da diese nur bezüglich des Umsatzes im lizenzierten Bereich gilt.

---

334 Schütz/Esser-Wellié, a. a. O., 580 (584); Schütz/Cornils, a. a. O., 1146 (1153); Elicker, a. a. O., 201 (223).

335 So allerdings Gramlich, ArchPT 1995, 189 (209, 212); Schütz/Esser-Wellié, a. a. O., 580 (584); Schütz/Cornils, a. a. O., 1146 (1154).

336 BVerfGE 55, 274 (305 f.); 82, 159 (183).

337 v. Danwitz, NVwZ 2000, 615 (619).

338 v. Danwitz, NVwZ 2000, 615 (619).

Auch aus Art. 87 f Abs. 2 Satz 1 GG ergibt sich keine Aussage über die betroffene Gruppe.[339] Diese Norm regelt als Staatszielbestimmung nur die von der Postreform zu beachtenden Ziele und gibt eine Leitlinie an die Hand. Konkrete materielle Regelungen, insbesondere die Kostentragung betreffend, können ihr nicht entnommen werden.[340] Allein die Erbringung ist eine Aufgabe der Anbieter von Postdienstleistungen, nicht aber die Gewährleistungsverantwortung.[341]

cc) Sachnähe und Gruppenverantwortung

Für die finanzverfassungsrechtliche Zulässigkeit der Ausgleichsabgabe ist es weiterhin erforderlich, daß aus der spezifischen Sachnähe der Abgabepflichtigen zum Erhebungszweck eine besondere Gruppenverantwortung für die Erfüllung der Aufgabe resultiert, die mit der Sonderabgabe finanziert wird. Handelt es sich hingegen um eine öffentliche Angelegenheit, so muß sie auch von der Allgemeinheit finanziert werden.[342]

Die Gruppe der Lizenznehmer steht dem mit der Ausgleichsabgabe verfolgten Zweck nicht evident näher als jede andere Gruppe oder die Allgemeinheit der Steuerzahler. Dies folgt bereits aus Art. 87 f Abs. 2 Satz 1 GG, der dem Staat die Gewährleistungsverantwortung für die Gewährleistung flächendeckend angemessener und ausreichender Dienstleistungen zuschreibt. Daß die Universaldienstabgabe nicht an einem gemeinsamen Interesse der Lizenznehmer orientiert ist, ergibt sich im übrigen daraus, daß eine Abgabepflicht nur im Fall einer Unterversorgung mit Universaldienstleistungen ausgelöst werden kann. Eine solche wäre erst gar nicht zu besorgen, wenn es dem Interesse der Lizenznehmer entspräche, daß derartige Leistungen angeboten würden. Dann würde diese die Universaldienstleistungen anbieten, ohne daß es eines Ausgleiches bedürfte.[343] Vielmehr liegt die Universaldiensterbringung im Interesse der Allgemeinheit, was sich gerade in der verfassungsrechtlichen Festschreibung des Infrastrukturgewährleistungsauftrages und dessen einfachgesetzlichen Umsetzung zeigt.

dd) Gruppennützigkeit

Auch die Gruppennützigkeit der Abgabe ist nicht gegeben. Vielmehr fließt die Abgabe einem einzigen Unternehmen zu und dessen Aufwendungen für die de-

339 Elicker, a. a. O., 201 (223); a. A. Gramlich, ArchPT 1995, 189 (209).
340 Elicker, a. a. O., 201 (223 f.).
341 Elicker, a. a. O., 201 (223); v. Danwitz, NVwZ 2000, 615 (620). A. A. Gramlich, ArchPT 1995, 189 (209).
342 BVerfGE 44, 274 (306); 82, 159 (180).
343 v. Danwitz, NVwZ 2000, 615 (621).

fizitäre Universaldienstleistung werden mitfinanziert.[344] Zwar ist dieses Unternehmen Mitglied der Gruppe, die Verwendung der Abgabe liegt aber nicht im Interesse der Gruppe und kommt dieser deshalb auch nicht zugute. Der Erhalt von unrentablen Leistungen dient nicht der Gruppe von Unternehmen, denen am Gewinn und dem Erhalt der Unternehmen als Wertschöpfungseinheiten gelegen ist.[345] Sofern die Lizenznehmer außerdem für den Ausgleich von Defiziten von nicht lizenzierten Universaldienstleistungen herangezogen werden, fehlt es an jeglicher Beziehung des Lizenznehmers zu dieser Leistung.

c) Ergebnis

Die Sonderabgabepflicht knüpft an die Zugehörigkeit zu einer bestimmten Wirtschaftsbranche an. Diese Differenzierung ist nach der Rechtsprechung des Bundesverfassungsgerichts zulässig.[346] Die Eigenschaft als Lizenznehmer nach dem Postgesetz ist jedoch von normativen Kriterien abhängig,[347] so daß die Entscheidung über das Unterfallen unter die Sonderabgabepflicht nur mittelbar aus materiellen Kriterien und tatsächlichen Gegebenheiten über die Umsatzzahlen folgt. Es wird nur ein Teil der Branche von Unternehmen erfaßt, die Postdienstleistungen anbieten.[348] Marktbeherrschende Unternehmen, wie z. B. der UPS, die nur im nicht lizenzierten Bereich hohe Umsätze erwirtschaften aber im lizensierten Bereich das Umsatzkriterium nicht erfüllen, fallen aus der Gruppe heraus.[349]

Die Ausgleichsabgabe des § 16 PostG begegnet erheblichen verfassungsrechtlichen Bedenken, die über die Zweifel an der Praktikabilität weit hinausgehen. Es stellt sich damit die Frage, ob die Beibehaltung von Monopolen in der Form der Reservierung von Diensten unter verfassungsrechtlichen aber auch Effizienzgesichtspunkten nicht die bessere Lösung zur Sicherung und Finanzierung des Universaldienstes ist.

---

344 Schütz/Cornils, a. a. O., 1146 (1154); Schütz/Esser-Wellié, a. a. O., 580 (584).
345 v. Danwitz, NVwZ 2000, 615 (621).
346 BVerfGE 82, 159 (183); 17, 287 (292); Gramlich, ArchPT 1995, 189 (209); v. Danwitz, a. a. O., § 16, Rn. 31.
347 v. Danwitz, a. a. O., § 12, Rn. 9; Schütz/Cornils, a. a. O., 1146 (1153); Elicker, a. a. O., 201 (219).
348 Elicker, a. a. O., 201 (214).
349 v. Danwitz, a. a. O., § 16, Rn. 32.

3. *Ausgleichsabgabe und Exklusivlizenz im Widerstreit mit den Interessen der Wettbewerber*

Vorab ist zunächst festzuhalten, daß die europarechtlichen Vorgaben keine völlige Aufgabe des Beförderungsvorbehaltes fordern. Dies ergibt sich im Schluß aus Art. 7 Abs. 1 der Richtlinie 97/67/EG. Danach steht es den Mitgliedstaaten nach der Novellierung der Richtlinie bis 2007 frei, die Universaldienstleistungsfinanzierung durch die Reservierung bestimmter Dienste für Anbieter zu sichern.[350]

a) Die wettbewerbsverzerrende Wirkung der Ausgleichsabgabe

Die §§ 12 ff PostG regeln den Weg hin zur Ausgleichsabgabe des § 16 PostG sehr detailliert und legen zahlreiche Anforderungen und Schranken fest. Die umfassende Regelung ist stets unter dem Licht des Konfliktes zwischen Infrastrukturgewährleistung und freiem Wettbewerb und damit den Grundrechten der Lizenznehmer zu sehen. Die Vorschriften der §§ 12 f PostG normieren im Gegenzug eine Handlungspflicht der Regulierungsbehörde. Sie dient der Sicherstellung des Universaldienstes und beinhaltet damit das Verbot, sie zur Regulierung des Wettbewerbes im Sinne einer Marktöffnung einzusetzen.[351] Vielmehr müssen sachlich einleuchtende Gründe gegeben sein, die die unvermeidlichen Wettbewerbswirkungen, wenn auch nicht zielgerichtet beabsichtigt, auslösen.[352] Der Grundsatz der Wettbewerbsneutralität ist bei allen Maßnahmen der Regulierungsbehörde nach Maßgabe der §§ 12 f PostG zu beachten.

b) Die wettbewerbsschaffende Wirkung der Ausgleichsabgabe

Andererseits ist zu berücksichtigen, daß die Ausgleichsabgabe als Instrument gesehen wird, das der Entstehung und Beibehaltung eines Monopols entgegenwirkt. Auch wenn sie einschneidende Wirkungen hat, soll sie gerade auch der Entfaltung von Wettbewerb dienen. Mit der Ausgleichsabgabe soll neben der privatrechtlichen Leistungserbringung unter Wettbewerbsbedingungen auch die Finanzierung der Universaldienstleistungen gewährleistet werden.[353] Eventuell auftretende Defizite bei den zur Erbringung von Infrastrukturleistungen verpflichteten Dienstleistungsanbietern sollen ausgeglichen werden können. Die

---

350 Kommission der Europäischen Gemeinschaften: Grünbuch über die Entwicklung des Binnenmarktes für Postdienste, KOM (91) 476 endg. S. 11 und 199.

351 v. Danwitz, a. a. O., § 13, Rn. 18, 48.

352 v. Danwitz, a. a. O., § 13, Rn. 63.

353 v. Danwitz, a. a. O., § 16, Rn. 1.

Ausgleichsabgabe dient gleichsam als Mittel der Quersubventionierung im Sinne eines externen Finanzausgleichs.[354] Einer Exklusivlizenz zu Gunsten eines einzigen marktbeherrschenden Unternehmens soll es, wenn das System der Ausgleichsabgabe greift, dann nicht mehr bedürfen. Die Infrastrukturlasten würden auf alle Marktteilnehmer gleichermaßen verteilt.[355] Allerdings wird sich auf absehbare Zeit die Deutsche Post AG aufgrund der Umsatzverhältnisse im bezug genommenen Lizenzbereich allein finanzieren, so daß es nur konsequent war, daß der Gesetzgeber mit § 52 Satz 2 PostG zunächst bis 2007 von einer Geltung der §§ 12 f PostG abgesehen hat.

c) Die Rolle der Deutschen Post AG

Die Befürworter der Ablösung des Monopols durch einen sogenannten Infrastrukturfonds übersehen hingegen, daß mit der Abschaffung des Monopols die marktbeherrschende Stellung der Deutschen Post AG mindestens im Briefsektor noch längst nicht überwunden ist. Die Deutsche Post AG wird auf lange Sicht als einziger Anbieter zur Erbringung von Postdienstleistungen verpflichtet werden können, selbst wenn die Exklusivlizenz nicht mehr besteht.[356] Die anderen Wettbewerber werden zunächst noch nicht in die Lage versetzt sein, sich auf räumlich und sachlich begrenzten Märkten behaupten zu können, so daß es gerechtfertigt wäre, diesen die Zahlung in den Infrastrukturfonds aufzubürden. Die Deutsche Post AG wird also nicht nur die Leistungen erbringen, sondern auch deren Finanzierung selbst sicherstellen müssen. Hinzu kommt, daß das Postgesetz die Verpflichtung zur Einzahlung in den Fonds und zur Erbringung von Dienstleistungen an bestimmte wirtschaftliche Voraussetzungen knüpft. So geschehen in §§ 12, 16 PostG, die auf einen Umsatz von mehr als einer Million Deutsche Mark im vergangenen Kalenderjahr abstellen und § 13 PostG, der nach Abs. 2 Satz 2 auf marktbeherrschende Unternehmen Anwendung findet. Die Umsatzgrenze ohne Berücksichtigung des Gewinns führt zu einer Benachteiligung der Deutschen Post AG am Markt.[357] Dies läßt Zweifel daran aufkommen, ob damit dieser in der Rolle als privates Unternehmen deren Grundrechten[358]

---

354 Blankart/Knieps, a. a. O., S. 201 (210 f).

355 Knauth/Husch, a. a. O., 5 (6).

356 Gramlich, VerwArch 1997, 598 (632).

357 BVerfGE 55, 274 (306); 82, 159 (180); v. Danwitz, a. a. O., § 16, Rn. 34, 35, 32, 33

358 Zur Grundrechtsberechtigung vergleiche Gramlich, ArchPT 1995, 189 (201); Stern/Bernards/Dünchheim/Hufschlag, in: Stern (Hrsg.): Postrecht der Bundesrepublik Deutschland, Teil C., Art. 10, Rn. 35 f; Stern/Dietlein, ArchPT 1998, 309 (315 f) m. w. N..

hinreichend Rechnung getragen wird. Zur Zeit läßt sich nämlich feststellen, daß viele Anbieter sich auf einen regional eng umgrenzten Raum beschränken, der nicht die vom Postgesetz vorausgesetzten Umsatzzahlen erwarten läßt.[359] Der Gesetzgeber beabsichtigte mit der Begrenzung der Umsatzzahlen die Vermeidung eines großen Verwaltungsaufwandes,[360] falls eine Vielzahl kleiner Unternehmen erfaßt werden müßte. Die Konsequenzen für die Finanzierung der Universaldienstleistungen und die Deutsche Post AG wurde dabei übersehen.

d) Ergebnis

Während der Ausgleichsfonds der Finanzierung der Universaldienstleistungen dienen soll,[361] steht hinter der Exklusivlizenz die Absicht, eine Grundlage zur Bewältigung des Strukturwandels beizutragen.[362] Die Finanzierungsfunktion der Exklusivlizenz im Wege der Quersubventionierung steht anders als bei Art. 7 der Richtlinie 97/67/EG im Hintergrund. Dennoch ist der Ausgleichsfonds umfassenden Bedenken in verfassungsrechtlicher Sicht ausgesetzt. Auch seine praktische Umsetzung erscheint zweifelhaft. Der Exklusivlizenz kommt eine Auffangfunktion zur Sicherung des Universaldienstes zu.[363] Über § 52 PostG ist gewährleistet, daß immer ein Unternehmen, nämlich die Deutsche Post AG, zur Leistung verpflichtet werden kann. Es handelt sich um einen im Gegensatz zum Ausgleichsfonds einfachen Weg. Es gibt nur ein marktbeherrschendes Unternehmen. Die Möglichkeit der Inpflichtnahme ist gesetzlich in einer Vorschrift vertypt. Auf wirtschaftliche Gegebenheiten muß anders als bei dem Ausgleichssystem nach §§ 12 f PostG keine Rücksicht genommen werden. Indirekt dient die Exklusivlizenz auch über die Möglichkeit der Quersubventionierung der Finanzierung der Universaldienstleistungen. Einer staatlich angeordneten Ausgleichspflicht durch Dritte bedarf es nicht.

D. Ausblick

Die Auswirkungen der Regulierung durch das Postgesetz auf die Deutsche Post AG als Wirtschaftsunternehmen und Erbringer der Universaldienstleistungen ist enorm. Die Deutsche Post AG wird als marktbeherrschendes Unternehmen, Ex-

---

359 v. Danwitz, a. a. O., § 12 Rn. 34.
360 BT-Drs. 13/7774, S. 48; Elicker, a. a. O., 201 (217); v. Danwitz, a. a. O., § 12, Rn. 35.
361 BT-Drs. 13/7774, S. 22 f.
362 BT-Drs. 13/7774, S. 33.
363 Herdegen, a. a. O., § 51, Rn. 29.

klusivlizenzinhaber und Nachfolger der Deutschen Bundespost POSTDIENST der vorrangige Ansprechpartner des Staates sein, wenn es um die Gewährleistung der Grundversorgung geht. Die Einflußmöglichkeiten des Staates sind vielfältig. Das ehemalige Staatsunternehmen steht zu einem wesentlichen Teil immer noch im Eigentum des Bundes, der seine Eigentumsrechte über eine Holding, die Bundesanstalt für Post und Telekommunikation wahrnimmt. Neben den Möglichkeiten des Postgesetzes besteht damit auch die Gelegenheit, den aktienrechtlichen Einfluß in den Dienst des Universaldienstes zu stellen. Dies ist zwar nicht durch die Verfassung ohne weiteres abgedeckt. Eine Grenzziehung ist jedoch schwierig. Die Deutsche Post AG wird sich eine eigenständige Stellung im Wettbewerb erst erkämpfen müssen. Gegenwärtig besteht ihre Aktivität neben dem Ausbau des Logistikmarktes insbesondere darin, die Exklusivlizenz zu verteidigen, indem sie sich durch Prozesse, gestützt auf das Gesetz gegen den unlauteren Wettbewerb, das Gesetz gegen Wettbewerbsbeschränkungen und § 51 Abs. 2 PostG gegen ihre Wettbewerber wendet.[364] Aus § 51 Abs. 2 PostG ergeben sich nämlich Abgrenzungsprobleme zu den Diensten, die der Exklusivlizenz unterfallen. Die Unklarheit in der Rechtsanwendung dürfte sich hinderlich auf den erhofften Wettbewerb auswirken. Lizenznehmer mit einem geringeren Wirtschaftsvolumen könnten sich angesichts der Befürchtung mit einem Prozeß überzogen zu werden, von einer Teilnahme am Wettbewerb abhalten lassen. Nicht verkannt werden dürfen die Marktvorteile, die der Deutschen Post AG als Inhaber der Exklusivlizenz, und Nachfolger des ehemaligen Staatsbetriebes zukommen. Diese Vorteile dürfen aber nicht über die Nachteile, die in den Altlasten und der Pflicht zur Erbringung insbesondere von kostenintensiven Universaldienstleistungen hinwegtäuschen. Die Deutsche Post AG wird durch ihre marktbeherrschende Stellung auf lange Sicht auch der einzige Adressat der Universaldienstleistungsverpflichtung sein und die Kosten hierfür allein tragen müssen. Die Ausgleichsleistung ist im Hinblick auf die verfassungsrechtlichen und Praktikabilitätsbedenken kaum geeignet, einen vernünftigen Ausgleichsmechanismus zur Verfügung zu stellen. Auch die Exklusivlizenz ist nach der Konzeption des Gesetzgebers anders als nach Art. 7 der Richtlinie 97/67/EG nicht primär dazu ausersehen, die Universaldienstleistungen zu finanzieren. Sie dient dem Strukturwandel vom Staats- zum Privatrechtsunternehmen. Mit Ablauf der Frist, selbst nach einer weiteren Verlängerung über das Jahr 2007 hinaus, ist die Deutsche Post AG in der undankbaren Situation, dem Wettbewerb ausgesetzt zu sein, die Universaldienstleistungen erbringen und auch finanzieren zu müssen. Da auch die Erschwinglichkeit der Leistungen und die Tarifeinheit im Raum

---

364 Zu dieser Problematik im einzelnen Stark, NJW 2000, 709 und v. Danwitz, NJW 1999, 3025 m. w. N.

gewährleistet sein müssen, ist sie nicht in der Lage, die Preise frei kalkulieren zu können, sondern sie ist dem strikten Maßstab der Entgeltregulierung unterworfen. Wenn der Zeitraum der Dauer der Exklusivlizenz auch noch nicht endgültig festgelegt ist, sondern eine weitere Verlängerung verfassungs- und europarechtlich durchaus gerechtfertigt ist, so ist die Konzeption des Postgesetzes darauf angelegt, daß die Exklusivlizenz über kurz oder lang abgeschafft werden wird. Jede erneute Verlängerung bedarf im Hinblick auf die verfassungsrechtlichen Vorgaben einer erneuten Rechtfertigung, deren Anforderungen von Mal zu Mal steigen. Die Deutsche Post AG ist in letzter Konsequenz auf sich allein gestellt. Hat sie es nicht geschafft, sich am Markt trotz der von ihr allein zu tragenden Lasten zu behaupten, ist der Schutzmechanismus der Exklusivlizenz fehlgeschlagen und der Universaldienst selbst in Frage gestellt. Die Wirkungen des Postgesetzes laufen der Intention, die Erbringung von Universaldienstleistungen in freiem und chancengleichen Wettbewerb zu gewährleisten, in letzter Konsequenz konträr entgegen. Bei der Festlegung der Dauer der Exklusivlizenz sind auch die tiefgreifenden Strukturbrüche für das Unternehmen, daß bisher als Staatsbetrieb geführt wurde zu berücksichtigen. Angesichts der Tatsache, daß das Postwesen so lange Zeit als Staatsaufgabe begriffen wurde und sich deshalb feste Strukturen gebildet haben, war die zunächst bestimmte Frist von fünf Jahren nicht ausreichend, um zum einen einen Universaldienst, zum anderen aber auch die schonende Umwandlung der Deutschen Post AG zu gewährleisten. Auch der inhaltliche Zuschnitt der Exklusivlizenz ist unter Übernahme der gemeinschaftsrechtlichen Vorgaben überdacht worden. Mit dem Dritten Gesetz zur Änderung des Postgesetzes ist eine weitere Liberalisierung stufenweise durch Senkung der Preis- und Gewichtsgrenzen eingeleitet worden. Angesichts der Tatsache, daß der Brief als klassisches Medium der Nachrichtenübermittlung immer mehr verdrängt wird, dürfte er kaum geeignet sein, als wichtigstes Instrument der Exklusivlizenz den Strukturwandel schonend zu ermöglichen. Insgesamt betrachtet sind Postreform III und die mittlerweile erfolgten Änderungen des Postgesetzes wichtige Schritte hin zu mehr Wettbewerb. Nach wie vor ist die Stellung der Deutschen Post AG hervorgehoben. Sie trägt als marktbeherrschendes Unternehmen die überwiegenden Lasten des Universaldienstes. Sie ist verpflichtet zum Ausgleich für das ihr gewährte ausschließliche Recht, den Universaldienst sicherzustellen und zu finanzieren Nach dem Auslauf der Exklusivlizenz sieht sich die Deutsche Post AG dem Wettbewerb ausgesetzt. Auch ohne Exklusivlizenz wird sie als marktbeherrschendes Unternehmen nach wie vor allein den Universaldienst erbringen müssen. Selbst wenn sie grundsätzlich eine Ausgleich nach § 16 PostG verlangen könnte, so besteht doch die Gefahr, daß die Wettbewerber sich dann auf lukrative Dienste spezialisieren. Ob die Vorteile der marktbeherrschenden Stellung als Nachfolger des ehemaligen Monopolisten und die

Wettbewerbsvorteile, Kunden über die Universaldienstleistungen auch für andere Bereiche fest an sich binden zu können, die Nachteile aufzuwiegen vermögen, wird sich zeigen müssen. Ob das Regulierungssystem des Postgesetzes der Grundversorgungsgewährleistung dienlich ist, ist mehr als fraglich. Im Hinblick auf das Postgesetz besteht deshalb Nachbesserungsbedarf die Finanzierung des Universaldienstes und die Erhaltung der Exklusivlizenz betreffend.

Kolibri 360 GmbH
Ferdinand-Jühlke-Straße 7
99095 Erfurt, Deutschland
produktsicherheit@kolibri360.de

Druck:
CPI Druckdienstleistungen GmbH
im Auftrag der
Kolibri 360 GmbH
Ferdinand-Jühlke-Str. 7
99095 Erfurt